U0032629

思想

REFLEXION ③

天下、東亞、台灣

編輯委員會

總編　：錢永祥

編　委員：江宜樺、沈松僑、汪宏倫
　　　　　林載爵、陳宜中、單德興

聯絡信箱：reflexion.linking@gmail.com

目　次

思想采風

魯迅與中國現代思想文化：

去世70週年的回顧

錢理群

　　魯迅在100年前（1903年）所寫的一篇文章裡，引人注目地引述了德國思想家尼采的一段話：「吾行太遠，子然失其侶，……吾見放於父母之邦矣」[1]。這是一個不祥的預感，似乎預告了魯迅一生的命運，以及他在中國現代文學史、思想史上的歷史地位與處境：他永遠是一個孤獨的思想先行者。

一、魯迅思想發展的道路

日本時期：「別立新宗」，「立人」而「立國」

　　魯迅的思想、文學活動是於20世紀初在日本開始的：1903年、1908年間，在留學生刊物《浙江潮》、《河南》上先後發表了〈說鈤〉、〈人之歷史〉、〈科學史教篇〉、〈文化偏至論〉、〈摩羅詩力說〉、〈破惡聲論〉等六篇論文。在此之前，魯迅在有著古越文化與浙東文化的深厚傳統的故鄉紹興度過自己的童年，既感受到了傳統社會和文化的落後與腐朽，又最後一次直接領悟著以後缺乏系統的傳統教育的幾代人無法感受的傳統文化的內在魅力，同時受到民間文化的薰陶，打下精神的底子，成為他生命中永恆的記憶。而在社會開始發生動盪，故家日顯敗落，意味著社會變革臨近的19世紀末，魯迅既被現實所迫，又是適時地離開家鄉，「走異路，逃異地，尋求別樣的人們」[2]，在南京江南水師學堂和礦務鐵路學堂學習時，找到了西方「新學」的新天地，特別是進化論學說，極大地激發了他的民族危機感與變革

1　〈文化偏至論〉，《魯迅全集》1卷（人民文學出版社，2005，以下同），頁50。
2　〈《吶喊》自序〉，《魯迅全集》1卷，頁437。

圖強的熱情。和大多數留日學生一樣，他是到日本這個向西方學習的「優等生」這裡來尋求民族與個人的出路的。

但在魯迅留日期間，日本的思想文化界卻出現了一個新的傾向。中日戰爭結束以後，隨著資本主義體制的最終確立和鞏固，資本主義制度本身的弊病也開始出現。日本的一些敏感的知識分子，在全民族因資本主義的發展而充滿信心與膨脹的熱情的時候，卻因產業社會的病態而充滿著懷疑與恐懼。正是在這樣的思想背景下，「以矯19世紀文明而起」的尼采、齊克果、斯蒂納（Max Stirner, 1806-1856）的思想，在日本引起了強烈的關注。同樣敏感的魯迅立即抓住了這樣的「神思宗之至新者」：一方面，這些思想家對西方文明的懷疑與批判引起了他的共鳴，他因此和「言非同西方之理弗道，事非合西方之術弗行」的知識分子明確地劃清了界限；另一方面，魯迅又並沒有像另外一些知識分子那樣，由對西方資本主義的懷疑而走向對東方傳統的無條件的認同。因此，尼采等人的思想，在魯迅這裡具有雙方面的意義：既是他所直接面臨的中國傳統思想的批判的武器，同時他也藉助這些西方思想的新發展，對西方的現代化模式、工業文明的道路進行獨立的檢討。而這背後，正是隱含著魯迅的問題意識：從批判的層面說，就是如何既要批判東方傳統，促進民族的現代化，又要對西方現代化道路進行質疑，拒絕全盤西化；從建設的層面說，就是如何完成現代民族文化的重建，現代民族主體的重建。

於是，就有了魯迅貫其終生的兩個基本命題。一是他對中國現代文化發展的道路與目標的確立：「明哲之士，必洞達世界之大勢，權衡校量，去其偏頗，得其神明，施之國中，翕合無間。外之既不後於世界之思潮，內之仍弗失固有之血脈，取今復古，別立新宗。」這裡，既表現了寬闊的胸懷與眼光，以「世界之新

潮」與「故有的血脈」爲中國現代文化發展的基石，同時，清醒
地看到，一切文化形態（無論是西方文化，還是東方傳統文化）
都是「偏至」的，既有其獨特的價值，同時又存在著「偏頗」，
因此，他拒絕一切文化神話，把中國現代文化發展的重心，放在
獨立創造上，即所謂「別立新宗」：繼承與拿來，都是爲了創造；
要爲中國現代中國的發展，提供一個全新的價值，終極性的理想。

　　在魯迅看來，這樣的中國現代思想文化發展的戰略目標，是
由現代中國社會發展的目標所決定的。據此，他又提出了「立人」
以「立國」的理想，即「是故將生存兩間，角逐列國是務，其首
在立人，人立而後凡事舉；若其道術，乃必尊個性而張精神」，
「國人之自覺至，個性張，沙聚之邦，由是轉爲人國。」[3]這裡，
提出了「立人」（爭取人的個體精神自由）與「立國」（建立獨立
於世界民族之林的現代民族國家）的兩大目標，而以前者爲後者
的前提與基礎，顯然具有鮮明的理想主義的色彩，其背後則隱含
著既能治癒東方專制病，又避免西方現代病的期待：這幾乎是幾
代知識分子共同的情結。

沉默10年：回到古代和民間

　　1908年魯迅發表了半篇〈破惡聲論〉，便於次年回國，輾轉
於紹興、杭州、南京與北京，其間經歷了辛亥革命與二次革命、
張勳復辟，直到1918年，在《新青年》上發表《狂人日記》，整
整沈默了10年。如他自己在〈《吶喊》‧自序〉裡所說，他在寂
寞中「反省，看見自己了：就是我決不是一個振臂一呼應者雲集

3　〈文化偏至論〉，《魯迅全集》1卷（人民文學出版社，2005），頁
　　45, 50, 57, 58。

的英雄」，青春時期的英雄夢破滅以後，就「用了種種法，來麻醉自己的靈魂，使我沉入於國民中，使我回到古代去。」[4]這一時期魯迅主要從事整理古代典籍的學術工作，而其對古籍的輯錄，是「以會稽郡爲橫坐標，以魏晉時代爲縱坐標」的[5]，這表明，他所謂「回到古代」，就是沉湎於魏晉時代，浙東文化。而所謂「沉入於國民」，就是沉入故鄉民間記憶，咀嚼生活於其間的普通民眾的悲歡。由此形成了研究者所說的魯迅所特有的「魏晉參照與魏晉感受」，即是對外在的社會、歷史、文化的黑暗和內在的本體性的黑暗的刻骨銘心的生命體驗，形成了他獨特的「反抗絕望」的人生哲學(在「五四」以後寫作的散文詩集《野草》裡，更有淋漓盡致的表現)[6]。這既是他最終投身於「五四」新文化運動的動因，更決定了他必然地要顯示出他自己的，不同於其他「五四」參與者的鮮明特色。

五四時期：對啓蒙主義話語和實踐的複雜態度

因此，魯迅絕不可能成爲五四新文化運動的「主將」。這一運動的真正「主將」陳獨秀有一個回憶：「魯迅先生和他的弟弟啓明先生，都是《新青年》的作者之一人，雖然不是最主要的作者，發表的文章也很不少，尤其是啓明先生；然而他們兩位，都有他們自己獨立的思想，不是因爲附和《新青年》作者中哪一個人而參加的，所以他們的作品在《新青年》中特別有價值。」[7]這

4　〈《吶喊》自序〉，《魯迅全集》1卷，頁439-440。
5　參看徐小蠻，〈魯迅輯校古籍手稿及其研究價值〉，載《魯迅研究動態》，1987年7期。
6　參看陳方竟，《魯迅與浙東文化》(吉林大學出版社，1998)。
7　陳獨秀，〈我對魯迅之認識〉，原載《宇宙風》52期，1937年11月。

是一個客觀、準確的評價。而魯迅的「獨立價值」，主要表現在他對「五四」的「啓蒙主義」話語和實踐的複雜態度。

他確實爲啓蒙而寫作：他的故鄉民間記憶因五四新文化運動的激發，噴湧出《吶喊》、《彷徨》等幾本書裡的小說，以揭出「病態社會的不幸的人們」的「病苦」，「引起療效的注意」，而顯示了文學革命的實績[8]；他又以雜文的形式，參與了五四新文化運動對傳統文化的「價值重估」。他的特點有二：把批判的鋒芒指向「漢朝以後」，特別是「宋元以來」的「業儒」[9]；而且關注在現代中國現實中的實際影響，意義與實效，即所謂「儒效」。因此，他猛烈攻擊

「父爲子綱，夫爲妻綱，君爲臣綱」的儒家倫理（〈我之節烈觀〉、〈我們現在怎樣做父親〉等），其內含的價值理念，正是人的個體精神自由。同時展開的是對中國國民性的深刻反省，「改造國民性」成爲魯迅終生關注的思想文化命題，是魯迅思想中最具特色、影響最大，爭議也最多的部分。

但他從一開始就對啓蒙的作用心存懷疑。因此，據周作人回憶，對《新青年》魯迅最初「態度很冷淡」[10]；而且在錢玄同向他約稿時，他就對啓蒙主義提出了兩個質疑：「鐵屋子」單憑思想的批判就能夠「破毀」嗎？你們把「熟睡的人們」喚醒，能不能給他們指出出路[11]？因此，在「五四」運動一周年時，他在一

8　〈我怎麼做起小說來〉，《魯迅全集》4卷，頁526。

9　〈我之節烈觀〉，《魯迅全集》1卷，頁127。

10　參看周作人，〈錢玄同的復古與反復古〉中轉引錢玄同1923年7月9日致周作人書，《周作人文類編・八十心情》（湖南文藝出版社，1998），頁481。

11　〈《吶喊》自序〉，《魯迅全集》1卷，頁441。

封通信裡，對學生愛國運動及新文化運動所引發的「學界紛擾」，出乎意外地給予了冷峻的低調評價：「由僕觀之，則於中國實無何種影響，僅是一時之現象而已。」[12]到1927年國共分裂以後的大屠殺中，目睹年輕人的血，他更是痛苦地自責：自己的啓蒙寫作，「弄清了老實而不幸的青年的腦子和弄敏了他的感覺，使他萬一遭災時來嘗加倍的苦痛，同時給憎惡他的人們賞玩這較靈的苦痛，得到格外的享樂」，不過是充當了「吃人的宴席」上「做這醉蝦的幫手」。但他又表示，「還想從以後淡下去的『淡淡的血痕中』看見一點東西，謄在紙片上。」[13]——在堅持中質疑，又在質疑中堅持：這樣的啓蒙主義立場，在現代中國的思想文化界，確實是非常特別而獨到的。

「五四」以後：和學院派的決裂

在「五四」後的1925、1926年間，由女師大風潮引發了魯迅和「現代評論派」的論戰。後者是一批自命「特殊知識階級」、社會精英的信奉自由主義的學院知識分子。關於這場論爭的具體內涵，我們在下文會有進一步分析；這裡要討論的是，論爭對魯迅思想與選擇的影響：他深刻地意識到，自己是那些作為知識壓迫者與政治壓迫的合謀與附庸的「特殊知識階級」的異類；他更恐懼於在實現學院體制化過程中，會落入「許多人」變成「一個人」、「許多話」變成「一番話」，思想文化被高度一體化的陷阱中，這就會導致知識分子獨立個性、自由意志和創造活力的喪失。他因此宣布：「我以為如果藝術之宮裡有怎麼麻煩的禁令，

12　〈致宋崇義〉，1920年5月4日，《魯迅全集》11卷，頁382。

13　〈答有恆先生〉，《魯迅全集》4卷，頁474, 477-478。

倒不如不進去；還是站在沙漠上，看看飛沙走石，樂則大笑，悲則大叫，憤則大罵。」[14]這是自覺地將自己放逐於學院的體制之外，還原一個相對獨立的，自由的生命個體。

於是，在1927年4月，魯迅離開廣州中山大學，並於這年10月作爲自由撰稿人定居於上海：他最終從學院走向了文化市場。一到上海，魯迅就發表〈關於知識階級〉的演講，提出「眞的知識階級」的概念：他們自覺地站在「平民」這一邊，反對來自一切方面、一切形式的奴役和壓迫；他們堅守自己的彼岸理想，「對於社會永遠不會滿意」，因而是永遠的批判者。這顯然是魯迅的自我選擇與定位。

最後10年：在「橫戰」中堅守思想的獨立與自由

在上述演講的結尾，魯迅特意提到了「思想的運動變成實際的社會運動」的問題[15]。這正是預示著他的思想與實踐活動的某些新的發展。這主要表現在他所受到的馬克思主義思想的影響，以及他對中國共產黨領導的反抗國民黨一黨專政的革命實際運動的支持，並共同推動左翼文化運動的發展。這正是前述他在國共分裂以後對啓蒙主義的質疑，以及「眞的知識階級」立場的選擇的邏輯結果。

魯迅曾說，用馬克思主義的唯物史觀，「有許多昧曖難解的問題，都可說明」[16]。對魯迅啓發最大的，或許是馬克思主義的階級觀念，階級分析的方法。魯迅早就注意到人與人之間的利害

---

14 〈《華蓋集》題記〉，《魯迅全集》3卷，頁4。
15 〈關於知識階級〉，《魯迅全集》8卷，頁224，227。
16 〈280722致韋素園〉，《魯迅全集》12卷，頁125。

衝突，以及歷史與現實中的人奴役、壓迫人的現象，他曾經用「弱者」與「強者」、「幼者」與「長者」、「愚人」與「聰明人」、「下等人」與「上等人」……這樣的系列概念，來概括他所感受到的壓迫和不平等。後來，他回憶說，他正是從俄國文學裡「明白了一件大事，是世界上有兩種人：壓迫和被壓迫者！」他說，這是「一個大發見(現)，正不亞於古人的發見了火的可以照黑暗，煮東西。」[17]因此，魯迅接受唯物史觀，並有豁然開朗之感，是順理成章的。而這樣的接受又直接影響了他的現實立場：他一貫堅持的「為平民說話，為被侮辱、被損害者悲哀、叫喊和戰鬥」的立場，現在有了更鮮明的階級內涵，即「由於事實的教訓，以為惟新興的無產者才有將來」[18]，而努力爭取「工人、農民」的「真正解放」[19]。他因此充分肯定了革命運動的合理性：「人被壓迫了，為什麼不鬥爭？」[20]而他之所以願意推動左翼文化運動，提倡「無產階級革命文學」，就是因為這樣的文學「和勞苦大眾是在受一樣的壓迫，一樣的殘殺，作一樣的戰鬥，有一樣的運命，是革命的勞苦大眾的文學。」[21]

　　因此，最後10年的魯迅的思想所堅持的，必然是一種體制外的批判立場，這是有別於胡適及其朋友的體制內的批評的。他首先把批判的鋒芒直指國民黨的獨裁統治，用「黨國」一詞概括了「黨即國家」的實質，這是與「朕即國家」的封建專制一脈相承的；魯迅正是堅守了他一以貫之的「反專制，爭民主、自由」的

17　〈祝中俄文字之交〉，《魯迅全集》4卷，頁473。
18　〈《二心集》序言〉，《魯迅全集》4卷，頁195。
19　〈革命時代的文學〉，《魯迅全集》3卷，頁441。
20　〈文藝與革命〉，《魯迅全集》4卷，頁81。
21　〈中國無產階級革命文學和前驅的血〉，《魯迅全集》4卷，頁290。

立場。

魯迅同時注意到，在國民黨統治下的1930年代中國，以上海為中心的南方城市有一個工業化、商業化的過程，按照西方模式建立起來的現代都市文明得到了畸形的發展。魯迅依然堅持他的「立人」理想，以批判、懷疑的眼光燭照許多人頂禮、膜拜的現代化新潮，揭示其表面的繁榮、發展背後所掩蓋的東西。其中有三大重要發現。首先他在1930年代現代中國的政治、社會、文化結構中，都發現了「半殖民性」；也就是說，中國1930年代的現代化進程是與半殖民地化相伴隨的。魯迅更在現代都市文明中發現了新的奴役、壓迫關係的再生產，「吃人肉的筵席」正在資本的名義下繼續排下去；因此，一切為新的奴役制度辯護的謊言，在他那裡，都會受到無情的批判。而魯迅最為關注和痛心的是，他發現：處於中國式的現代化過程中的知識分子，不僅不能根本擺脫傳統知識分子充當「官的幫忙、幫閒」的歷史宿命，而且在商業化、大眾化的浪潮中，還有成為「商的幫忙幫閒」和「大眾的幫忙幫閒」的危險。魯迅一直期待中國能夠走出「暫時做穩了奴隸的時代」和「想做奴隸而不得的時代」的歷史循環[22]，而現在，他卻不能不面對知識分子在現代中國淪為三重奴隸的現實，他無法掩飾自己內心的沉重。而魯迅1930年代的批判性審視，可以看做是對前述他在20世紀初的思考的一個呼應與延伸：他當年所擔憂的「本體自發之偏枯」與「交通傳來之新疫」「二患交伐」[23]，到1930年代顯然有了惡性的發展。

和那些到革命中來尋找出路，把革命及其政黨理想化，並形

22　〈燈下漫筆〉，《魯迅全集》1卷，頁225。
23　〈文化偏至論〉，《魯迅全集》1卷，頁58。

成思想與行動的依附的知識分子不同，魯迅既出於自己對中國問題的獨立判斷，對革命政黨領導的革命實際運動採取了同情、支持、合作的態度，但他仍然保持了自己思想和行動的獨立性，並以他特有的懷疑的眼光，對革命政黨和實際革命運動，包括他參與發動的左翼文化運動，進行了冷靜而嚴峻的審視。於是魯迅又在中國式的革命中，遭遇到了「革命工頭」、「奴隸總管」，發現了新的奴役關係的再生產，它是由現行奴役制度的反抗者所製造的，這自然是更加嚴重，也更爲驚心動魄，因爲它是關係著中國的未來發展的。正因爲如此，魯迅毫不猶豫地進行了他所說的「橫戰」，並且預言：他將不見容於革命勝利後的中國，「竟尙倖存，當乞紅背心掃上海馬路耳」[24]，「我要逃亡，因爲首先要殺的恐怕是我」[25]。

而魯迅對自己被利用的可能，也有清醒的認識。他早就說過：「文人的遭殃，不在生前的被攻擊和被冷落，一瞑之後，言行兩亡，於是無聊之徒，謬託知己，是非蜂起，既以自炫，又以賣錢，連死屍也成了他們沽名獲利之具，這倒值得悲哀的。」[26]因此，他留下的遺言是：「忘記我」[27]。

二、魯迅對中國現代思想主要命題的考察

以上，是一個縱向的歷史敘述。下面，我們再做一點橫向的

---

24 〈340430致曹聚仁〉，《魯迅全集》13卷，頁87。
25 參看李霽野，〈憶魯迅先生〉，原收《魯迅先生紀念集》「悼文」1輯，1979年上海書店據1937年初版本複印，頁68。
26 〈憶韋素園君〉，《魯迅全集》6卷，頁70。
27 〈死〉，《魯迅全集》6卷，頁635。

分析：看看魯迅對構成中國現代思想文化的主要命題、概念的獨特考察。除前面已經討論過的「啓蒙」話語和實踐，還有「科學」、「民主」、「自由」、「平等」、「革命」、「社會主義」等。

對「科學」、「民主」的堅守和質疑

對「五四」新文化運動的兩個核心話語：「科學」與「民主」，魯迅別有見解。

早在上一世紀初（1908年），在其所寫的〈科學史教篇〉裡，魯迅一方面充分肯定科學對於東方落後民族國家的特殊意義，給以很高的期待：「蓋科學者，以其知識，曆探自然見（現）象之深微，久而得效，改革遂及於社會，繼復流衍，來澳遠東，浸及震旦（按：指中國），而洪流所向，則向浩蕩而未有止也。」但他同時提醒：如果以「科學爲宗教」（即今天我們所說的「唯科學主義」），就會產生新的弊端：「蓋使舉世惟科學之崇，人生必大歸於枯寂，如是既久，則美上之感情漓，明敏之思想失，所謂科學，亦同趣於無有矣。」這其實是內含著魯迅對科學的獨特理解的：在他看來，「科學發見（現）常受超科學之力」，因此，科學與信仰，理性與非理性，是既相互矛盾又相互滲透與促進的[28]。這正是典型的魯迅的特殊思維：他從不對某一單一的命題（如「科學」、「理性」）作孤立的考察，而總是在正題與反題（「科學」與「信仰」，「理性」與「非理性」）的對立中進行辯證的思考。他又從不把正題與反題的對立絕對化，對任何一方做絕對的肯定或絕對的否定，而是在肯定中提出質疑，在質疑中做出肯定：同樣是既倡導科學，又質疑科學。

---

28 〈科學史教篇〉，《魯迅全集》1卷，頁25, 29, 35。

對「民主」的看法與態度也同樣如此。早在上世紀初所寫的〈文化偏至論〉等文裡，他在充分地肯定了英、美、法諸國革命所倡導的「政治之權，主以百姓」的「社會民主之思」，對反抗封建君主專制的巨大意義的同時，也提醒人們：如果將「民主」推向極端，變成「眾數」崇拜，「借眾以陵寡」，「托言眾治，壓制乃尤烈於暴君」[29]，那就會形成新的「多數人專政」，其結果必然是歷史的循環，即所謂「以獨制眾者古」，「以眾虐獨者今」[30]，在反掉了傳統的封建專制以後，又落入了新的現代專制。魯迅因此對維新派鼓吹的「立憲國會之說」提出質疑，他擔心這不過是「假是空名，遂其私欲」，其結果必然是「將事權言議，悉歸奔走干進之徒，或至愚屯之富人，否也善壟斷之市儈」，「古之臨民者，一獨夫也；由今之道，且頓變爲千萬無賴之尤，民不堪命矣，於興國究何與焉。」[31]魯迅是深知中國的：「每一新制度，新學術，新名詞，傳入中國，便如落在黑色染缸，立刻烏黑一團，化爲濟私助焰之具」[32]，魯迅對西方憲政國會制在中國可能發生的質變的警惕，當然不是無的放矢。這是那些奉行「民主」崇拜，將其絕對化、神化的人們所不能理解的，他們至今還因爲魯迅在堅持民主的同時，又質疑民主，而給魯迅戴上「反民主」的帽子，這樣的隔膜實在是可悲的。

魯迅怎樣看「革命」、「平等」與「社會主義」

魯迅對左翼文化運動的基本理念也是既接受又質疑的。

---

29 〈文化偏至論〉，《魯迅全集》1卷，頁46，49。
30 〈破惡聲論〉，《魯迅全集》8卷，頁28。
31 〈文化偏至論〉，《魯迅全集》1卷，頁47。
32 〈偶感〉，《魯迅全集》5卷，頁506。

　　比如「革命」。魯迅說，有人一聽到「革命」就害怕，其實「不過是革新」[33]，他因此主張校園裡的「平靜的空氣，必須為革命的精神所瀰漫」[34]，召喚「永遠的革命者」[35]，一再對為革命犧牲的烈士表示最大的敬意，這都是有文可證的。但，魯迅也一再提醒人們要警惕那些「貌似徹底的革命者，而其實是極不革命或有害革命的個人主義的論客」[36]，他們「擺出一種極左傾的兇惡的面貌，好似革命一到，一切非革命者就都得死，令人對革命只抱著恐怖。其實革命是並非教人死而是教人活的。」[37]因此，他對無休止的「革命，革革命，革革革命……」提出根本性的質疑：「革命的被殺於反革命的。反革命的被殺於革命的。不革命的或當做革命的而被殺於反革命的，或當做反革命的而被殺於革命的，或並不當做什麼而被殺於革命或反革命的」：這都是在「革命」的旗號下，濫殺無辜和互相殘殺[38]，是魯迅絕不能接受的。

　　比如，「平等」與「社會主義」。魯迅在〈文化偏至論〉裡，對法國大革命所倡導的「掃蕩門第，平一尊卑」的「平等自由之念」，給予了充分肯定。到1930年代，他對蘇聯所進行的社會主義實驗，也做出了積極的評價：「『……一切神聖不可侵犯』的東西，都像糞一樣拋掉，而一個簇新的，真正空前的社會制度從地獄底裡湧現而出，幾萬萬的群眾自己做了支配自己命運的人。」

33　〈無聲的中國〉，《魯迅全集》4卷，頁13。
34　〈中山大學開學致語〉，《魯迅全集》8卷，頁194。
35　〈中山先生逝世後一周年〉，《魯迅全集》7卷，頁306。
36　〈非革命的急進革命論者〉，《魯迅全集》4卷，頁232。
37　〈上海文藝之一瞥〉，《魯迅全集》4卷，頁304。
38　〈小雜感〉，《魯迅全集》3卷，頁556。

[39] 儘管我們可以用以後的事實證明魯迅這一判斷的失誤，但魯迅對以「平等」為核心的「社會主義」理念的嚮往卻是真誠的。但從一開始，他就同樣對「平等」可能導致的偏至提出質疑。他說，如果把對「平等」的追求推到極端，「大歸於無差別」，「蓋所謂平社會者，大都夷峻而不淹卑，若信至程度大同，必在前此進步水平以下」，「全體以淪於凡庸」[40]，結果必然是社會、文化、歷史的全面倒退。而對蘇聯的社會主義實驗，他在表示嚮往的同時，也在緊張地觀察與思考其中可能存在的問題。據嚴家炎先生公布的胡愈之回憶的原稿，魯迅得知蘇聯發生大規模的肅反運動，就敏感到「自己人發生（了）問題」，感到「擔心」，並且成為「他不想去蘇聯的一個原因」[41]。而馮雪峰則回憶說，晚年的魯迅多次對他談到，「窮並不是好，要改變一向以為窮是好的觀念，因為窮就是弱。又如原始社會的共產主義，是因為窮，那樣的共產主義，我們不要」，這是他計畫寫而因為死亡而未及寫的兩篇文章中的一篇[42]。這都說明，魯迅是始終堅持著自己的獨立的思考與批判立場的。

魯迅的「自由」觀

這些年學術界很多人都在強調「自由主義」在現代中國思想、文化史上的意義與價值，於是，魯迅和自由主義的關係，就

39　〈林克多《蘇聯聞見錄》序〉，《魯迅全集》4卷，頁436。

40　〈文化偏至論〉，《魯迅全集》1卷，頁52。

41　參看嚴家炎，〈東西方現代化的不同模式和魯迅思想的超越〉，《論魯迅的複調小說》（上海教育出版社，2002），頁252-253。

42　馮雪峰，〈魯迅先生計畫而未完成的著作〉，1937年10月作，收《魯迅回憶錄（散篇）》中冊（北京出版社，1999），頁696。

成了一個廣被關注的話題。大體上有兩種意見：有的學者認為，魯迅「比那些主張全盤西化的自由主義者們更加接近西方自由主義思想的本質」，魯迅是「和自由主義知識分子同根所生」，「魯迅和自由主義者們的真正區別，並不在於各自信念的不同，而在大家為信念所做功夫的區別」[43]；另一些學者則認為，魯迅對自由主義者的批判，表明他是「反自由主義」的，這正是魯迅的局限所在。──有意思的是，最初提出魯迅「反自由主義」的是瞿秋白，但他認為這正是魯迅精神可貴之處；而今天的論者，做出了同樣的論斷，但價值判斷則截然相反：這都是反映了中國社會思潮的變化的。

這裡不準備對具體的爭論發表意見，依然按前文的思路，來討論魯迅對「自由」問題的複雜態度。

還是從魯迅100年前在日本發表的文章說起。仔細考察前文所提到的魯迅對「科學」、「民主」與「平等」的質疑，就可以發現，他的質疑其實都是集中於一點：有可能導致對人的個體精神自由與獨立性的壓抑，即所謂「滅人之自我，使之混然不敢自別異，泯於大群。」[44] 魯迅因此而明確提出：「凡一個人，其思想行為，必以己為中樞，亦以己為終極，即立我性之絕對之自由者也。」[45] 既然人是自己存在的根據，他就擺脫了對一切「他者」的依附，徹底走出被他者奴役的狀態，而進入了人的個體生命的自由狀態，而這樣的個體生命又是和宇宙萬物的生命相聯結的。而魯迅的個體生命自由觀，是包含著一種博愛精神，一種佛教所

---

43 參看郜元寶，〈自由「的」思想與自由「地」思想──魯迅與中國現代自由主義〉，《魯迅六講》（上海三聯書店，2000），頁191-192。

44 〈破惡聲論〉，《魯迅全集》8卷，頁28。

45 〈文化偏至論〉，《魯迅全集》1卷，頁52。

說的大慈悲的情懷的。他所講的人的個體精神自由是一個非常大的生命境界，用他自己的話來說，就是「天馬行空」。這四個字是他的思想、藝術的精髓，他的自由是天馬行空的自由，是獨立的，不依他、不受拘束的，同時又可以自由出入於物我之間，人我之間，這是大境界中的自由狀態。我們說的魯迅「立人」思想就是建立在這樣的個體生命自由觀上的，如前文所說，它的核心，就是追求「人的個體精神自由」，因而反對一切形態的對人的個體精神自由的剝奪與奴役。在這個意義上，我們可以說，「自由」是魯迅思想中的一個基本概念。

魯迅在「五四」新文化運動中的創作業績，正是這樣的追求個體精神自由的「立人」理想的文化實踐。到了1930年代，他的自由理想就發展成為「反專制，爭自由」的社會實踐。

他參加「自由運動大同盟」、「中國民權保障同盟」，以及「左聯」，都是這樣的社會實踐。當有人問他：「假如先生面前站著一個中學生，處此內憂外患交迫的非常時代，將對他講怎樣的話，作努力的方針？」他明確地回答：「第一步要努力爭取言論的自由」[46]。他後期集中精力於雜文寫作，並將他的雜文集命名為《偽自由書》，這都是意味深長的：魯迅的雜文，就其本質而言，就是在不自由的時代，展現永不屈服的自由意志與不可遏止的自由生命：將魯迅，特別是後期魯迅和自由對立起來，這真是一種可怕的隔膜。

魯迅與中國的「自由主義者」

魯迅在一篇雜文裡引用了羅蘭夫人的一句話：「自由自由，

46　〈答中學生雜誌社問〉，《魯迅全集》4卷，頁372。

多少罪惡，假汝之名以行！」[47] 他對「自由」理念到中國的變形、
變質總是保持著高度的警惕。這就說到了魯迅1920年代和現代評
論派的論戰，這也可以說是魯迅和中國自由主義知識分子的第一
次公開論戰與決裂。值得注意的是，魯迅的批判，並不針對其「自
由」理念本身，而是這樣提出問題：這些中國的自由主義知識分
子，他們搬來的西方自由主義的理論，例如「保護少數」、「寬
容」等等，是「信而從」呢，還是「怕和利用」？答案是清楚的：
只要看看他們怎樣「言行不符，名實不副，前後矛盾」，「只要
看他們的善於變化，毫無特操，是什麼也不信從的。」例如，他
們口口聲聲喊「寬容」，卻對和自己有不同意見的教授不寬容，
甚至揚言要藉助權勢將他們「投畀豺豹」；他們忽而以「保護少
數」為名，為女師大校長楊蔭榆辯護，忽而又以「多數」的名義，
對被當局雇用的流氓強拉出學校的學生大加討伐。魯迅因此得出
結論：這些自稱的「自由主義者」不過是「做戲的虛無黨」，[48]
是魯迅在世紀初就痛加批判的「偽士」的新品種[49]。

　　魯迅對現代批評論派諸君子的批判的另一方面，是他們與掌
權者(如時為段祺瑞政府教育總長的章士釗)的曖昧、以至依附關
係，即是要揭露他們隱藏在紳士服裡的「官魂」。1930年代魯迅
和新月派論戰時，也是抓住他們自覺充當國民黨政權的「諍臣」、
「諍友」這一點，將他們稱做「賈府裡的焦大」[50]，這涉及中國

47　〈偶感〉，《魯迅全集》5卷，頁506。
48　〈十四年的「讀經」〉，〈「公理」的把戲〉，〈這回是「多數」
　　的把戲〉，〈馬上支日記〉，《魯迅全集》3卷，頁138, 176, 186, 346。
49　「偽士」的概念見於魯迅的〈破惡聲論〉，參看《魯迅全集》8卷，
　　頁30。
50　〈言論自由的界限〉，《魯迅全集》5卷，頁122。

自由主義者的理念：他們是主張維護「秩序」的。胡適強調要維護政府「制裁一切推翻政府或反抗政府的行為」的合法性，不能向政府要求「革命的自由權」[51]，就表明了這樣的「諍臣」與「諍友」的基本立場，這也就決定了他們與官方的曖昧關係，這與自覺地作體制外的民間批判者，具有「民魂」的魯迅，自然有著理念與現實選擇上的根本不同。

值得注意的是，魯迅對自由主義理念的另一方面的批評。他在1928年為自己翻譯的日本鶴見祐輔的隨筆集《思想・山水・人物》所寫的〈題記〉裡，談到「這書的歸趣是政治，所提倡的是自由主義」，表示「我對於這些都不了然」，但接著又說：「我自己，倒以為瞿提（歌德）所說，自由和平等不能並求，也不能並得的話，更有見地，所以人們只得先取其一的。」[52]這裡引人注目地提出了「自由」與「平等」的關係問題。如前所說，在上世紀初，魯迅強烈地感到片面、極端的「眾數」的「民主」、「平等」對「個體自由」可能造成的壓抑，因此，他突出了「自由」的訴求；而在1920、1930年代，他卻發現了中國的一些自由主義知識分子，自命「特殊知識階級」，完全無視日趨嚴重的社會不平等，把對自由的訴求變成排斥多數人（特別是普通平民）的少數人的「精英自由」，這同樣是對他所追求的「自由」理念與理想（我們說過那是一種包含博愛，自然也包含平等意識的大生命境界）的另一種消解，因此，他又要突出「平等」的訴求。

正如一位研究者所分析的，「魯迅為自由而戰，就不得不呈

51　胡適，〈民權的保障〉，《胡適文集》11卷（北京大學出版社，1998），頁295。
52　〈《思想・山水・人物》題記〉，《魯迅全集》10卷，頁299，300。

現為雙重的掙扎：既向片面追求平等的集體主義者要求個人自由，強調在追求平等的過程中不要忘記最終目標是自由，又向片面追求個人自由的自由主義者要求正視現實的不平等——這種不平等有時是缺乏個人自由的結果，有時則是個人自由發揚的結果。他是以這樣雙重掙扎維護著自由與平等本質的同一性」，而在中國的現實政治社會文化生活中，「這種雙重掙扎，使魯迅既不見容於追求『平等』而漠視『自由』的左翼文化界，也不見容於強調『自由』而漠視『平等』的自由主義者。自由的魯迅一直就這樣在被割裂的自由的夾縫中經受著孤獨的煎熬——以上雙方都有理由從各自理解的自由理念出發，責難魯迅反動。」[53]

因此，魯迅永遠是孤獨、寂寞的，他實在是中國現代思想文化界的一個永遠的異數，少數。

三、魯迅思想的獨特性

魯迅：中國現代思想文化的建構者與解構者

在做了以上具體的考察以後，我們可以回到討論的主旨「魯迅與中國現代思想文化」的關係問題上來。如前所說，我們所討論的「啟蒙主義」、「科學」、「民主」、「革命」、「平等」、「社會主義」、「自由」等等，實際上都是「中國現代思想文化」的主要概念，構成了它的主體。而我們的討論表明，魯迅對這些概念，中國現代文化的主流觀念的態度，是複雜的：他既有吸取，以至堅持，又不斷質疑，揭示其負面，及時發出警戒。這樣的既

---

53 郜元寶，〈自由「的」思想與自由「地」思想——魯迅與中國現代自由主義〉，《魯迅六講》（上海三聯書店，2000）。

肯定又否定，在認同與質疑的往返、旋進中將自己的思考逐漸推向深入，將自己的價值判斷充分地複雜化，相對化，可以說是魯迅所獨有的思維方式（其他思想家大都陷入「要麼肯定，要麼否定」的二元對立模式中），就使得魯迅與中國現代思想文化的關係，呈現出極其複雜、也極其獨特的狀態：可以說，他既是中國現代思想文化的建構者，又是中國現代思想文化的解構者，因而，他的思想與文學，實際上是溢出中國現代思想文化的範圍，或者說，是中國現代思想文化所無法概括，具有特殊的豐富性與超前性的，是真正向未來開放的。

魯迅思想的無以概括歸類性

我們也許可以由此而討論魯迅思想的若干特點，但也只能把問題提出，更詳盡的討論只好留待以後另找機會了。

首先是魯迅思想的無以概括歸類性。魯迅是一個矛盾結構。在他身上有著太多的矛盾，以至我們很難滿意地找到某個對應的名詞來概括他的豐富性。說他「反傳統」麼？「似乎明如白晝，勿庸置疑。但是，只要適當地克服釋讀誤區，便不難發現，由儒道代表的中華民族最優秀的氣質與智慧，都在他的新的價值基座上給啟動了，在中國歷史上，有多少《論語》、《孟子》的傳人比他更『君輕民貴』，更『富貴不能淫，威武不能屈，貧賤不能移』，更『先天下之憂而憂』，更富『真誠』與『大心』……有多少讀過《道德經》和《莊子》的人，比他更『獨異』、『不羈』、『天馬行空』，比他更早更系統地批判工業社會的『物役』、『知識之崇』的『喪我』……。」說他是「存在主義者」麼？「他對人的存在狀況確乎有著海德格爾、薩特、加繆們相同的『厭惡』、『恐怖』、『孤獨』體驗乃至宗教情緒，但沒有哪一個存在主義

者像他那樣不歇地向外做現實的搗亂與反抗。」說他是「階級鬥爭戰士」麼？「也對。他的中間物意識使他不承認他所生活的人類有公理性的價值存在，而總是執一端地站在一個利益集團的立場上向另一個利益集團宣戰。但他同時偏偏愛用人道主義的情懷，拒斥以暴易暴的舊式造反和視托爾斯泰爲『卑污』的新式革命。」啓蒙主義者麼？人道主義者麼？個性主義者麼？還有我們在這裡討論的，民主主義者麼？自由主義者麼？科學主義者麼？社會主義者麼？革命者麼？……？「都像，又都不盡像。魯迅就是這樣一種矛盾結構」，「這一矛盾結構集中體現了中國歷史之交的思想文化衝突」，「同時也是人性的、人類內在矛盾的展開。前者不過是後者的歷史形態。這使他的許多命題，既是歷史的，也是永恆的。」[54]正是這樣的無以概括歸類性，決定了我們與其將魯迅思想納入某一既定思想體系，不如還原爲他自己，簡單而直接地稱作「魯迅思想」，但也沒有「魯迅主義」。

立足於中國本土現實變革，執著現在，執著地上

其次，我們不難注意到，前面所討論的所有的中國現代思想文化的主要概念和命題，無論是「啓蒙」、「科學」、「民主」、「平等」、「自由」，還是「革命」、「社會主義」，都是外來的，主要是西方的思想；而魯迅對之採取的既肯定又否定的複雜態度，其實是根植於他的一個基本立場和特點的。魯迅有一句名言：「仰慕往古的，回往古去罷！想出世的，快出世罷！想上天

---

54 錢理群、王乾坤，〈作爲思想家的魯迅〉，《走進當代的魯迅》（北京大學出版社，1999），頁80-82。本文所引這段文字系由王乾坤先生起草。

的，上天去罷！靈魂要離開肉體的，趕快離開罷！現在的地上，應該是執著現在，執著地上的人們居住的。」[55]立足於中國這塊土地，立足於中國現實，「執著現在」，「執著地上」：這正是魯迅最基本，最本質的特點，魯迅是真正立足於中國本土現實的變革，以解決現代中國問題為自己思考的出發點與歸宿的思想家、文學家。

沒有誰比魯迅更瞭解中國的文化、歷史與現實的了。可以說他有三個「深知」。首先是深知中國傳統文化的問題所在，特別是在中國進入現代社會以後，已經發展到爛熟的中國傳統文化，亟需輸入外來文化的新鮮血液，以獲得新的發展的推動力。其次是深知中國以漢唐文化為代表的傳統文化，其力量、生機就在於胸襟的「閎放」，「魄力」的「雄大」，「毫不拘忌」地「取用外來事物」，「自由驅使」[56]，因此，他完全自覺地繼承這一傳統，旗幟鮮明地提出了他的「拿來主義」，宣言「我們要運用腦髓，放出眼光，自己來拿！」[57]應該說，前述新概念、新觀念的引入，就是這樣的「自己來拿」的結果，都是西方思想文化的精華，其中積澱了人類文明的成果，也是中國現實的變革所亟需的思想資源，其最終成為中國現代思想

文化的主體，魯迅也成為這樣的中國現代文化的建構者之一，這都不是偶然的。但同時，魯迅又深知，中國根本不具備接受新思想、新制度的基本條件：「自由主義麼，我們連發表思想都要犯罪，講幾句話也為難；人道主義麼，我們人身還可以買賣

55　〈雜感〉，《魯迅全集》3卷，頁52。

56　〈看鏡有感〉，《魯迅全集》1卷，頁208-209。

57　〈拿來主義〉，《魯迅全集》6卷，頁40。

呢。」[58]更重要的是，中國社會與文化的歷史惰性，傳統習慣勢力的可怕，使中國文化具有很強的同化力，這就是魯迅所說的「染缸」的法力，任何新制度、新思想、新觀念、新名詞，一到中國，就變成另外一個樣子了。這樣的「染缸」文化的另一個特點，就是中國人、中國知識分子「總喜歡一個『名』，只要有新鮮的名目，便取來玩一通，不久連這名目也糟蹋了，便放開，另外又取一個」[59]，因此，在中國，只有成為「符咒」的名詞，而無眞正的「主義」。魯迅對這樣的變質，這樣的玩新名詞的「僞士」，極度的敏感，也懷有很高的警惕。因此，他對任何新思想、新名詞的鼓吹者，都要投以懷疑的眼光，聽其言，而觀其行，絕不輕信。

魯迅思想的獨立性與主體性

另一方面，作為一個有著深厚根基的，獨立的思想家、文學家，魯迅自然也就拒絕了一切文化神話：他擺脫了中國傳統文人所固有的「中華中心主義」，大膽吸取西方新文化，同時也拒絕賦予西方文化以至高、至上性與絕對普適性的「西方中心主義」，這是他能夠在思想發展的起點上，就對「科學」、「民主」、「平等」等西方工業文明的基本理念提出質疑的最重要的原因。他明確地和那些「言非同西方之理弗道，事非西方之術弗行」的「維新之士」劃清界限[60]，他的「拿來主義」，最基本的原則就是要以「新主人」的姿態，「或使用，或存放，或毀滅」，「自己來

58　〈隨感錄・五十六，「來了」〉，《魯迅全集》1卷，頁363。
59　〈致姚克〉，1934年4月22日，《魯迅全集》，頁82。
60　〈文化偏至論〉，《魯迅全集》1卷，頁45。

拿」，自己作主[61]。而取捨衡量的標準，就是看是否有利於中國社會的變革，有利於現代中國人的生存和健全發展。這樣的獨立性與主體性，是魯迅思想最重要的特點，也是最可寶貴的精神傳統。

思想家與文學家的統一

最後，我們不能忽視的是，在魯迅身上所體現的思想家與文學家的統一。也就是說，「魯迅是一個不用邏輯範疇表達思想的思想家，多數的情況下，他的思想不是訴諸概念系統，而是現之於非理性的文學符號和雜文體的喜笑怒罵。」而且不只是文學化的表達，更包含了文學化的思維：魯迅所關注的始終是人的精神現象，一切思想的探討和困惑，在他那裡都會轉化爲個體生命的生存與精神困境的體驗，「正是生命哲學構成了魯迅區別於同時代的其他中國思想家的獨特之處的一個重要方面」，而「文學化的形象、意象、語言，賦予魯迅哲學所關注的人類精神現象、心靈世界以整體性、模糊性與多義性，還原了其本來面目的複雜性與豐富性，這樣，魯迅所要探討的精神本體的特質與外在文學符號之間，就達到了一種和諧與統一。」[62]很多人都注意到魯迅思想及其表達的「豐饒的含混性」的特點，卻將其視爲魯迅的局限[63]，這依然是一個可悲的隔膜。

---

61 〈拿來主義〉，《魯迅全集》6卷，頁40-41。

62 參看錢理群、王乾坤，〈作爲思想家的魯迅〉，《走進當代的魯迅》（人民文學出版社，2005），頁64-65，70。

63 見林毓生，〈魯迅個人主義的性質與意義——兼論「國民性」問題〉，《魯迅研究月刊》1993年12期。

魯迅為21世紀留下的遺產

　　但隔膜之外，也有理解。日本魯迅研究的前輩丸山昇先生近兩年連續發表的兩篇文章：〈活在20世紀的魯迅為21世紀留下的遺產〉（載《魯迅研究月刊》2004年12期）、〈通過魯迅的眼睛回顧20世紀的「革命文學」和「社會主義」〉（載《魯迅研究月刊》2006年2期）。丸山先生提醒我們注意：在21世紀初，人類面臨沒有經驗的空前複雜的眾多問題時，「魯迅的經歷和思想，尤其是他的不依靠現成概念的思考方法中」，保留著「我們還沒有充分受容而非常寶貴的很多成分」。這提醒很重要，也很及時。因為在我們自己國家，一些知識分子正在竭力貶低、消解，以至否定魯迅的意義與價值。這使我們不禁想起當年郁達夫說過的那句沉重的話：「沒有偉大人物出現的民族，是世界上最可憐的生物之群；有了偉大的人物，而不知擁護，愛戴，崇仰的國家，是沒有希望的奴隸之邦。」[64]

2006年6月17-20日，9月24-25日

64　郁達夫，〈懷魯迅〉，1936年10月24日作，載《文學》月刊7卷5期。

錢理群：1939年生。大學畢業之後，在貴州任教18年。1981年回
北京大學讀研究所，後留校任教，主要研究方向為中國現代文學
和20世紀中國知識分子精神史，並關注中學語文教育問題。2002
年退休。著作及編著甚豐富，主要包括了《心靈的探尋》(1988)、
《周作人傳》(1990)、《豐富的痛苦：唐吉訶德和哈姆雷特的東
移》(1993)、《話說周氏兄弟》(1999)、《拒絕遺忘》(1999)、
《走進當代的魯迅》(1999)、《與魯迅相遇》(2003)、《遠行以
後》(2004)等二十餘卷，《我的精神自傳》即將問世。

歷史與自然：
劍橋紀

李淑珍

一、躁鬱台灣

古往今來神人共歲，天長地久物我同春。

這是唐君毅先生家中壁上曾懸掛過的一副春聯。字跡筆力遒勁，渾然天成，據聞出自唐夫人謝廷光女士手筆。更令人低迴的，是文字中的祈願：歷史、自然和諧對位，人我、天地相得相安。

有歷史意識，才能體認過去的人和我們一樣，曾有血有肉真實地活過，而現在的人又像過去的人一般，會無聲無息地死去。在萬古長河中，每一代人雖然渺小，但都在承先啓後。

而有自然情懷，才能敬畏天高地闊、生界莊嚴，明白自然蘊藏著比人間更大的生命祕密。各種生物、無生物息息相關，人也不過是其中一環，和眾生唇齒相依[1]。

不論是歷史意識或是自然情懷，都試著把無限膨脹的「人類

---

1 李淑珍，〈現代中國與台灣的歷史意識與自然意識〉，收於黃俊傑編，《傳統中華文化與現代價值的激盪與調融(二)》(台北：喜瑪拉雅研究發展基金會，2002)，頁227。

自我」縮小還原，記取異代人物努力的痕跡，還給其他生物本然的生存權利，讓每個人不卑不亢地在廣宇長宙中，與過去、現在、未來的其他生命共存共榮。

可是，很遺憾地，躁鬱的台灣百廢待舉，無心致力於此。

或者，正因為它無心於此，所以才這麼躁鬱不安？

就以2005年來說，桃園一再出現水荒，漁民濫捕鮪魚引來國際制裁，戴奧辛污染彰化鴨蛋，北宜高坪林行控中心管制有名無實，二氧化碳減量無望，而曾文水庫越域引水計畫、湖山水庫計畫、中油八輕計畫、台塑大煉鋼廠計畫……，不是政府帶頭破壞，就是官員包庇違法。更讓生態學者痛心疾首的，是降水北移、旱潦交替、冷熱失時、水資源困竭等現象，隨時可能引發大規模生物災變乃至人類浩劫，而主事者猶然渾渾噩噩，不以為意[2]。

耶魯大學和哥倫比亞大學最近對世界各國作「環境永續性指數」（Environmental SustainaBility Index）的評比。根據空氣品質、生物多樣性、水質、水量、土地……等多項指標，考量各國環境系統、環境壓力、減少人類脆弱性（reducing human vulner-aBility）、社會及制度能力、參與全球服務管理（gloBal stewardship）等各個項目，就146個國家的表現排出等第。

可以想見的，2005年拔得頭籌的都是北歐國家：芬蘭、挪威、瑞典、冰島（除了第3名烏拉圭例外）。我們熟悉的「西方」大國，排行都不高：德國31，法國36，美國45，英國則是65。亞洲國家中日本果然第一，但在全球也只排名30。奇怪的是，「先進」的國家固然贏我們，「後進」的馬來西亞、緬甸、寮國、柬埔寨、

2　陳玉峰，〈2005年台灣環境議題備忘錄——全國NGO環境大會講稿〉，http://www.wretch.cc/blog/yfchen&article_id=2478494。

泰國、印尼、斯里蘭卡、約旦、尼泊爾、印度……通通都勝過華人地區。中國大陸排行133，的確不光彩；而台灣呢？——145！在146個國家中倒數第二，險勝北韓[3]。

　　過去政客還大言不慚，號稱為拼經濟而不得不犧牲環境。而今環境、經濟雙輸，台灣的淪落伊於胡底？

　　筆者讓陋，不知世界上有沒有對各國做「歷史意識指數」的調查。如果有，台灣又會排名第幾？

　　在地狹人稠、眾聲喧譁的台灣，大權在握的人總是用粗暴拆除前朝遺跡、改變名稱以宣示主權。漢人逐走凱達格蘭人，圍起台北城牆；日本人拆掉台北城牆，改為三線道路；國民政府退守台灣，以大陸地名重新命名台北街道；民進黨政府上台，再將介壽路改為凱達格蘭大道，新公園也改為二二八公園。

　　就拿台北二二八公園來說吧。它充分反映了台灣住民對待歷史的方式：前人種樹，後人砍樹，建建拆拆，搬進搬出；人為的符號操弄，遠多於時間的自然積澱。

　　襄陽路大門邊，史前時代的陰石陽石，和「客路須知碑」，「奉憲示禁私挖煤炭者立斃碑」、「奉憲分府曾批斷東南勢田園歸番管業界碑」……，兩邊對峙。楓香林下的古拙石椅，曾是清代大天后宮的柱礎，那座漢人信仰中心因為日本人興建公園而解

3　請參見Yale Center for Environmental Law and Policy關於Environmental Sustainability Index之網站Summary for Policymakers Brochure, http://www.yale.edu/esi/。此分報告發表於2005年初。不過，同一機構2006年發表的另一分調查，Pilot 2006 Environmental Performance Index，依據不同的指標評比（包括兒童死亡率、室內空氣品質、飲用水、衛生、區域性臭氧層、伐木比率、農業補助……），台灣的表現就要好得多，在全球133個國家中名列24。紐西蘭成為第1，英國第5，中國則落居94。

體消失。名稱屢屢改變的博物館（從「台灣總督府殖產局附屬博物館」、「省立博物館」到「台灣博物館」），一度陳列兒玉源太郎與後藤新平雕像，後來因國府忌諱被長期打入冷宮。「巖疆鎖鑰」門額從北門流落總督官邸涼亭，一度也曾在此公園現身，現在又重歸北門。國民黨當政，在這裡為鄭成功、劉銘傳、丘逢甲、連橫蓋了四座亭台，因為他們是「人在台灣，心繫大陸」的樣板；民進黨掌權，則拆掉協助抗日的陳納德銅像，將廣播電台改為二二八紀念館，再立下龐大的紀念碑，復仇的劍憤怒地指向天空。

　　台灣社會也不是沒有歷史感，但集中於每年二二八時節。除了放假紀念，遊行示威，照例總有新書發表。屠殺元兇是誰？死亡人數幾何？歷史現場如何重建？受難者家屬補償多少？要將事件定位為「官逼民反」，還是「外來政權壓迫台灣人」？合乎當代政治正確性的「集體記憶」是否比斤斤計較「歷史真相」來得重要？……統獨兩派人馬爭得面紅耳赤。歷史解釋權當然不可以拱手讓人；喬治·歐威爾（George Orwell）不就這麼說過：「誰控制現在，就可以控制過去；誰控制過去，就可以控制未來」？

　　可是，擾擾攘攘一星期之後，一切煙消雲散。媒體降溫，歷史學家退場，政客恢復短視本色，我們再度回到「沒有過去、只有當下」的迫促生活中。紛至沓來的網路資訊，令人眼花撩亂無從沈澱；譁眾取寵的電子媒體，將視聽大眾籠罩在沒完沒了的爆料八卦中。「歷史」之於台灣，除了建立政權正當性、台灣主體性之外，好像沒有太大意義。

二、英國人的自然觀

　　一個尊重歷史、善待自然的社會是什麼樣子？英國也許可以提供一些線索。

　　當然，英國不是一個完美的模範。（別忘了，它在環境永續性的排名只有65。）

　　目前英國號稱世界第四大經濟體，但財富分配並不平均，高等教育亦不普及。它的農業、工業都衰退得很厲害，只有金融服務業一枝獨秀。一般國民收入不高，而且物價高昂；如果不是社會福利體制支持，恐怕會有很大的社會危機。而且，英國社會仍保有相當濃厚的階級意識、種族意識、地方意識，對移民及外國人並不友善。它的政府及民間企業效率都相當低落，從圍繞著布萊爾內閣的醜聞及頻繁的火車事故即可窺見一斑。

　　不過，歷經兩次世界大戰，從百年前的世界最強大的工業、殖民帝國，急劇萎縮為今日的蕞爾小國，並遭遇過公共事業國有化又轉為私有化的動盪不安，這個國家基本上仍能保持和平穩定，它的國民外冷內熱而有相當教養，還是令人稱奇。筆者認為，對自然與歷史的喜愛，也許給這個社會無形的穩定力量。

　　說來吊詭，英國原是世界上最早發生工業革命的地方，最早以船堅砲利威脅中國的國家。百年前華人不顧一切要追上它的「現代化」，現在又要以它作為矯正「現代化」弊病的參考，說來未免汗顏。儘管如此，筆者還是要冒著幾種風險——包括崇洋媚外的大不韙、走馬看花的浮淺、文人自以為是的想像——就2000年下半年旅居劍橋所見所思，向國人獻曝。

　　筆者明白，劍橋不是英國社會的恰當取樣——它太特殊，不足以代表不列顛的共相。如果住在倫敦、曼徹斯特、利物浦這些大都市，恐怕印象就會全然不同。不過，「取法乎上，得乎其中；取法乎中，得乎其下」，儘管是滾滾紅塵中的烏托邦，劍橋還是

值得一提。

　　劍橋市大約有10萬人口。劍橋大學三十多個學院，個個花木扶疏、自成天地，市區內又有二十多個台北大安公園或青年公園大小的綠地（光是修剪草地所花的工夫，就很難想像）。沿著康河（River Cam）兩岸，古木成蔭，「觀光牛」閒閒吃草，牛糞也處處可見。英國人很少建高樓大廈，劍橋住家多是二樓建築，建坪甚小，但家家戶戶一定擁有前後花園，而且花園面積往往是住宅底面積的2-3倍。英國人每每自嘆不列顛是擁擠的島嶼，但是鄉間小城所見，盡是綠意無限，絲毫沒有台灣的人口密度感。

　　夏日早上出去慢跑，只見家家都費盡心思把門口的小花園粧點得花團錦簇。奇花異草固然不用說，就是最常見的玫瑰也種得高大豐腴，大理花朵朵像神氣的卿雲勳章，連冶艷的罌粟都成了路邊的野草開花，實在不可思議。曾經在美國新英格蘭待過5年的大人，都忍不住驚艷；從小住在台北的小孩，更是開了眼界，突然發現自然的存在。在院子裡餵鳥、追鴿子、撿花瓣、看蜜蜂和蜘蛛打架，甚至在樹籬下發現一隻奄奄一息的刺蝟，都成了無比新鮮的經驗。

　　徐志摩在〈我所知道的康橋〉中寫道，要是他沒有在這裡住過，就不會明白人不能離開大自然而生活，因為接近大自然可以緩解生活的的枯窘。

> 康橋的靈性全在一條河上；康河，我敢說，是全世界最秀麗的一條水。……這河身的兩岸都是四季長青最蔥翠的草坪。…橋的兩端有斜倚的垂柳與榆蔭護住…水勢徹底的清澄，深不足四尺，勻勻的長著長條的水草。這岸邊的草坪又是我的愛寵，在清朝，在傍晚，我常去這

康河泛舟。

天然的織錦上坐地，有時讀書，有時看水；有時仰臥著
看天空的行雲，有時反仆著摟抱大地的溫軟。⋯⋯在初
夏陽光漸煖時你去買一支小船，划去橋邊蔭下躺著唸你
的書或做你的夢，槐花香在水面上飄浮，魚群的唼喋聲
在你的耳邊挑逗。⋯⋯[4]

余生也晚，造訪遲了80年，康河已經不復清澄，河底淤泥厚
得可把船篙折斷，水草在濁水中模模糊糊。可是撐著一葉扁舟，
閒閒蕩過拂面垂柳，寫意依然不減當年。

4　收於蔣復璁、梁實秋主編，《徐志摩全集》第三輯(台北：傳記文
　　學出版社，1969)，頁252-256。

Grantchester的「果園」茶室（The Orchard Tea Garden），
weekday期間由人稀少。

　　康河上游小村Grantchester風景如畫，據說可以撐船前往，只
是來回要8個小時。那裡有著名的「果園」茶室（The Orchard Tea
Garden），春秋佳日可以在蘋果花樹下喝茶沈思。20世紀初的文
人布魯克（Rupert Brook）、 吳爾芙、 羅素、 維根斯坦，也曾在
此流連盤桓。喝完茶，朋友帶我們沿著河邊一望無際的草地散
步。也許是初來的人特別容易感動，那個夏日傍晚，我看著水裡
的雲影、水草、柳條、野天鵝，遠遠的地平線，快八點猶溫柔不
捨的夕陽，只能暗歎劍橋人太得天獨厚。
　　一出劍橋市，四周都是田野（卻從沒看過農夫）。麥田收割
時，平緩起伏的坡地上一畦畦金黃，遠遠的山稜上有綠色灌木做
分界。大地無限寬廣，卻只占去視野的五分之二；更奪人心魄的，

是遼闊的天空：自由揮灑的雲朵，四方來八方去，映照得大地都
謙卑了，更不用說人的渺小。在台灣，也許住在恆春海邊的人，
還能飽覽這樣巨幅的天空？

　　根據史學家湯瑪斯的研究，像中國一樣，英國人原來對自然
的態度，也是人本中心的。《聖經》說上帝賜予亞當統治各種生
物的權力，神學家因此認為每一種動物、植物、礦物，都是受人
指揮，為人提供或實際、或道德、或美感上的功能。此外，亞里
斯多德也說，人除了能生存、有感覺之外，還擁有理性，因此是
高高在上的萬物之靈，與植物、動物截然不同。既然如此，人們
對動物獵捕、馴養、食用、活體解剖、趕盡殺絕，都理直氣壯。
而且人應該與動物保持距離，像動物一般的外貌舉止——諸如骯
髒、多毛、裸體、游泳——都被視為不妥；而「無殊禽獸」的人
（包括「原始人」、印第安人、愛爾蘭人、女人、窮人、奴隸），
也遭到和禽獸相去不遠的對待[5]。

　　英國人對自然的態度，直到16世紀到18世紀之間，才發生深
刻的改變。都鐸時代出現了一連串的自然學者，和歐陸的同行通
力合作，奠定了今日植物學、動物學、鳥類學與其他生命科學的
基礎。對自然世界的觀察勢必涉及分類，新的分類系統逐漸改變
了人的自然情懷。原本研究植物的主要目的是醫療，而對動物的
分類多半是看它可不可吃、能不能用，是野獸還是家畜。但後來
的自然學者開始就動植物自身結構來考量，不再以其對人類的用
途為判準。他們對各種動物、植物一視同仁，不預設愛惡偏見，

5　Keith Thomas, *Man and the Natural World: Changing Attitudes in England, 1500-1800* (New York: Oxford University Press), pp. 17-21, 30, 41.

更反對自然與人世有對應關係的說法,而純粹從局外角度做客觀觀察。

這種態度不只影響了專業學者,也影響了一大批以研究自然史為業餘興趣的鄉紳、教士、仕女,更深刻地改變了一般民眾對自然的態度。他們不再視人高高在上,轉而同情動物受人役使荼毒的苦境。他們思考動物權益,爭論動物是否也有靈魂,是否可以得到宗教救贖。與此同時,原本被看做與禽獸無異的罪犯、瘋人、奴隸、窮人,也得到更多關懷,蔚為一個廣大的改革運動[6]。當然,此中不乏自相矛盾的例子:有些動物成為寵物,有些則被當作害蟲;有人寶愛犬馬,卻又熱衷打獵;有人對打獵期期以為不可,但釣魚卻似乎無傷大雅。

不可否認的,對自然的愛好,是一個城市中產階級運動。正因為有錢的城市中產階級遠離農耕生活,不再受野獸威脅,才會開始想要保護鳥獸;他們不必像農民那般靠牲口來養家活口,才能以動物為寵物。但另一方面,儘管寵愛貓狗,他們並不排斥肉食,也不反對以愈來愈有效的方式屠宰[7]。這個矛盾,至今猶不可解。

英國人對植物的喜愛,也不下於動物。其實,在盎格魯撒克遜時代結束之前,英國的天然森林已經砍伐殆盡。在基督教觀念中,森林是野蠻危險的同義詞,清除林木以供農牧用地,還被多數人視為文明的勝利。現代早期,英國人對林木的態度開始改變,主要原因是經濟的:林木可以提供平民薪柴、木材來源,又可作為皇室貴族獵場。可是漸漸的,在經濟理由之外又增加了審

6　Ibid., pp. 70, 184, 191.
7　Ibid., pp.181-183, 301.

華美莊嚴的林蔭大道。

美的理由：在高大的菩提樹、榆樹、馬栗樹掩映下的林蔭大道，華美莊嚴，既是貴族財富地位的標記，長久而言也提高了地產價值。除了貴族莊園之外，城鎮中（包括劍橋各學院）也廣植樹木增加優雅美感。他們發現：古典建築適合搭配針葉樹，而歌德式建築以圓頂樹木襯托最好。「花園城市」的觀念在17世紀就出現了。在經濟與美感之外，人們又進一步在林木中寄託宗教情感，將聚落中的大樹視爲社群凝聚與延續的象徵[8]。總而言之，就像對待動物一樣，當猱狂盡除、天然森林不再威脅人們時，樹木就開始成爲人們的寵物了。

從現代早期起，對於家居花園的喜愛，從上層仕紳、城市居民開始流行，成爲英格蘭生活的最重要特徵。有人說，園藝對勞動貧民有一種文明教養的功能，使人愛家、愛美、有品味。花園也提供了個人從充滿挫折的世界逃開的避風港，讓人在方寸之地隨心所欲地建立一個個人的桃花源。儘管作家勞倫斯嘲笑那是英國人的自我中心的表現，但花園的確提供勞工階級一個安排閒暇、抒發情感的場所。和養寵物、釣魚或其他嗜好一樣，喜好園藝可以解釋：爲什麼英國的無產階級會相對地沒有激烈的政治衝動[9]。

報紙上有固定園藝專欄，電視上有好幾個園藝節目在晚間黃金檔播放，園藝節目主持人可以成爲月曆明星——這種現象大概只有英國才有。貴族的舊宅大院開放參觀，最受歡迎的往往是宅邸四周的花園。參觀者不盡是閒閒晃蕩，而每每駐足花前評頭論足，或拿出筆記本做小抄，認真的很。

8　Ibid., pp.192-194, 199-212.
9　Ibid., pp.228, 234, 238, 240.

　　網路上有人問：「種花是不是會上癮？」眼見一季得辛勞只換幾日奼紫嫣紅，有人幽幽嘆息：「這是最無常的藝術（the most ephemeral art）……」貴族有園丁耕耘大塊景觀花園，小老百姓也可以租一塊公共菜園（allotment）試試手藝。有個小市民直率地吐露心聲：「我挖土時不是在挖土，而是在想很多過去的人、事。如果有一天沒有這片園圃可去，我寧可死掉！」

　　作家劉大任在肯亞任職時，租住一個英國老太太的園宅，由對英國園藝專業的敬畏，開啟了他後半輩子種花種樹的痴心，也安撫了他左傾保釣理念幻滅之後的躁鬱。他說：

> 英國人的園林，大概有兩個重要傳統，一個是農業（蔬菜園），一個是植物學。菜園傳統發展了一年和多年生草花的種法，植物學的傳統更是園林藝術的根本，形成了他們對植物生理、習性、生態、環境等多方面相敬如賓的態度。這方面的成就，特別表現在山林種植（woodland planting）。從光照、雨量、溼度、風向、溫度、土壤等小環境的考慮，到植物的選種、育種、喬木與灌木的互動關係及地面鋪蓋植物（ground cover）的培養，以至於病蟲害的防治……，無不深鑽細研，務求互不妨礙，各得其所。
> 全世界的園林文化，只有英國人最尊重植物的生命，體貼它們的需要，苦心孤詣，極力要讓它們活得自然，活得快樂。……[10]

10　劉大任，〈園意〉，《園林內外》（台北：時報出版公司，2006），頁185-186。

對自然進行徹底的了解，再以人爲方式努力複製「自然」，實在吊詭。但這也說明了，爲什麼英國的花園既能照顧色彩、形態的和諧，又有蓬勃率性的野趣。

但是，再怎麼「相敬如賓」，花園畢竟還是人爲的產品，不是眞正的自然。隨著英國逐漸都市化、工業化，人們也愈來愈渴望從鄉野獲得心靈的滋潤。夏天或週末到鄉間渡假，成爲流行的風潮。但城市人並不是眞正要永久住到鄉下——他們不願放棄城居生活的樂趣與便利。如何結合城市的經濟機會與鄉下的自然環境，一直是英國都市規劃的主要議題[11]。

不可諱言的，在和諧的表相之下，人與自然長期鬥爭的痕跡斑斑可考。「子非魚，安知魚之樂？」動物權運動人士、園藝家、乃至生物學者，不論怎麼愛護動植物，至多只能縮小人本我執，無法完全以「自然本位」思考行事。美麗的英格蘭南方鄉野，明媚的湖區風光，畢竟都是在鬥爭中占了上風的人類，在安全的範圍內賞玩自然。未曾被馴服的荒野，也許在粗獷的蘇格蘭高原才能一見？

英國人在帝國對外擴張的過程中，也犯了「唯我獨尊」、「自以爲是」的錯誤。他們在北美洲、澳洲、紐西蘭殖民時，不但對原住民趕盡殺絕，而且也大力摧毀各地本土生態，引入英國動物植物，企圖將風土大爲不同的異鄉改造爲故鄉。殖民人士在世界各地收集博物學（natural history）材料，目的是將全球動植物編入以歐洲爲中心的科學知識系統中。直到20世紀初期，由於面臨農業擴張的極限和資源短缺的威脅，他們才改變態度，主張保育，開始以各地本土物種爲國家象徵，並由自然史的研究轉爲生態學

11　Keith Thomas, op. cit., pp.251-253.

(ecology)研究(亦即不只針對個體做分析，而且研究個體與其周圍土地生物的互動關係)[12]。

儘管「花園」不等於「自然」，但今日地球畢竟已被人類破壞太多，要「順其自然」已不可能，往後人類只能把大自然像大花園一樣地費心經營——至少要盡量減少人為的擾動。2000年11月，英國國家廣播電台BBC播出博物影片權威製作人大衛・艾登堡爵士主持的電視節目「大地的聲音」(*The State of the Planet*)，探討全球生態危機及其對治之道。他指出：必須立法禁止人類過度捕獵，例如禁絕捕鯨，或限制鱈魚漁獲量。引入外來物種常造成本地物種的滅絕，亦須遏止。要避免生物的棲地遭到毀滅或孤立化，可以透過保育地區的擴大和連結，給予它們繁殖機會。至於由於空氣污染造成的全球暖化問題，則要透過節約能源來減緩其嚴重性。

他的結論是：世界人口自19世紀以來劇增，長此以往，人類或許可以想辦法繼續生存，但是其他50%之物種將會滅絕。我們的子孫，將會繼承一個荒蕪的地球。自然保育的目的是人與其他生物和平共存，維持生物多樣性，因為我們並不知道哪一種生物的消失，會使整個食物鏈都受影響，導致不可收拾的後果。比方說，海獺一消失，海膽即大量繁殖，海底森林被海膽囓食殆盡，魚類即無法生存，而人類亦會遭殃——當然，這個思惟可能還是人本中心的，並非「自然本位」。可是，如果不以此為訴求，怎能說服大眾？

12　Thomas R. Dunlap, *Nature and the English Diaspora: Environment and History in the United States, Canada, Australia and New Zealand* (Cambridge: Cambridge University Press, 1999)，pp. 15-16.

英國人對既有的環境所做的維護，有些來自官方，但更多來自民間。有的環保團體組織龐大，有的只是個人自覺的行動。我所接觸的民間團體中，「全國史蹟、自然美景信託基金會」（National Trust for Places of Historic Interest or Natural Beauty，簡稱「全國信託」National Trust）是英國最大的民間保育組織。它於1895年成立，當時會員只有100人。現在則有340萬人。它由會費支持，透過捐贈與購買，擁有超過239,000公頃土地，包括許多國家自然保留地、考古遺址、歷史舊宅和特別有科學價值的地區。2000年的主要工作重點，是保護海岸線的「海神事業」（Neptune Enterprise）。除了雇用三千多名員工從事建築、教育、館藏、造林、園藝等工作之外，還有3萬2000位義工投入1,860,000小時為它服務。

另外，「林地信託基金會」（Woodland Trust）買下既有林地加以保護，為野生動物提供棲地，並鋪築步道，讓社會大眾在林野中感受美、寧靜與永恆。若要造林，他們會先考慮地景、美感、野生動物，並儘量模仿自然過程。2000年11月底，我們參加了他們的種樹活動。一家大小在明亮的陽光與冰涼的寒風中，種下了近四十棵柳樹苗[13]。我們也向「皇家鳥類保護協會」（The Royal Society for the Protection of Birds）索取了免費的〈花園中的鳥類〉手冊，在後院撒麵包屑，幫助野鳥過冬，每天驚喜地發現兩三隻林鴿與大群歐掠鳥來就食。

民間對環境的保育，還表現在礦主挖完礦坑之後，會想辦法復原地貌及河流走向；漁人共同清理漁港的油汙，以吸引水獺

---

13 我所敬愛的生態學老師陳玉峰，對這點恐怕會很不以為然。他一向主張「土地公比人會種樹」，對大地應該「無為而治」。

「林地信託基金會」（Woodland Trust）所保護的沼澤和風車。

重現，並容忍水獺偷吃魚獲。由於全球暖化，1999年英國水患嚴重（有記錄以來最溼的秋天），只聽到他們呼籲控制汽車廢氣污染，沒有看到有人建議增建高大水泥堤防來防水患。在蓋千禧圓頂時，還把河岸鐵板堤防拆掉，換成沙堤，種上蘆葦，以吸引野生動物。英國人又擔心加入世貿組織、經濟全球化之後，歐盟的農業補助會取消，英國的小型精耕農場將無法在產品價格上和阿根廷或美國式的粗放大農場競爭，而一旦小農放棄農作之後，傳統英國式的綠籬環繞的田野（綠色百衲被式的地景"patchwork quilt" landscape）及其庇蔭之野生動物，會難以生存。

1997年一項民意調查顯示，有60%的英國民眾覺得環境問題傷害了他們的健康。污染、堵車、自然棲地的品質、能源來源、農產品的安全性，都是他們的憂慮。大多數人認為環境保護比經

濟發展重要，也願意為清理環境、保育野生動植物而做犧牲。只
不過，說的和做的仍有一段距離[14]。英國在「環境永續性」排行
榜的名次，由2001年的16名，落到2005年的65名，是嚴重的警訊。
英國尚且如此，吊車尾的台灣焉能不更努力[15]！

三、英國人的歷史意識

如果說英國人的自然觀（及行動）尚有一肩未達，他們的歷史
意識又如何？在報紙上，每每看到老一輩感嘆下一代沒有歷史概
念，連第二次大戰期間的「不列顛戰役」都弄不清楚云云。看到
這樣的報導，筆者總不禁惘然。與其說它代表的是英國人欠缺歷
史意識，不如說，正是因為他們太有歷史意識，所以才無法忍受
這樣的無知[16]。

「聯合王國」（The United Kingdom，它現在正式的國名）面
積雖小，但歷史複雜豐富。和台灣一樣，它也是孤懸於大陸海外
的島嶼，歷經許多「外來政權」的統治，包括羅馬人、盎格魯撒

---

14 John Oakland, *British Civilization: An Introduction*（London and New York: Routledge, 1999），pp.38.

15 其實台灣的環保工作不是一切都不如英國。劍橋資源垃圾回收，做的就不如台北市徹底，2000年時，塑膠袋、鋁罐、錫罐、寶特瓶、玻璃罐都不能回收。

16 Trevor Lawson, "Goodbye to all that?" *The National Trust Magazine*，no. 89, Spring 2000, pp.56-59.
英國史家Kenneth O. Morgan 也認為，和他國相比，英國人本世紀以來仍保有深刻的歷史感（deep sense of history）。見Kenneth Morgan 編 *The Oxford History of Britain*（Oxford: Oxford University Press, 1988），pp.660-661.

雪後初晴。（劍橋大學達爾文學院）

克遜人、維京人、諾曼人都曾經入侵。在中古時代，英格蘭國王
長期向法國國王稱臣。英法百年戰爭（1337-1453）之後，英格蘭
人漸漸切斷與歐陸的關係，但又面對與蘇格蘭、威爾斯、愛爾蘭
分分合合的統一戰爭。伊麗莎白一世統治時期，英格蘭打敗當時
歐洲第一強國西班牙的無敵艦隊（1588），國威大振，這時也正是
光芒四射的莎士比亞時代。接下來，他們如何因宗教問題導致內
戰，如何因貴族與國王爭權奠定議會憲政基礎，如何在殖民地爭
奪戰中占了鰲頭，又如何成爲工業革命之先驅，大家都耳熟能
詳。進入20世紀，霸主頭銜拱手讓給美國之後，它的故事就少有
人關心了。不過，這一段由盛轉衰的時期，不但沒有造成英國人
對傳統的否認（如近代中國人），反而促成了他們對歷史的深刻反省。
英國人愛歷史，最明顯的當然是表現在古蹟、古物的保存上。訪

問英國的旅客，從史前石柱（Stonehenge）、哈德良長城（Hadrian's Wall）、約克大教堂，到劍橋大學、西敏寺……，永遠有看不完的歷史遺跡。世界知名的景點固然不用說，就是窮鄉僻壤之中的磨坊、風車、小教堂、貴族莊園、甚至小酒館，也都被小心翼翼地呵護保存下來。我們也看過一群維多利亞迷，樂呵呵地展示他們收集的古董——削蘋果皮的機器、各式玻璃瓶、最早的聖誕卡、甚至以沙除臭的馬桶——都奉若至寶。

保存古蹟意義何在？——古蹟對觀光客有吸引力，自然對當地人有利。但是，和台灣／中國若干發「觀光財」、把古蹟弄成「吃喝玩樂綜合體」的地方相比，英國的觀光業顯然有品味得多。而且，古蹟對地方的利益，可以不是物質上的，而是精神上的。我們曾到蘇格蘭走訪瑪麗女王的出生地Linlithgow。雖然這座古堡歷經戰火、不復風華，但站在溼冷的霧中，那寂然而傲岸的身影，會給到附近教堂唱詩的小孩多少的想像？

古蹟不只是過去的殘骸。英國人費盡心思，要讓歷史復活。內戰時期清教徒領袖克倫威爾出身劍橋附近小鎮Ely，內戰時代就成為此地民間歷史社團的專攻主題。放假的時候，他們找塊空地，穿上當時服裝，持長槍戴盔甲，有人製作蠟燭，有人和小孩玩當時遊戲，重新感知祖先如何生活（不是演給觀光客看！）電視上也不時有「1900之屋」或「新石器時代」之類節目，由現代人親身回到過去的生活條件中，體驗100年前、乃至10000年前先民的奮鬥。

不是只有把古蹟古物孤立保存，與現在完全切割開來，才叫尊重歷史。既然是歷史，自然是層層累積。20世紀出生的人，也很快就會成為過去，成為歷史的一部分。因此，一些貴族住在祖先留下來的古堡中，經營祖先留下來的花園，開放大眾參觀以挹

注開銷（如「歷史宅邸協會」〔Historic Houses Association〕），
既不大興土木、突兀地彰顯自己的特殊，也不矮化自己、抱殘守
闕。

　　對歷史的用心，往往不只是為當代人的利益，而是真心捨不
得青史成灰。譬如說，有人找到一堆私人文件，重建一個小型私
立學校101位校友戰死沙場的歷史，痛惜他們早逝的青春[17]。有
人為第一次大戰中被軍方以畏戰罪名處死的軍人抱不平，因為將
軍的錯誤指揮遠比小兵的懦弱更可非議[18]。也有人製作兩小時的
影片，紀錄80年前被南極冰雪困住20個月的一支探險隊伍「堅忍
號」（Endurance），追想那懷抱不可思議的樂觀勇氣的先人。
不錯，在有些地方，英國人的確泥古守舊得令人吃驚。而代表英
國國體的女王，必須忍受最多繁文縟節。每年國會開議時，女王
一身盛裝、掛滿勳章，坐上擦得晶亮的馬車，在御林軍的護衛、
英國國歌的伴送之下，到達國會。換上另外一套服裝之後，她看
著國是演說稿本宣科，貴族、法官、大主教等上院議員坐著洗
耳恭聽，真正大權在握的首相布萊爾，居然和其他下議院議員擠
在大堂後沿、站著看熱鬧，儘管他是草擬國是演說的人！而這正
是數百年前平民出身、地位低下的下議院的寫照。禮儀可以如此
守舊，而政治實質可以如此做這樣大的變革！「周雖舊邦，其命
唯新」，原來「新」與「舊」可以不是對立扞格的敵體。

　　事實上，如史家霍布斯邦所言，英國那些看似古老的傳統，
經常是近代才出現，有時候甚至是人為刻意創造的。「被發明的

17　"For Whom the Bell Toll," *The Sunday Times Magazine*, Nov. 5, 2000,
　　pp. 22-28.

18　Bryan Appleyard, "The Troops We Chose to Forget," *The Sunday Times*,
　　Nov. 12, 2000.

維京勇士和台灣小女孩。

傳統」不是要凝聚團體認同，建立權威正當性，就是要灌輸某種
信仰價值[19]，因此不無可疑。

---

19 霍布斯邦，〈導論：創造傳統〉，收於霍布斯邦等著，《被發明的

以筆者所見，英國人回顧歷史，的確有時是緬懷過去的帝國榮光（如回憶維多利亞女王），有時是加強現在國家的向心力（如國殤日褒揚軍人），但也不逃避那些不怎麼光榮的史頁（如讓英國贏得勝利、卻失去世界霸主地位的世界大戰）。更多時候，回顧過去主要是「把人、事放在時間之流中了解」，讓人們更清楚自己的定位、時代潮流的來龍去脈，而非為政治或意識型態服務。

在電視紀錄片中，我們看到各種不同的歷史題材：例如從一家三代反映本世紀女性角色的變化，對英國空氣污染歷史及水患記錄的追蹤，坎特伯里大主教的兒子回憶父親一生行誼。在各大報紙上，記者與作家總是自然而然地把事件放在歷史脈絡中去了解。譬如：今日的消費文化和100年前、50年前、30年前分別有何不同，或是英國人為什麼會喜歡耶誕節期間演出的爆笑劇（pantomime）、其表演型態自19世紀以來有何變化。令人驚訝的不只是他們的歷史興趣。這個社會對文化層面大大小小的事物都留下紀錄，讓有心人可以找到資料回溯、整理出一條發展脈絡來，才是不尋常的。

「把人、事放在時間之流中了解」的思惟方式是這麼深入，以致連娛樂新聞、運動新聞，都可以處理得有歷史深度，減少了這些行業的浮囂誇大。搖滾歌手艾爾頓強（Elton John）接受訪談時，不快樂的童年、失敗的婚姻、嗑藥的記錄、奢侈的習慣、同性戀的愛情……，在回憶中沈思起來，竟有了史詩般的蒼涼[20]。新聞記者不只追逐最新崛起紅星，也時時回顧曾有的偶像，譬

（續）───────────

　　傳統》（台北：貓頭鷹出版社，2002），頁11，19-20。

20 Chrissy Iley, "Sex and Drugs and Rock'n'Roll," *The Sunday Times Magazine*, Nov. 12, 2000.

如詢問大家：「20年前披頭四的約翰藍儂被殺的時候，你在做什麼？」[21]當划船選手瑞德格瑞（Steve Redgrave）五度榮獲奧運金牌時，除了民族主義式的驕傲之外，他們忍不住要拿他和奧運史上其他國家的英雄相比，以給予他適當的歷史地位。他們也忍不住去看他的個人史，為他思量後路：他曾為這項運動付出重大的代價，沒有發展其他技能，那麼退出比賽後，下半輩子該怎麼辦[22]？

對歷史的興趣，幾乎是一種全民運動。查理王子呼籲珍惜舊有的建築藝術，引起現代建築界一場論戰。小老百姓學會考古入門，就在住家附近挖將起來。為了討好嗜古成癖的消費者，劍橋的麥當勞以神廟斷柱作為內景，而取名「羅賓漢與小約翰」（Robin Hood and Little John）的餐廳則在壁上懸掛中古農具、兵器做擺飾。歷史古裝劇、歷史小說受歡迎固然不用說，歷史學者也延續吉朋與麥考萊的傳統，為大眾撰寫明白曉暢的歷史著作（如霍布斯邦的《十九世紀三部曲》），甚至上電視製作主持歷史節目（如舒馬〔Simon Schama〕主持的「不列顛史」〔A History of Britain〕），備受大眾肯定。

愛歷史愛到跟自己的荷包過不去的例子，也是有的。1953年，有一個加油站老闆林德理，不小心在屋裡扯開一片拖垂的壁紙，赫然發現後面露出古代壁畫的痕跡。如果是台灣／中國人，會怎麼做呢？沒有感覺，把壁紙貼回去？——林德理的做法是找專家來鑑定。專家認為，這片壁畫可能是現存最精美的16世紀早期作品。顯然這棟不起眼的鄉下房子是座古蹟。這可麻煩了：一

---

21 Nick Wyke, "We heard the news today, oh boy," *The Sunday Times Magazine*, Dec. 2, 2000.

22 見2000年9月24日 *The Sunday Times* 的報導。

且被列為古蹟，連設置中央暖氣系統或裝個新管線，都要和嚴苛官僚的文化保存機構打交道。何不悄悄賣出房子，省下麻煩，或乾脆偷偷把整片牆拆下來，賣給識貨的行家？

可是，接下來半個世紀，林德理把所有力氣都花在復原、研究這幅畫與這棟房子上。他發現，這棟房子在中古時代，可能是一座提供僧侶行腳休息的小客棧。他一不做二不休，竟然又把隔鄰的房舍買下，而且在臥室牆壁的石灰層下，發現了都鐸時代的壁畫。整修屋頂的時候，林德理還發現那裡有天主教教士逃避迫害的藏身之洞。故事還沒有完：這棟房子，在19世紀曾是醫院，一個貴族企圖在這裡提供大眾免費醫療設施。於是林德理又收集了一些當時的器材和文獻，把這棟房子當成一個博物館來經營。

現在，他死了，而這棟擁有一級古蹟繪畫的房子，想賣都賣不掉。列名古蹟不但沒有使它增值，還使它貶值[23]，他的兒子想必一肚子悶氣——可是，我只有感動，為這個加油站主人，為這棟承載數百年歷史的房子。

一個英國女性和她的家人，曾花了兩三個月時間親身體驗維多利亞時代的生活。儘管食衣住行種種不便，做主婦尤其艱難，然而，當實驗接近尾聲時，她對著窗外雨聲，有說不出的悵惘、不捨。現在她更能珍惜現代生活的便利，可是，她也忍不住想捉住那一個消逝的時代。坐馬車來到、坐汽車離開，她覺得有一部分的自己，已經留在那棟維多利亞老宅裡了。

許多人強調歷史教育的智性意義：研究歷史讓人明白我們生存的社會，了解過去人類的行為對當代人的意義，學會分析、綜

---

23 Chris Partridge, "How historic treasures have devalued a house," in *The Sunday Times*, Nov. 12, 2000.

合、批評的技巧，增進人的語言、觀察、溝通能力……。可是，筆者認爲，研究歷史——一如接近自然——所提供的更寶貴的東西，是情意教育，是無以名之的，對過去與現在、對自己與他人的生命的更大的理解與包容。「歷史是現在與過去的對話」，史家卡爾（E. H. Carr）的名言，在這裡特別讓人感受深刻。

不過，愛歷史的人也可能很犬儒，老是用懷疑的眼光打量一切號稱「第一」、「最新」、「最好」的人、事、物，包括自己。他們不容易興奮激動，也常缺少勇猛進取的動力。他們也有可能缺乏效率，一切慢慢吞吞——如果彈指間千年就已過去，分秒必爭有何意義？

BBC的記者帕克斯曼嘲弄地說，每個傳統的英國家庭一定會找個閣樓、地窖，堆放各式各樣的舊紙箱、老家電、破碗盤。表面上爲的是「或許哪一天會派上用場」，實際上是英國人頑強的保守性格，使得他們捨不得丟掉20年前的老東西。有人如是形容英國人的人生觀：

> 現在和過去並沒有一條明確的界線，而是彷彿一道可以摸索漫遊的濃霧。……他們在時間的洪流間悠游來去，後面拖了一堆沒用的行李[24]。

爲了這堆「行李」，今人的生存空間勢必減少。因爲拖著它走，腳步不得不放慢。如果沒有足夠的創意予以新詮釋，行李箱掏出的古董也只能是破銅爛鐵。

---

24 傑瑞米·帕克斯曼，《所謂英國人》，韓正文譯（台北：時報出版公司，2002），頁176。

　　一位學者甚至指出，古蹟保護運動中有頗為強烈的階級、種族意涵。受到19世紀浪漫主義運動的影響，「全國信託」反對社會日趨工業化、世俗化、商業化，相信中古時代——乃至所有「古代」——蘊含精神及宗教價值。美國人以獨立革命為古蹟保護重點、歌頌愛國情操，英國人保護古蹟的動機則是知性及藝術性的，而且參與者也多出自社會的中、上階層。對他們而言，保護古蹟是一種「文化資本的投資」，用以操控符合他們品味、價值觀的符號，以維持其既有身分地位。現今美國古蹟保護對象已擴展到白人之外的其他種族文化遺產，而英國則仍保有強烈的菁英主義意味[25]。換言之，他們之好古復古，是有高度選擇性的。

　　或許就因為受不了仕紳階級裝腔作勢、以上流文化保護人自居，現代英國才會出現一批批的叛逆英雄，從憤怒青年、披頭四，到龐克族、辣妹，乃至戴安娜王妃？在帝國消失、昔日殖民地難民大量移入後，今日英國種族眾多而難以融合。白人、菁英取向的歷史意識，是否也難辭其咎？

　　不過，正如披頭四等反傳統的人物，最後都成為歷史的一部分，成為另一種「正典」（canon）；筆者以為，數代之後，白種英國人與「有色英國人」（包括大量穆斯林）應該也能找到文化上的公約數，因為族群間交纏、激盪的經驗也已經成為歷史的一部分，豐富了文化的可能性。

　　當然，「成為歷史」並不必然保證就會相安無事，族群衝突也可能因為仇恨累積而愈演愈烈（譬如蘇格蘭人一直厭惡英格蘭

25　Diane Barthel, *Historic Preservation: Collective Memory and Historical Identity* (New Brunswick, New Jersey: Rugers University Press, 1996), pp. 11-34.

人）。可是，「研究歷史」的人──不管學院史家或民間文史工作者──若不能從太多悲劇中學到大度寬容，縱使他／她博聞強記、熟悉掌故，那也只是鳴的鑼、響的鈸。我相信，自由主義的發源地，會有智慧處理這個問題。

四、千里之行，始於足下

回到台灣。

因為愛深責切，知識分子對台灣的批評，有時聽來會像是在自我矮化。其實我很明白，英國經驗當然不可能全盤移植過來。更切合實際的，是在自己的傳統中重新發掘寶藏──例如原住民的自然觀與漢人傳統的歷史觀──刮垢磨光，使之與時俱進。不過，與其他文化對照，可以促進我們的反省，甚至激發某些靈感。這是筆者記下劍橋見聞的主要用意。

當然，如果沒有「地方行動」（act locally），徒有「全球視野」（think globally）是意義不大的。

今年春天，在層出不窮的政府弊案、第一家庭弊案鬧得人心憤懣時，「千里步道」的消息令人眼睛一亮。發起人之一徐仁修說：

> 我們試著要發掘一條南北相通、東西相連的美好舊路，讓真正在台灣生活的下一代可以用雙腳丈量自己的大地，用雙手親撫一路上的古蹟，用心去認識與欣賞台灣的一山一水，一草一木⋯⋯這樣走過土地的孩子與年輕

人，會在自己的人生中留下最深最美的生動經驗[26]。

　　以民間社會的力量，探索這塊土地仍保有的美好自然與人文景觀，這豈不類似英國「全國基金會」的初心？

　　另一群有心人，也要用走路來愛台灣──不是遠離塵囂、另覓避秦桃花源，而是迎頭面對台灣環境的醜陋。2006年的暑假，「台灣生態學會」會員花了45天（！），用雙腳環島一周，穿過主要城市大街小巷，親臨污染現場紀錄報導，抗議政客為經濟開發而罔顧台灣環境承載力，也希望這趟「尋找台灣生命力」的環島苦行，能喚醒台灣民眾的環境意識[27]。

　　「尋找台灣生命力」？台灣的生命力，就在他們身上。

　　而我，能做什麼呢？或許，「登高必自卑，行遠必自邇」，從發掘身邊的歷史、保護身邊的自然開始，而不以此為足。下一回，我要把故事從那裡說起。

2001年3月初稿於紐約
2006年5月改寫於台北

26　徐仁修，〈千里步道繞台灣〉，http://www.tmitrail.org.tw//Page_Show.asp?Page_ID=306。

27　台灣生態學會，「2006為尋找台灣生命力而走──環島苦行活動說明」，http:/puecoserver.ecology.pu.edu.tw?ecology/。

李淑珍：台大歷史系、師大歷史研究所畢業，美國布朗大學歷史學博士，目前任教於台北市立教育大學社教系。寫作緩慢，著述不多，作品內容游移於經學、史學與文學之間。曾從怪手之下救出老榕一株，現植於紀州庵。

歷史意識的合理性

葉新雲

一、引言

　　哲學家長期以來對哲學的認識可說眾說紛紜、莫衷一是。但是，如果有人說哲學是讓人認識到自己在世界中的地位，或有人說哲學是對人類理性的深刻探討，那麼反對這類說法的哲學家可能不會很多。看來哲學家儘管派別林立、思想分歧，到底還是有些共識的。不過，當哲學家在討論人或世界的時候，好像他們所要探究的是一種永恆的人性——「人的本質」；他們討論世界的時候，世界也被抽離化，成了恆常不變的世界——「實有」、「大全」、「自然」是我們司空見慣的名稱。同樣地，當哲學家談論到理性時，好像理性也是亙古長存的東西、一成永成無有變化，好像柏拉圖時代的理性、中世紀哲學中的理性，乃至17世紀近代科學興起之後的理性，這些都沒有實質的差異。事實上，不少哲學家在這個圖像中遺忘了最要緊的真相：人是在變動不居的世界中行動和思考。在這樣的過程裡，那種靜態的、不變的、一成永成的人性、世界、理性的觀念，很難再維持其過去那種不受到

挑戰的地位[1]。

儘管有不少人認識到「人是在變動不居的世界中行動和思考」，但在討論「合乎理性」或「合理性」的時候，人們的認識仍然是有所偏重的：人們偏重那種能展現出律則、模式、原理的情況；當人們提到批評與理性，大概心目中想到也是這些。筆者當然認為能展現律則、模式是合理性極為重要的一個面向，但卻不認為它是合理性的全部面向。合理性還有別的面向：一是我稱為「歷史性」（historicity）的面向，一是「實踐性」（practicality）；這兩個面向都是在討論批評與理性時經常會忽略的，原因是它們並不明顯地呈示律則與模式，而傳統上受到理性主義的影響，歷史性與實踐性並未普遍受到重視。依筆者的看法，合理性是有這三個面向的；如果我們要建立健全的批評與理性心靈，這三個面向都該加以注意並且刻意吸取有關這三面向的認知。如果要做進一步的理解，我們甚至對於事物中三面向之間的關係也要做更動態性的探討。比如說，一般的倫理學討論總是環繞著到底哪些原則是我們的最高道德原則，但是我們常感到這樣的討論遺漏了行動中的人：實際中的行動者可能不對原則產生任何疑慮，但行動者對自己所處之處境不得不有所認識，對自己所掌握的資源（時間或其他）也必定要有所理解；因此，離開了實踐以及處境考慮

---

1 近代英美哲學雖以經驗論為主流，但對於合理性的看法泰半與傳統理性論相近。這種情形到了杜威時才有所改變。參見杜氏所著*The Quest for Certainty*（London: George Allen & Unwin, 1930）一書中對哲學家欠缺歷史意識的撻伐。杜氏雖負盛名，但自1950年代後杜氏在學院中幾乎「銷聲匿跡」；到了1970年代末英美哲學不再以實證論、經驗論定於一尊，人們才重新拾起了杜氏思想。

的倫理原則便會遭致「紙上談兵」的譏誚[2]。

在這篇論文中，筆者不打算討論三面向之關聯性問題。筆者把主題限於一隅：只談歷史性面向，強調其重要性，並指陳認識歷史性這一面向能為我們在批評與理性上增加些什麼。

二、由一篇文章所引發的歷史推想

讓我們通過王安石的一篇文章談起。王安石在他的文集有一篇很有名的文章，叫做〈讀《江南錄》〉。《江南錄》是南唐降臣徐鉉奉宋太宗之命撰寫的一本著作，其主旨在於檢討南唐存亡的一些關鍵因素。王安石對於徐鉉不言其君李後主之過，認為頗得《春秋》之義。但這不是該文的重點。王氏認為：「然吾聞國之將亡必有大惡，惡者無大於殺忠臣。國君無道，不殺忠臣，雖不至於治，亦不至於亡。」他舉的最明顯的例子是紂王殺王子比干的故事，周武王就是自此事之後知商朝不再有什麼希望，伐商之舉變得容易。王安石進一步談到南唐，南唐後主也枉殺了大臣潘佑。在父老的口耳傳聞中以及在王安石所看到的諫表中，都顯示出潘佑是一個直言剛正之士；潘之見殺，還曾引起京都有人興兵責問。王安石認為李後主殺潘佑等大臣，正是亡國之端；對於徐鉉在書中誣潘佑以其他罪戾之名，深深不以為然。王安石在文章末段指陳，潘、徐兩人在朝中爭名有隙，徐不能公正地諍諫李後主，嫉賢妒能，固是人情之常，但國家由徐氏等人而發敗亡

2　關於一般倫理學忽略人們處境考慮方面，可在晚近的任何倫理學教本中看到。一般的辯護是說，他們談論的是倫理的理論，不願意涉入忠告讀者做怎樣的倫理選擇。筆者認為這正是他們這類討論流於紙上談兵，難有進步的緣故。

之端，亦是實情。即便在寫《江南錄》時，徐鉉仍然不願誠實面對，存心欺蒙宋太宗[3]！

王安石在這篇文章中表達了他對朝代興衰的觀察：亡國的徵象之一就是枉殺忠臣。他這一觀察，我們還可以幫他找出很多例證，其中最著者莫如明末在遼東真正能抵抗後金的兩位大臣：熊廷弼和袁崇煥；他們兩人先後在兵員甚少、後勤不備、敵軍強勁的情況下，給予敵人極大的挫敗，成為後金進關之前的最大心腹之患，但兩人均落得極悲慘的下場。

其實在過去那種君權至高的時代，就算不是接近亡國之時，而是開國時期甚或承平時期，大臣或忠臣屢遭殺害或至少斥退不用的情形，亦是司空見慣。王安石生長在宋代立國百年之後，當時君權相對來講是比較穩固的時期（這一點是宋太祖立國之初打下的基礎，他不但解除所有功臣之軍權，整個朝廷是以文臣來領導的），所以王安石可能把他所處的情況投射成歷代的常態了。

君權至高的時代，表面上看來，皇帝至高無上，操有最大的生殺予奪之權。「普天之下，莫非王土；率土之濱，莫非王臣。」權力好像大得不得了，但事實上皇帝很清楚：這個權力結構脆弱得很。皇帝雖高坐龍椅之上，深切明白，只要自己稍不留神，便很容易被人拉下來。為了鞏固自己的權力，不得不拉攏一些人成為自己的親信，給這些人一些好處或權力；另一方面，對於可能的敵人、無法令其貼服的人，盡量不讓他們成氣候，必要時拿出鐵腕加以鏟除。這樣的想法與做法，特別在立朝開國時期，看得

---

3 參見王安石的〈讀《江南錄》〉，此文應該可在《王荊公文集》中找到。我所看到的原文，載於《中國文學總新賞：王安石》下冊，（台北：地球出版社，未印出版年月），頁275-278。

特別清楚。劉邦登基之後，何以要翦滅過去跟他一起並肩作戰的功臣？朱洪武開國之後，何以將功臣一一殺害，自己親立四個宰相，何以後來又一一除之，甚至於立下詔書，永遠不准再立相職。筆者不認為這裡面是這些皇帝格外「不仁」。即以朱洪武這個特別「忍殺」的皇帝而論，他就特別愛護百姓而對官吏嚴苛管束。唐太宗這位英主，在玄武門之變獲得大勝之後，隨即將建成太子的五個兒子、李元吉的五個兒子全部加以殺害。「永絕後患」這樣的念頭在作崇呀！今日若不發狠，保不得哪天有些人擁立一個李家後代來跟自己或自己的骨肉爭奪王位！在這種利害衡量下，即便手足同胞之親，也要動用理智而不是感情。所以，如果有大臣甚或忠臣，不管出自什麼動機，只要讓皇帝感到君權受了威脅，那麼，即便是一點風吹草動，皇帝也要下霹靂手段，除之而後快。

我們可能要問：君主專制政權何以如此脆弱？可以推想的原因很多。比如說，制度的鬆散。即以王位承繼而論，按祖訓是父死子繼，首先立嫡，無嫡立長。但歷代王位真正承繼的方式，經常未按這個祖訓實行。在唐末宦官當道時代，廢、立均掌握於宦官手中。再比如說，守護王室的軍隊，應該是裝備最好的軍隊，同時也是最精銳之部隊，但由於基本上是防衛王室的，實戰經驗都十分有限，這樣的禁軍制伏一般的亂民、叛黨，在京畿地區固然綽綽有餘，可是卻無法抵擋異族軍旅。何以知其然？在安史之亂的時候，為了抵抗安、史，郭子儀便屢次借重異族軍隊。肅宗的兒子要帶領20萬大軍向洛陽進逼之時，能疾馳突進的是郭子儀借來的數千回紇兵，是他們首先攻占東京的[4]！

4　關於回紇助唐討安史之亂的史實，參見《資治通鑑・唐紀》第二百

　　君主專制政權之所以脆弱不堪，乃是君主與他的臣民之間無法建立真正的「結合力」（bond）。**沒有權力的人是沒有義務感的。**君主專制政權之缺失，正在於它只是「一人之自由」（用黑格爾的話語），其他的臣民只在威脅利誘下與其周旋，根本談不上真正的「結合」。我們認為這也許是關鍵所在！

　　講這些做什麼？作為歷史之分析，顯然漏洞百出，但我們這裡是想喚起一點歷史意識。歷史意識不能盡是一些道德性的評價，我們要進一步去理解歷史人物的處境，就像我們要認清我們的處境一般。荷蘭史學家彼得‧蓋爾講到史家工作時，說：

> 但是，歷史學家要學會看出這些人——指過去之人——是處在他們的人群周遭之中的，同時，他們要理解這兩者——指過去的人及周遭的條件——的不完美跟他——歷史學家——和他的時代所共有的不完美，仍然是不可分割的[5]。

　　蓋爾的話十分簡潔，但細味其語，就會明白他真的講出了人們應有歷史意識的重要性。

三、歷史意識——合理性的一個面向

（續）────────

　　二十卷。筆者對君主專制政權的一點認識，得之於趙翼的《二十二史劄記校證》（王樹民校證，北京：中華書局，2005）以及陳茂同所著《歷代選官制度》（上海：華東大學出版社，1994）兩書中對歷代君王的論述。但兩書皆未提及君王專制政權的脆弱性。

5　Pieter Geyl, *Encounters in History* (London: the Fontana Library, 1967), 342.

一提及歷史意識，馬上便會有人以為我們是不是在提倡某種史觀或某種歷史的目的論。首先，過去基於宗教信念所形成的目的論，除了在它們的信眾之中仍是信仰的堅固成分外，一般討論批評與理性的人，一方面基於信仰與理性最好分別看待，另一方面認為多元文化促使我們尊重各類型的宗教目的論，故大家均不在合理性面向中去觸及它[6]。我個人認為，這不是合理性問題的範疇。其次，某些歷史哲學固然緊扣著歷史意識，也幫助我們認識歷史意識的重要性，但我們不必因此囫圇地吞下他們整個哲學。比如說，黑格爾是在知識領域中最強調歷史意識的一位，在許多人因引入歷史觀念而有相對主義之疑惑時，也只有他最能堅守真理的堡壘。我們自然可從他那裡學到很多東西。但我們並不要因此跟他一樣相信整個歷史是絕對精神之展現，我們也不會同意他所認定的歷史精神之最佳具現是落在國家(即便是理想的國家)上[7]。對於其他的歷史哲學家，我們同樣應該有所分辨。

總歸一句話，歷史意識並不要求我們建立什麼樣的歷史目的論，也不要求我們去建立什麼樣的特殊歷史哲學。歷史意識要求的是不論對我們今人或過往古人，都要理解其處境；在這種要求下，我們時時刻刻要認識到「其來有自」並且明白「何以致此」。換句話講，無論現今的人還是過去的人，都有兩個突出的特徵：

---

6 名哲學家麥金泰爾(Alasdair MacIntyre)是一個例外，他會大力反對此處的說法。他認為現代人相信科學和中世紀人相信神蹟，在合理性上無分軒輊。可參考他的 *Whose Justice? Which Rationality?* (Notre Dame, Ind.: University of Notre Dame Press, 1988) chp. 19.

7 黑格爾本人著作很難為非專攻其哲學的一般學者所理解，而一些所謂引介性的作品每每令人不得要領。但最近Stephen Houlgate的 *An Introduction to Hegel: Freedom, Truth and History* (Oxford: Blackwell, 2005) 卻被公認是一本出色之作，筆者個人就受益不少。

一方面是他當下的「特殊性」，另一方面是他跟過去的「連續性」。好的歷史家多半否定歷史循環論，他們會告訴你每代人都有其不同的處境，會告訴你歷史上絕無相同的兩個事件；這就是要我們認識歷史中之特殊性。但這種特殊性也關聯到過去，沒有人可以跟過去脫節；任何人在歷史中都受到過去之影響和限制，儘管這種影響和限制不是決定性的，但它絕不容許我們低估其力量之強大。人們在歷史中活動，他們所處的處境一方面提供了機會，一方面也給予他們限制。我們對這樣的情形之體認並且加以理解，就是我們最起碼意義下的歷史意識[8]。

筆者認為，這樣的歷史意識應該成為合理性的一個面向，但這樣的看法卻是一般談到理性批評精神時並未加以注意的部分。在教育層面上，大家似乎也忽視歷史意識這個部分。

有人可能會說：「好了，看來歷史意識是重要的，但這似乎只是表明歷史學科的重要。但為什麼一定要把歷史意識併入批評和理性之內呢？」容筆者做下面的回應。

倘若我們漠視科學律則之存在，那麼我們會把事情弄得很糟。比如說，蘇聯當局在1940年代信任了一位農經學者李森科，由於他拒斥大部分生物學家所相信的新孟德爾遺傳定律，結果不僅讓蘇聯的遺傳學研究長期停滯，還可能導致蘇聯農業歉收的主因之一。因此，將科學與科學方法融入我們的合理性概念中，相信很少人會反對這一做法。違反邏輯定律的結果會造成思想上的混亂，因此，我們會認為邏輯思考應是合理性的一部分。循此路

8　一般較好的史學通論的書，只要細讀，多半也可以獲得對歷史意識的認識。但更重要的，是去閱讀大歷史學家反省性、回顧性的著作，本文中第二節所提Pieter Geyl的著作就是一例。其他如Eric J. Hobsbawn, Marc Bloch, Jacob Burckhardt 都值得注意。

徑思考，讓我們來看看：當我們忽視了歷史意識，會造成怎樣的結果呢？如果這些結果是令人不滿的，那麼把歷史意識當做合理性的一個面向，那就比較有說服力。

首先，筆者要指出，當我們忽略了對人們的處境之認識（那應該是歷史意識最主要的關注點），我們容易變成一個自以為是(self-righteous)的道德判斷者。這樣的道德判斷者，其實對人間的道德事業並未能增加什麼助益，更不用說他或她會促進人們的福祉。舉一個小的例子來說，一個鄉下窮苦人家的婦女，生活十分困難，家中一點點的收入除了用來養家過活，根本沒什麼剩餘。這時候家中的孩子生病了，婦女真的是不知如何措手；家中的一點錢是要維持家計的，小孩子看起來還不是那麼嚴重。據街坊鄰居說附近的土地公廟很靈，好些人都是去那裡燒一柱香，取得一碗香灰水，喝下去就灰到病除。婦女很容易相信這個說法，於是帶孩子去土地廟求香灰。我們會任意地罵這個婦女愚蠢嗎？我們也許會說她應該去找醫生；她不找醫生卻去求神，表示她不愛護她的孩子嗎？我們每個人要行動的時候，不只是參照道德原則就直接化為行動的。我們都會參照我們的認識、我們自己所擁有的資源而行動（當然，可能還有其他考量為參照因素，但認知和資源兩項是非常突出的兩項）。看不看醫生根本顯示不出這個婦女愛不愛孩子。反而是那些有足夠金錢帶孩子看病，卻不帶孩子去見醫師，把金錢大把大把地花在購置名牌上的人，才顯示出他或她們欠缺道德意識。

現在來對比一下範圍更為廣大的實際世界。自15世紀以來，資本主義的生產方式在西歐各國率先成形；這種生產方式打破了人們長期定型的生活方式和思想。它的力量是巨大的，整個歐洲都有了翻天覆地的變化。資本主義的生產方式走到哪裡，那裡的

人們只有順從適應或遭致淘汰的命運。這樣的生產方式，只有不斷地擴大再生產，才能維繫一個產業，因此資本家之間的競爭激烈且無法止息。在這樣的生產方式下，技術不斷更新，工作於其中的人們被要求不斷地跟上技術，否則難免落伍。而且，從資本主義的生產方式來看人際關係，也有完全不同於以往的理解：人的價值是由是否促進它的再生產來決定的。在這種情勢下，人們工作努力的積極進取心是被動起來了，但另一方面，人也隨之變得短視近利（不知利之所在的人不免遭致失敗之命運）、難於安分（有新點子或新發明的人是不是該考慮另謀高就）、冷酷無情（情緒或情感都不利於工作）且精於計算（不是大家都在講究生活規劃嗎）了，許多傳統上被認為是美德的特點都遭到忽視或棄置。我們如果不去了解這一過程帶來的變化，只會在眾人的行徑背後大嘆道德淪喪或人心不古，那又有什麼益處呢[9]？

其次，筆者要指出，欠缺歷史意識，最容易讓人陷於主觀主義，最容易引發人們的一廂情願的想法，而主觀主義或一廂情願的迷思，是人們找到正確行動的大敵。當今世界各地，有不少國家都很欣羨美國，也有許多人想在自己的國家仿效美國的做法。在技術生產方面，好像要趕上美國並不是那麼困難；很多小國在一、兩個技術方面確實也走在時代尖端。但大家都認識到，美國這個國家好像別有一些長處是其他地方始終難於企及的；比如說

9　稍稍接觸一下現代社會或社會心理學，就容易明白我們這一簡短的描寫近代人之轉變絕非誇大。至於資本主義生產方式席捲全球，讓無數族群永遠喪失其原有之生活方式、被迫離鄉背井、勉強適應新的環境，甚至於整個族群從地球消失……種種人間悲喜劇，請參看人類學者沃爾夫的《歐洲與沒有歷史的人》（賈士蘅翻譯，台北：麥田出版社，2003）。

它的管理制度和作爲。美國能在管理經營上領袖全世界，其中最
大原因乃在它有人人肯於接受的良好法律制度。這樣一種穩定的
法律制度不但帶給美國政治管理上的成功，而且也構成它經濟發
展最重要的條件。但爲什麼美國人能有這麼強烈的對法律的信守
觀念呢？原因當然很多，但筆者認爲政治學者班傑明‧巴伯爾曾
經提出一個蠻有說服力的解釋。他說，美國人之所以唯法是賴，
是因爲美國是由各種不同文化背景的新移民組成的緣故。各地來
的新移民信仰各異、背景不一，他們處在一個新的土地上，他們
之間的共同歷史傳統是異常稀薄而欠缺的。但大家要在這塊土地
上生活奮鬥，他們之間最爲明顯的就是受到法律的保護與支撐。
在他們生息的這塊土地上，大家一而再、再而三地需要訂定各式
各樣的律法以確保個人的權益受到保護，人們之間得到和平的保
障。沒有了共有的歷史、傳統可以作爲倚靠，於是他們彼此之間
要訂定規則來使生活繁榮、安定。換句話說，大家在這新土地上
生活，如果不想用武力或任何爭鬥的方式來傷害彼此，除了法律
之外，再沒有什麼是大家公認的規範了。這眞是美國人最爲幸運
的關鍵所在[10]。

他人要模仿美國，並沒有類似的幸運。從美國抄襲了他們的
法律制度，但這些多半成爲了課堂上的講義或者政府中的文獻，
往往被人置諸腦後。爲什麼？「法律面前，人人平等。」他人眞
的無法認同。在傳統的關係網絡中，人與人、團體與團體、個人
與團體都有千千萬萬的歷史糾葛。在此種情況下，現成的路徑多
得很，誰耐煩去訂定新規則？誰願意犧牲優勢特權？我們要講的

10　參看Benjamin Barber and Patrick Watson, *The Struggle for Democracy*
　　(Boston: Little, Brown and Co., 1988).

是：並非歷史傳統絕對地決定了某些地區的人永遠無法跳脫老套，而是在文化制度上如果要有新的建樹，光靠一些先覺者的呼喊是不夠的；人們得有一個**學習的過程**。當大多數的人都深切地意識新制度新文化帶來的方便和好處時，這種新制度新文化就會確定下來。再說一次，這需要一個學習過程。我們若是沒有這樣的歷史意識，以為好的制度、文化能一夕之間通過革命、通過移植性的硬性改革便會見到成效，那是犯了主觀主義的大病！

最後，順著前述兩點，更可以引申出一個對於行動的可行性（feasibility）的考慮。哲學家之間的辯論一向很少達致彼此都接受的共識；但在這些好不容易獲得的少數的共識中，有一個非常重要的觀念，那是：我們應該做的事情，必須是我們能辦得到的事情。英文中有一個簡單的表達方式："Ought implies Can"。對這個觀念最先做出完整論述的是康德，但大家在接受這個觀念時，已去除原先康德的理智主義傾向[11]。在大家的用法中，大抵說我們不可要求任何人去做不可能（人力所不及）的事情。但這樣講仍然有點抽象。如果把「人力所及」、「人力所不能及」落實到人們具體所處的歷史情境之中，那就是「行動之可行性」的問題。無論是談到今人或是談到過去之人，我們不能只看其言論是否動聽、計劃是否縝密，我們要看它所處時代的各種條件，才能進一步推想其可行性。歷史上，王莽建立新朝是想有一番作為的，但他食古不化，開歷史的倒車，想搞一套徹底的復古主義，但新的社會早已不是古代，復古主義當然注定失敗。宋神宗時王安石主

---

11 I. Kant, "On the Proverb: That May be True in Theory, But Is of No Practical Use," in *Perpetual Peace and Other Essays* (tran. by Ted Humphrey, Indianapolis, Ind.: Hackett, 1983), pp. 61-71.

張變法，據說朝中的小人都來依附他，朝中的君子都遠遠地躲開他、反對他。王安石才高識遠，如果單看他列出來各種措施如保甲法、保馬法、市易法、青苗法等等，真是瑯瑯滿目，也確是針對宋廷柔弱問題的大計劃，但他走不通，儘管宋神宗是那麼信任他[12]。社會的各種條件已經成熟了，才能讓有為的人一展身手，社會的各項條件不具備，個別的才智之士仍不免失敗。

根據以上討論，有了歷史意識，讓我們避開不食人間煙火的、自以為是的道德主義；它促使我們盡力去除主觀主義，不要採取唯意志論的盲動、不要陷於各式各樣的時代錯亂的行動或心態；它更讓我們看清只做我們能夠做的事情，暫且擱下雖美好但容易流於失敗的事情。就這些講來，豈不是一個理性的人在評估自己行動、思慮的時候最應該注意到的；同樣的道理，當我們在思考過去年代中人的時候，我們不也是應該要從他們的處境去代為思考。基於這些考慮，筆者主張歷史意識應該是合理性中的一個面向。

四、結論

當我們主張歷史意識是合理性的一個面向時，我們並不認為有什麼神奇的金鑰匙可以開啟我們的歷史意識。人們必須努力地

---

12 錢穆的史學觀點一向保守，但他對王安石的看法較能擊中要害。他同意南宋陳龍川的論點：宋朝自太祖立國之後，財力、物力是越來越往中央集中，造成地方上很難有更多的發展餘裕。安石變法，只為中央蓄財聚人，以便對付邊境敵人，地方便只能落得更加輕弱；這才是為他招來極大反動力量的主因。參見錢穆，《國史大綱》下冊（台北：台灣商務，1982修訂九版），頁421-434。

從歷史以及與歷史相關的學科中去培養歷史意識。的確，「人是
在創造歷史，但他是在歷史條件中創造的。」（馬克思語）認識歷
史條件所可能帶來的機會，以及認識歷史條件對人（古人或今人）
之限制，應該是理性與批評中極重要的工作。

後記

　　本文曾以〈歷史事物的合理性〉的名稱，於今年4月22日在真理大學
第一屆「通識教育與國際文化」研討會上宣讀；趁此發表之便，筆者對原
文中的若干筆誤略做更正，並將原文名稱改為今名。此文宣讀過後，曾經
淡江大學鄭光明教授講評；散場後，也有參與同仁提出若干疑問。筆者此
處就三個比較重要的問題做出簡要回應。

　　一、鄭光明教授指出：因為每個時代的人都有他們的特殊性。這種特
殊性會不會像是時代的有色眼鏡，而且是一種脫不掉的有色眼睛，以至於
當我們要了解他時代、異域的時候，總是無法擺脫我們的偏見、成見？

　　筆者認為在這個問題上，我們適度地帶有一點懷疑精神，讓我們在對
待異文化、他時文化上格外小心、謹慎，那是很好的探討態度；之所以強
調歷史意識，正是要謹慎地去除我們現時當下的偏見、成見。但我們絕對
不要走到另一個極端——絕對的懷疑主義，認為異時、異域的文化、歷史
絕對地不為我們理解。柏拉圖曾經有過一個很好的回應絕對懷疑論者之辦
法：完全不必理會他！為什麼呢？試問：絕對懷疑論者怎能假定我們會理
解他的話語呢？他最好不要開口，一開口希望人家能理解他的問題，就自
我否定了他自己的立場。筆者認為晚近的一些絕對懷疑論，跟柏拉圖所面
對的情形十分相似。

　　二、鄭教授認為：表面上看來，歷史性——無論就歷史事物或歷史意
識來講——似乎不像自然科學中的律則那樣有規則可以充分掌握，因此，
才有必要在理性和批評之中由歷史意識來補足。但這也許是表面如此，是
我們人類認識能力不足的表現，會不會歷史性終究也只是未來我們所知道
的規律、律則中可以推導出來的東西呢？

筆者認為我們不能在原則上排除這個可能性，這是理性主義的大夢所在。但筆者認為這個夢的實現大概十分渺茫。首先我們得掌握所有的有關人類的各種知識，而且這些知識都能以無數嚴整的律則系統地表述出來。就這個目標來說，我們還看不出目前的人文、社會科學中提供了什麼大家共認的任何律則。當然，要追求這種律則，否則談不上知識上的進展。但在此，弔詭地講，要進行律則設定的工作，人類可能還需要更多的歷史研究，而為了歷史研究，我們更需要歷史意識。其次，就算我們人類對人類事物掌握了全部重要的律則，我們仍然需要認識某個時間段落的人、地、物的**真實情況**為何，否則我們根本無法運用這些律則。打一個比方，縱然我們了解了全部有關經濟方面的律則為何，但如果對法國大革命前夕的情況無所認識，我們的律則也不知道能不能運用到法國大革命上。這樣講來，我們仍然不能離開歷史。

三、為了突顯歷史意識的重要性，筆者在論文中舉了一些歷史上的實例，但舉這些實例時，筆者不能避開一些歷史說明或解釋。筆者深深地明白這些說明或解釋在專家看來都顯得太過簡單、粗糙，甚或大謬不然。筆者希望通過更多的學習，自己在未來在這些方面有點進步。但筆者希望這些實例所要傳達的要義不要讓讀者忽略：人活在歷史之中，受限於歷史上所提供的條件，人不可能為所欲為；受限於資源與知識，人的選擇並非太多；受限於團體、團體與團體的互動關係、個人與個人的相對或相輔，人們的行動不可能完全自主。能在一個時代中又超出時代的人固然是英雄、聖哲，但英雄與聖哲，也有他或她的限制，何況英雄、聖哲並不是經常頻繁地出現。

葉新雲：台灣科技大學通識學科兼任講師，曾任教於台灣大學哲學系、美國蒙荷略學院、史密斯大學東亞語文系。著有《現代邏輯要義》（1999）；導讀並編審《尼采－作品選讀》（1999）；重訂並導讀雷崧山譯尼采之《查拉圖斯特拉如是說》（2000）。

對民主與市場的反思：

一個政治學者在21世紀開端的沉痛思考

朱雲漢

　　從1999年年尾到2000年年尾這一整年時間，全世界人類都在迎接兩個重要的歷史新階段：一個是新千禧年，一個是21世紀。我還記得在南太平洋最接近國際換日線的島嶼，來自全世界各地的人們聚集在海邊，通過架設望遠鏡、攝影機來迎接新千禧年的第一道陽光。在那個時點上，似乎人類有一個共同的期望、共同的感受：地球是一個大的群體，我們都生活在同一個歷史紀元與架構之下。決大多數的人們對於新世紀充滿著樂觀的憧憬，期望這個新的世紀是一個更和平的、更富足的、更公正的世紀，是一個合作互助、永續發展、良好治理的世紀。在千禧年前夕，全世界一百多個國家的元首聚集在紐約聯合國總部發表〈新千禧年宣言〉：

> 我們各國元首和政府首長，在新的千年開始之際，於2000年9月6日至8日聚集於聯合國紐約總部，重申我們對聯合國的信心，並重申〈聯合國憲章〉是創建一個更加和平、繁榮和公正的世界所必不可少的依據。

　　同樣的，西方的知識分子也普遍對未來高度期待。這種樂觀是建立在20世紀最後四分之一世紀所發生的劇烈的、席捲全球的社會、經濟與政治變化。這個變化的主軸是民主化與市場化。西方一些志得意滿的知識分子甚至預言，人類正走向歷史演進的終點，也是文明的極致……即人類最後的、最高的社會體制，不存在超越這種體制的其他可能性，而尚未出現這種體制的社會，也無可避免的要向它靠攏與接近。福山在他的《歷史終結與最後的人》一書中曾大膽的斷言：

自由主義的民主，構成了人類意識型態演化的終點，也
是人類政府的終極形式。

在這種視野框架之下，西方知識分子有這樣一種假設：民主
可以帶來和平，民主可以帶來良治；經濟自由化與全球化可以帶
來持續發展與共同富裕；人類社會可以享受美國盛世下的太平
（*Pax Americana*），全世界也會心平氣和地接納美國的領導，因
為美國是打造世界經濟自由化與民主化秩序的龍頭。

接下來的發展，與當時的樂觀預期幾乎是南轅北轍。當然中
間發生了911攻擊事件，讓美國所扮演的全球霸權角色出現更戲
劇化的轉折。然而，即使沒有這個意外事件的發生，在21世紀的
開端，美國盛世下的「天下不太平」的徵兆已經昭然若現：新興
民主國家紛紛陷入嚴峻的治理危機、政治亂象重生，甚至民不聊
生；在全球各個角落，市場萬能、自由化萬靈的神話開始在消退；
在東歐地區，經過十多年的市場化改革之後，很多前共黨又以左
翼或社會勞工黨名義重新執政，並試圖修正前段時間全面私有化
的變革；在拉丁美洲，所謂的「華盛頓共識」遭到普遍的質疑，
親美的右派政權紛紛下台，左傾的執政黨開始摸索更均衡、更自
主的發展策略；經濟全球化在世界各地遭遇勞工、農民、環保團
體，以及其他經濟弱勢群體的強烈反彈，每年的WTO部長會議
成為全球社會運動團體總動員的練兵場。因此，美國在伊拉克所
點燃的中東戰火，只是讓這個原本已經不平靜的世界，顯得更為
荒謬與血腥。

從更深一層角度來思考，當前人類面臨的最大困境在於，「民
主」與「市場」——這兩個被很多政治領袖與知識分子定義為架
構21世紀人類社會生活的兩大支柱——正遭遇嚴重的變形與退

化。在許多第三世界國家，民主與市場之實際運作不但未能達到
人民之期許；兩者反而成為21世紀世界秩序動盪的來源。

扭曲市場與民主的根本力量，是美國過去二十多年來打造的
新自由主義世界秩序，這個新的秩序讓美國式資本主義所向無
敵，讓資本在全球範圍取得前所未有的主宰地位，民主與市場兩
者都成為全球資本主義的俘虜。全球資本主義使得極少數跨國企
業精英取得影響國家政策、支配社會基本遊戲規則的無比權力。
金融全球化，使得資本可以自由流動到任何一個給他們最大優惠
的地方，讓資本家不再需要遷就其他階級的政治要求。美式資本
主義解體了許多國家的社會凝聚力，衝擊了歐洲國家許多調和民
主與資本主義的基本設計，例如福利國家與勞工權利保障。全球
資本主義宰制下的民主向資本家利益嚴重傾斜，並導致國家機構
經社職能減縮與維護公共福祉能力退化。不僅如此，全球資本主
義宰制下的市場體制，對人類社會與自然環境帶來嚴重的破壞、
巨大的風險。

在美國社會意識型態領域取得主導地位的新保守主義，試圖
將這種圍繞全球資本主義邏輯運作的「變形民主」與「變形市場」
移植到全世界，並試圖將這種賦予跨國資本無上權力的的宰制結
構永久化。美國的民主本身，就成為這場新保守主義革命的受害
者，社會兩極對立日益嚴重、民主程序遭遇扭曲、勞工與中產階
級的政治影響力被大幅壓縮。而美國民主政治品質的退化具有感
染性，成為全球民主品質退化的最大感染源。這對所有新興民主
國家而言，都是一個巨大的陷阱。因為，一方面在意識型態領域
中民主被樹立為普世價值、唯一的選項（the only game in town）；
另一方面美國的這種「變形民主」又被普遍模仿，而且在模仿過
程中經常是變本加厲，其結果是讓多數新興民主國家陷入劣質民

主的困境。因爲，如果劣質民主的源頭仍在進行錯誤示範，其他國家的民主體制就更難產生自我矯正的改革動能，人民只能逆來順受民主包裝下的惡質政治，因爲似乎民主無可替代。

許多第三波民主國家，從東歐到拉美，許多民選政治人物爲拉選票，挑動選民的情緒，掩飾執政的缺失，刻意操弄認同、宗教與族群議題，製造仇恨、兩極對立與社會裂解，甚至引發種族暴動與內戰。而且在許多新興民主國家，爭奪執政地位與維護黨派利益壓倒一切，憲法的權威遭到踐踏，選舉過程遭到扭曲，司法無能解決而淪爲政治鬥爭工具，政權變成職位分贓體系，貪污腐化橫行。此外，在許多第三世界國家（後殖民社會），相比西方國家，這些國家的體制原本就發育不全，黨派間的惡性競爭就更加削弱國家機構的治理機能、獨立性與公平性，剝奪了人民享有良好治理的可能性。民選政治人物的決策傾向短期回報，爲了眼前的利益交換與可分配資源極大化，而向未來透支，經常導致財政結構惡化或外債高築的結果。 在許多轉型社會，民主化與市場化的同步推進，更帶來嚴重的國有資產被掠奪與社會分配兩極化問題。

這些民選政府領導人搜刮的財富與他們這些國家的長期貧困，構成「民主」最大的諷刺。舉例來說，1997年以後印尼鄉下百姓最常問的問題是：那個叫「民主」的玩意何時會結束？阿根廷的「民主」出現財政崩潰、國家破產，至今無法脫離以債養債的困境。洛杉磯、三藩市、紐約、邁阿密和休士頓成爲眾多拉丁美洲權貴子弟的匯聚地，紐約中央公園旁和邁阿密海灘邊動輒兩億台幣的豪宅裏，住戶鄰居們講的都是西班牙文。這些都是拉丁美洲成群輪番執政政客的親屬。

在東亞，即使在民主轉型相對平順的臺灣與南韓，民眾對於

民主的實施經驗也有很大的保留，民主的實踐經驗也給社會大眾帶來很多疑惑。根據「東亞民主動態調查」2003年的資料，南韓只有49%的公民相信「民主是最好的政治制度」，有33%的人認爲「在有些情況下威權體制比較好」，還有17%的人「不在乎民主不民主」。臺灣的民眾只有42%相信「民主是最好的政治制度」，有24%認爲「威權有時比較好」，還有25%的民眾「不在乎民主或不民主」。在拉丁美洲，民選政府普遍無力解決這些國家面臨的嚴峻經濟社會問題，導致許多民眾對民主政體失去信心。根據「拉丁美洲民主動態調查」2003年的資料，在這個地區有53%的公民同意「只要能解決經濟問題，不在乎一個不民主的政府上台」，在巴西、墨西哥、秘魯同意這個看法的受訪者分別是65%、63%與57%。

　　1990年代的民主化是伴隨著市場體制改革而來。經濟與政治是自由秩序的一體之兩面。在經濟層面，也出現了很多令人反省的現象。俄羅斯的「市場改革」，在1990年代導致少數人鯨吞全民資產，進行歷史上罕見的大規模財富重新分配，至少有4000億美金的資金遭席捲到國外。這些攫取國有資產的大亨，用低廉的價格把資產賣給跨國企業，現金則透過地下管道拼命移往海外。在英國，不少上億美金的古堡豪宅、甚至連英國的職業足球隊，也被俄羅斯大亨買走。這些逃亡海外的資金，是全體俄羅斯人民幾十年來辛勤勞動的結果。從社會層面來看，俄羅斯的「市場改革」把俄羅斯打回到幾乎比第三世界國家還落後的狀態。由於醫療保障體系崩解，再加上俄羅斯中年人大量失業以及酗酒，男人的平均壽命劇降10歲，彷彿回到二次世界大戰。

　　在拉丁美洲國家，在「華盛頓共識」指導原則下進行的所謂「自由化改革」，讓原本嚴重貧富差距問題在經濟增長與經濟開

放過程中更形惡化，階級流動性下降，立足點越來越不平等。資本國際化，使得拉丁美洲富人的資本可以自由流動到任何一個稅率最低或投資報酬率最高的地方，讓資本家不再需要遷就國內其他階級的政治要求，獲得了前所未有的優勢地位。由於全球化給拉丁美洲弱勢群體帶來巨大的經濟風險，這5年來大部分拉丁美洲國家開始反思自由主義神話，並改變自己的政策走向。「華盛頓共識」遭遇到全面的批判，從阿根廷、巴西、智利到波利維亞，大多數執行新自由主義的右派政府都失去政權，被左傾的政黨所取代。在委內瑞拉查維茲政府的帶頭下，少數拉丁美洲國家開始公開抵制美國推動的「美洲共同市場」架構。

經濟全球化的過程，也讓東亞地區的勞工與農民團體面臨前所未有的生存壓力，東亞新興工業化國家原來引以自傲的「均富」分配結構，也開始迅速褪色，在過去10年，大多數中低收入家庭的實質所得不是停滯不前就是倒退。同時，在金融危機後，東亞國家開始意識到無節制的金融全球化所帶來的巨大風險，也體認到今日國際經濟秩序十分偏頗，完全以美國利益為中心，甚至完全以華爾街金融資本家的利益為中心，導致管制熱錢流竄的全球機制嚴重不足，亞洲國家開始積極建構區域性的政策協調機制，來防堵國際金融與匯率風暴的肆虐。

以上所描繪的民主化與市場化困境，雖然每個國家的具體情況不盡相同，但背後的基本故事都是一樣。從冷戰結束後，在新保守主義意識型態指導下所打造的新全球秩序，讓「民主」與「市場」雙雙成為全球資本主義的俘虜，兩者都圍繞著全球資本主義的邏輯而運作。在新保守主義意識型態主導下，國家機構的經社職能全面削弱、維護公共福祉的能力大幅退化。

在全球資本主義的宰制下，民主日漸成為一個空殼子，既無

法維護公民的福祉，也無力回應公民的需求。今日我們所熟悉的
「民主」，只是一個以「國家」為範疇的政治體制，而全球資本
主義體制下的主要權力行使者，卻可以跳脫任何單一「國家」的
管轄與節制。而今日對我們的生活方式、經濟安全、社會秩序、
環境品質可以產生巨大影響力的決策者，往往不是民主產生的政
府，而是一些幾乎完全不受民主機制監督的跨國權力行使主體，
例如跨國企業集團、跨國媒體集團、資訊科技王國、華爾街投資
銀行、避險基金、信用評等機構、大會計公司、國際貨幣基金、
美國聯邦儲備理事會。全球化的資本主義顛覆了國家層級的民主
體制的基本目的與職能，經濟全球化一步步掏空「國家機構」，
讓國家層次的民主政體成為經濟巨人陰影下的政治侏儒。

　　從英國柴契爾夫人與美國雷根總統時期開始啟動的新保守
主義革命，不但逐步在全球範圍內打造了一個窒息民主的外部環
境，而且也在體制內部埋下了腐蝕民主的因子，並在最近十年形
成一個民主品質全面退化的全球趨勢。讓我們追溯一下美國民主
退化的過程。雖然這個過程非常複雜，但是我們可以做一個簡單
的總結：美國的民主遭遇了市場原教主義與基督教原教主義的雙
重侵蝕。特別是美國共和黨，使得這兩種意識型態推動的激進變
革，導致嚴重價值衝突與政治對立。價值衝突讓墮胎問題、同性
戀婚姻、學校教授演化論等問題變得非常尖銳。當信念衝突越激
烈，政治競爭手段乃日趨下流，選舉程序受到操弄，選舉結果爭
議不斷。此外，在美國的政治運作過程中，政客高度依賴所謂的
「政治顧問」，這批謀士最擅長的是政治包裝、形象打造、抹黑
對手、操弄選民的情緒、散布假資訊、遙控媒體。例如，最近媒
體揭露的布希的首席政治顧問卡爾羅夫，就是典型人物。這些政
治人物不去思考國家的前途與未來，不花心思去謀求施政績效，

而是去網羅最專業的政治顧問，因為這些顧問可以化腐朽為神奇，讓政治人物不必為自己的無能、失職與貪腐付出代價。

民主品質退化的一個明顯指標，就是美國所宣揚的人權與自由在911事件後嚴重倒退。過去，美國的法院一直是維護人權、保護少數群體的堡壘。但是，近年來共和黨任命很多強烈保守意識型態的人擔任美國聯邦法官，讓美國聯邦法院的判決完全背道而馳。保守意識型態的法官盤踞聯邦法院體系，對於言論自由的範圍進行壓縮，並放任國家機關對個人隱私進行監控。前段時間，美國幾個大報的記者披露政府幾個密件，被美國法院以國家安全的名義要求記者交代消息來源，否則記者遭遇牢獄之災。這種判例在1970年代的美國根本不可能想像，否則「水門事件」的結局會很不一樣。目前，布希政府正以「反恐戰爭」為名，打造美國式警察國家，國土安全部對電話與郵件進行全面監控，並任意發布警示，製造大眾惶恐；執法機關可以不經法院審訊對可疑人士進行盤查與拘禁，並在全球各地設置秘密監禁場所。也難怪普林斯頓大學著名的政治理論教授Sheldon S. Wolin評論道：「某種類型的法西斯主義，正在取代我們的民主。」

美國民主品質退化的另外一個明顯指標，就是酬庸政治（spoils system）與裙帶政治（crony politics）大行其道，雖然這不是美國民主的新問題，但從20世紀初期以來，還沒有出現過如此荒唐的局面。過去，雖然美國總統有相當大的人事任免權，但還是要重視官員的背景與資歷，而且還必須經過參議院確認。但最近幾年來意識型態純正、黨派忠誠無限上綱，操守與能力退位。最戲劇化的例子，就是因Katrina風災而辭職的美國聯邦政府救災總署署長布朗。這個重要的位子居然是由一個完全沒有行政能力的人充任。布朗在出任聯邦要職之前，唯一的資歷是奧克拉荷馬州

阿拉伯賽馬協會的會長。他之所以能位居要職，只因為他是布希2004年總統大選競選總幹事的暱友。類似的例子屢見不鮮。美國《時代》雜誌在去年9月一篇專題報導中評論布希的用人，指他安插資歷淺薄但黨性堅定的人擔任聯邦要職的範圍與層次，都達到前所未聞的地步。

美國民主品質退化的更深層原因，是美國社會的權力結構在過去20年發生了巨大的變化。簡單來說就是：多元政治步入歷史，金權政治登上舞臺。代表企業利益的利益集團在美國社會取得了前所未有的優勢地位，而抗衡企業政治影響力的其他社會力量日益萎縮。首先，美國勞工加入工會的比例原來就不高，最近20年更不斷下降，從1983年的20.1%下滑至2004年12.5%。近年來，最大的企業雇主，例如渥爾瑪，都在打壓工會的發展。其次，代表企業的遊說組織資金驚人的豐沛，在2004年企業遊說組織的預算是21億美元。同時，廣告收入馴服了電子傳媒，不敢碰觸敏感或爭議性議題，其主要功能退縮為娛樂視頻。由共和黨修法大幅鬆綁傳播事業的控股規定，傾向共和黨的控股集團透過兼併與收購，將美國絕大部分的地方電臺與報紙均納入其旗幟下，只剩下少數東岸自由派報紙，還維持對時局的批判力道。最能代表大企業對美國政治主導力量的，莫過於美國媒體所謂的「六人幫」（Gang of Six）。「六人幫」包括全國製造業協會、商業圓桌會、獨立企業主聯盟、全國餐飲業協會、全國批發與通路商協會、以及美國商會。這六大工商協會基本上主導操控了美國國會立法議程，他們更是布希政府1兆3500億（幫富人）減稅方案的主要推手。凡是阻撓他們立法議題的國會議員，就會成為他們全力打擊的對象，在2004年大選時，這個權力集團就聯手動員選票與政治資金，硬將民主黨參院領袖達謝爾（Thomas A. Daschle）拉下馬

來。

　　這場將美國社會的權力結構導向極度不平衡的變革，可以視為一場新保守主義革命。這場革命的起點要回溯到雷根時代m雷根政府啓動一場敵視「政府」、醜化「國家」、神化「私人企業」、崇拜「市場」的激進革命。在1990年代興起的新保守主義，更將這場革命帶向極致。「新保守主義」是自由市場原教派，新保守主義推動的政策加速了自由市場機制中的「弱肉強食」、「劫貧濟富」的傾向。過去20年，雖然美國經濟繼續增長；但是美國97%新增加的所得，卻都落在前20%高所得的那一層。2002年美國最富的1%家庭，即享有全美財富的39%。美國最底層40%的家庭，只擁有全國財富的0.2%（因爲很多中、低收入家庭的債務大於資產）。小布希任內，美國貧窮人口增加了17%。再舉個例子說明美國的貧富差距擴大的現象。1990年，在紐約市曼哈頓區，所得頂層20%的人，平均收入是底層20%的32倍，$174,486與$5,435之別。到了2004年，頂層的所得增長到底層的52倍，變爲$365,826與$7,047。美國的醫療支出占國民所得毛額的14%，爲全世界最高，但卻有將近4700萬的國民（約占人口的16%）仍沒有任何醫療保障。在此同時，美國政府的財政稅基嚴重流失，稅負集中在中產階級，財政結構急速敗壞。大多數的美國社會菁英，對於國內存在的巨大社會鴻溝漠不關心，也就不難理解爲何美國人對於全球極度貧富不均問題麻木不仁。

　　這正是我們所處時代一個最弔詭的現象：美國以世界民主模範自居，但卻向全球輸出劣質民主。美國自命爲推銷民主的急先鋒，但經常採取雙重標準。正因爲世界上許多新興民主國家將美國視爲標竿，美國民主品質的退化，就必然具有傳染性，必然成爲一種全球現象。新興民主國家的政治菁英以及他們身邊的幕

僚，正是從美國政治人物的身上學習各種惡質的政治競爭、民意操弄手段與技巧。美國不僅提供錯誤示範，而且還向世界各國輸出這些政治伎倆，活躍於美國政壇的政治顧問，更開始大量向其他國家的政治人物提供他們的專業服務，在所有涉及美國戰略利益的其他民主國家的大選活動中，都可以看到這群政治魔法師的身影。同時，美國在國際上推行民主，經常採取自我矛盾的雙重標準。只要一個政權採取親美路線，儘管這個政權靠舞弊當選，或人權記錄極差，仍舊可以獲得美國的背書；只要一個政權反對美國政策，即使享有堅強的國內民意基礎，仍舊會遭遇美國的蓄意杯葛以及刻意醜化。

當世界上最強大的國家被新保守主義挾持時，天下也就難太平。911這場空前的恐怖主義攻擊事件，給了新保守主義分子一個千載難逢的機會，讓他們有機會推動醞釀已久的「中東戰略版圖改造計畫」。如驚弓之鳥的美國民眾，願意接受新保守主義陣營所開列的任何國家安全政策處方。該處方的核心主張就是先發制人、變更政權，以及「民主帝國主義」（democratic imperialism）願景。通過偽造的情報與蓄意欺騙，編構戰爭的合理性，一個只有短短兩三百年歷史的國家，向一個擁有幾千年古老文明的國家發動了一場不對稱的戰爭，這場戰爭激發全球的反美情緒，並讓美國深陷泥沼。但是，美國的「民主」並沒有讓任何關鍵決策者為他們的蓄意矇騙國會與選民負起政治責任。布希總統仍舊連任過關，錢尼、倫斯斐、萊斯等這些主戰大將仍舊大權在握。由這樣一個「民主」來主宰世界秩序，天下是難以平靜的。

美國盛世下的「不太平」，有多層的不安定因子。布希的單邊主義已經讓全球多邊衝突管理機制形同癱瘓，並嚴重削弱聯合國機能；布希的先發制人、更換政權的安全戰略，讓戰禍綿延中

東與東亞；美國國防部正全力研發微型核子武器，準備打破傳統
戰爭與核子戰爭的界線；美國的鷹派勢力正積極將軍備競賽延伸
到外太空，並鼓勵日本廢棄〈和平憲法〉；美國的貿易赤字、聯
邦赤字以及家庭負債，已經成為全球經濟的不定時炸彈。

　　美國盛世下的「不太平」的最大隱憂還在於：美國在經濟自
由化、全球化旗幟下所建構的全球資本主義對社會、民主、文化
與環境構成巨大威脅。就資本主義對環境威脅而言，Katrina颶風
就是一個警訊：全球暖化問題已經開始讓人類面臨越來越頻繁的
巨大天災。我們釋放二氧化碳的速率，已經是海洋和陸地吸收速
率的3倍。許多科學家都提出警告，全球暖化的效應已開始反噬。
按照這樣的速率，到21世紀中葉，全世界的森林與漁業資源將會
以更快的速度耗竭。而面對如此嚴重的環境威脅，與能源產業利
益緊密掛鉤的布希政府，仍肆意妄為地壓制聯邦科研機構的科學
家發布全球暖化問題的科學證據，拒絕簽署〈京都議定書〉，並
放寬機動車耗油、能源開發等環保標準。

　　就對資本主義對社會的破壞力量而言，全球資本主義讓人類
社會面臨前所未有的經濟風險。世界上所有主要經濟體系，都必
須將經濟活動維持在過度消費與信用擴張的亢奮狀態，才能避免
世界經濟衰退與金融體系的崩解。經濟活動一旦緊縮，全世界的
金融市場就會出現巨大的振盪。資本主義的全球化讓國際金融體
系變成了無法駕馭的超級賭場，國家、社區、家庭的經濟命脈都
變成極少數的跨國銀行、投資機構、對沖基金賭桌上的籌碼。全
球資本主義也讓人類社會經歷著前所未有的貧富差距、加速所有
國家內部的財富重分配、加劇市場經濟對弱勢團體的排除作用、
並撕裂社會內部的凝聚力。全球化的資本主義讓極少數跨國企業
精英取得控制國家、支配社會的無比權力，也顛覆了國家層級的

民主體制的基本目的與職能，全球化正一步步掏空「國家機構」，
讓國家層次的民主政體成為低能的空架子。

全球化讓人類社會失去了駕馭資本主義的破壞力量，因此資
本主義在驅動經濟增長的同時，也對社會與環境進行前所未有的
侵蝕。資本主義的弔詭在於，其「效率」有如雙刃利劍：一方面，
對追求利潤最大化的股東而言、對追求最大物質慾望滿足的消費
者而言、對追求激勵技術創新與生產力增長的社會而言，資本主
義可能是最有效率的制度；但對加速破壞地球環境而言、對掠奪
第三世界資源、對剝削經濟弱勢團體而言，資本主義也是最有效
率的制度。

從永續發展的角度來說，資本主義可能是最浪費的制度，因
為資本主義的生活方式鼓勵貪婪、獎勵自私、崇尚占有性個人主
義、刺激無止境的物質欲望、刺激沒有必要的消費需求、誘導追
求人為建構的虛榮價值。在資本主義的資源配置邏輯下，全世界
的生產活動，主要是為滿足地球上少數人的物質需求。但為了滿
足這些少數人無止境的物質慾望，資本主義生產體系不斷將地球
上有限的資源轉換成無法再利用的廢物。在此同時，全球資本主
義卻將第三世界國家中多數人擠壓在這個交換體系的邊緣位
置，他們生活範圍內的大多數生產資源都被劃歸私有，導致這個
廣大群體無法盡其力、用其物，形成人力資源的巨大浪費。

全球化的資本主義，也打破了民主與市場之間的均衡關係。
從海耶克以來的古典自由主義多主張，民主是依據公民主權的原
則運作，市場是依據消費者主權的原則運作，兩者都尊重個人的
意志與選擇，所以在理論上兩者的基本精神是相互呼應的，而且
兩者都可以達到保障多數人利益、滿足多數人需求的目的。他們
通常假定個別的經濟行動者與個別的選民都是理性的，最知道自

己的利益所在。他們也都深信市場經濟最能有效保障個人自由，而最好的市場經濟是徹底私有化、充分尊重個人自由選擇、獨立自主運作、自我調節的市場機制。但是這個理想得以實踐的三個前提是：第一、民主與市場的參與者的立足點要大致平等；第二、民主與市場的競爭機制不受扭曲；第三、個別的公民與經濟行動者能理性判斷，有足夠的資訊，最知道自己的利益所在。

可是從歷史經驗來觀察，這三個前提在現實環境下經常落空。民主與市場經常變質為「強者恆強、富者越富」的遊戲，民主與市場中的參與者在通常在地位、資源、知識上極為不對稱，實質上的不平等扭曲了表面上的權利平等。資本家總是企圖透過規模經濟與聯合壟斷來追求超額利潤，並試圖扭曲市場的公平競爭規則；代議民主所提供的選擇通常非常局限，形成政黨間的一種聯合壟斷。此外，消費者或選民的情感、資訊與價值都是可以被操弄的，而且是經常不斷的被精緻的宰制機制所俘虜。一般民眾，即使形式上擁有平等的政治參與權利，如果缺乏政治組織與意識型態資源，就很難發揮政治上的作用。所以，一個社會即使形式上具備民主，資本家也可能取得影響國家決策的主導地位，並藉此鞏固他們在經濟交換過程中的支配地位，從而顛覆了民主與市場保障平等與維護自由的真諦。其實，卡爾‧博蘭尼（Karl Polanyi）與布勞代爾對西方資本主義的歷史分析，早已指出資本主義不但具有「反民主」的本質，也具有「反市場」的本質。因此，必須為資本主義支配下的市場經濟建構有效的平衡、節制與監理機制。缺乏有效管理與民主監督的資本主義，會對社會權力結構產生巨大的扭曲，反而讓多數人失去真正的自由與自主。

熟讀歷史的政治經濟學者，都對無節制的全球資本主義在過去二十多年的迅速擴張非常憂慮。無節制的全球資本主義，尤其

是無節制的跨國金融活動，曾經在一次世界大戰前夕來到高峰，結果是以世界經濟大蕭條與二次世界大戰悲劇落幕。1911年宣統年間，滿清政府還在紐約、倫敦、蘇黎士等世界各地發行湖廣鐵路的債券。我們可以想像，在當時雖然資訊技術不發達，但金融全球化已經非常發達。二戰後西方國家記取教訓，對於國際貿易與跨國金融活動建立嚴格的管理機制，來駕馭市場對於社會秩序的破壞力量，建構一種John Ruggie所稱的「鑲嵌式自由主義體制」（embedded liberalism）。但1980年代以後，歷史記憶淡忘，自由市場神話再度抬頭，在華爾街利益集團的驅使下，美國政府與國際貨幣基金打造了「華盛頓共識」。

過去二十多年，大多數的西方知識分子都沉浸在市場萬能的神話裡，而忘記了卡爾‧博蘭尼在他《鉅變》一書對資本主義發出的歷史警語：「那個自我調節的自由市場烏托邦是不會持久的，不然的話，遲早將摧毀社會的人與自然之本質，必然會摧毀人類，並將我們的環境化為荒漠。」

當前所有發展中國家都面對下列這些嚴峻的課題：

一、如何駕馭全球資本主義的風險與破壞性、控制其兩極分化傾向，並妥善利用其積極性，讓市場與民主、市場與社會、市場與文化、市場與環境間的共生規則得以建立？

二、如何建構維護經濟弱勢團體權益的政治組織與意識型態，讓廣大人民可以真正利用民主參與與監督機制，維護其生存與發展的權利，並讓社會各階級與集團間維持權力平衡？

三、如何提升國家機構的各項重要治理能力，管理市場秩序，監理公司治理，保障公民的社會經濟權利，進行財政移轉與二次分配，強化內部監控，防止違法濫權，確立官僚體系維護公共福祉的價值導向？

在回應這些嚴肅的課題上，過去西歐國家(比如瑞典、法國等)有些不錯的經驗可以學習，但是現在歐陸國家原有的調和階級矛盾與節制資本主義的核心價值與重要制度安排，包括民主社會主義、福利國家、法團組織(統合主義)、共識型民主等，在美國式資本主義的競爭壓力下，欲振乏力。這意味著，任何國家要憑一己之力回應這樣的嚴峻課題並不容易。很容易被美國與跨國企業操弄與支配的中小型國家，更難自主選擇社會發展模式。中小規模的新興民主國家，更容易掉落「分而治之」的陷阱。因此，只有達到一定經濟規模或掌控戰略性資源(例如石油)並具備較高政治統合能力的國家，才有機會走自己的道路，並扶助其他國家擺脫外部制約。像中國、印度這樣人口眾多資源有限的國家，有機會走自己的道路；而且他們也只可能根據自己的國情與歷史條件走自己的道路。如果中國與印度都步上美國式資本主義後塵，人類的前途將十分黯淡。

很明顯的，國家層次的民主已經不能適應人類發展的需要，亟需在全球層次建立新的民主機制。要有效回應上述的嚴峻課題，發展中國家必須透過集體的力量，試圖在全球層次建立民主治理機制，讓所有利害與共的群體都有機會參與全球事物的管理，才能徹底控制資本主義的風險與破壞性，才能有效駕馭全球資本主義的兩極分化傾向，才能全面建構市場與社會、文化、環境共生的規則。也只有用全球範圍的民主管理機制，才能改造當前全球權力運作場域的不合理宰制關係，讓主導資訊、知識、意識型態生產的機構回應人類社會最大數人的生存發展需求。跨國媒體集團、資訊科技王國、華爾街投資銀行、避險基金、信用評等機構、大學與智庫、大會計公司、國際貨幣基金、美國聯邦儲備理事會等等全球資本主義體制內權力行使的主體，尤其應該受

到民主監督。建構全球民主管理機制、公民社會組織與弱勢團體的跨國連結與動員、發展維護第三世界廣大人民生存權利的全球公共論述——這三件工作，必須攜手並進，密不可分。

朱雲漢：現任中央研究院政治學研究所特聘研究員，並為台灣大學政治學系合聘教授，並同時兼任蔣經國國際學術交流基金會執行長。研究領域包括民主化、東亞政治經濟與方法論，目前主持「亞洲民主動態調查」計畫。

台灣後殖民論綱：

一個黨派性的觀點

吳叡人

「期待實現台灣人全體的政治、經濟、社會解放。」
—— 解放協會綱領（1927）
「不，我們並不想趕上什麼人。我們想做的，是和全人類一起，和所有人一起，不分晝夜地永遠向前邁進。」
——弗蘭茲・法農（1961）

一、解放的歷史政治學

1.　後殖民主義源於反殖民主義；它是反殖民主義的延伸，也是對反殖民主義實踐經驗的批判反省。後殖民主義與反殖民主義之有機關聯意味著：有效的後殖民批判必然植基於特定的殖民／反殖民經驗分析之中。它也意味著：就任一特定社會而言，「後殖民」的意義繫於該社會之「（被）殖民」與「反殖民」經驗。

2.　一個有效的台灣後殖民論述，必須植基於台灣本土之（被）殖民／反殖民歷史的經驗分析之中。後殖民台灣的意義，取決於殖民（地）台灣與反殖民台灣的意義。

3.　後殖民主義與本土歷史的關聯不僅是經驗的，也是政治的。首先，後殖民主義試圖完成反殖民民族解放鬥爭之志業，即達成政治獨立之後的社會解放與文化批判。其次，為達成此一目標，後殖民主義選擇歷史詮釋作為主要的介入場域。所謂後殖民批判，乃是從當代政治的觀點，對本土殖民／反殖民經驗所進行的歷史再詮釋——在某個意義上，它是一種借古諷今的「記憶的政治」或「文化的政治」之激進書寫型式。

4. 一個符合台灣主體立場的後殖民論述——本文稱之為台灣後殖民論述——一方面必然繼承台灣反殖民民族主義追求民族獨立的志業，另一方面也試圖**批判，批判的繼承，再詮釋，乃至超越**台灣反殖民民族主義的傳統視野，基於公平、正義、多元、普遍主義之立場，追求台灣人全體與一切弱小者真正、徹底的解放。

二、重層的殖民歷史結構

5. 台灣殖民經驗特徵之一在於：**歷時**的「連續殖民」經驗——清帝國、日本、國民黨，以及**並時**支配結構上的「多重殖民」——殖民母國（外來政權）／漢族移民／原住民。

6. 「連續殖民」是台灣在地緣政治上作為多中心之共同邊陲的結果。比喻而言，台灣是「帝國夾縫中之碎片」：歷史上，三個帝國或次帝國核心——清帝國、日本、中華民國——先後將台灣吸收為帝國之一部，而冷戰則將台灣置於美國保護下自中國本土流亡來台之國民黨政權的少數統治之下。

7. 「多重殖民」主要反映台灣作為多族群移民社會之性格。歷史上，台灣經常是母國同時進行剝削與移民的對象。作為殖民地，它兼具「移民殖民地」、「剝削殖民地」，與「混合型殖民地」之特性，因此形成殖民母國（外來政權）、不同群體之（漢人、日本人）移民，與原住民族並存之層級式支配結構。

8. 「連續殖民」與「多重殖民」先後創造了兩群土著化了、或正在土著化中的漢人移民：1945年以前遷台的「本省人」、和1949

年以後來台的「外省人」或「大陸人」。前者是典型的土著化移民，**同時經驗殖民（對原住民）與被殖民（清、日本、國民黨）關係**。如同南、北美和澳洲的歐洲裔移民一般，他們在定住台灣的過程，發展出台灣人認同（1860年代）與台灣民族主義（1920年代）。「外省人」為非志願性移民或政治難民，與中國國民黨遷占國家處於結構性的共生關係，許多成員對中國母國仍保有認同。

三、差異的後殖民觀點

9.　台灣歷史之「連續殖民」與「多重殖民」特徵，意味著吾人難以使用單一觀點來界定台灣之「後殖民」：不同族群在重層殖民歷史結構中的位置，深刻影響了該族群對「殖民」、「反殖民」、「去殖民化」與「後殖民」意義的理解。

10.　從原住民民族解放運動的觀點而言，去殖民化意味著擺脫數百年來在不同移入政權下被持續剝奪、宰制之底層附庸地位，達成民族自決之目標。政治上，1999年各族代表與民進黨總統候選人陳水扁簽訂「原住民族與台灣政府新的夥伴關係」條約，可謂台灣原住民族去殖民化之象徵性起點，但爭取民族自決之解放運動仍在進行之中，去殖民仍舊是未完成的夢想。

11.　從「本省人」——即土著化漢族移民——為主體的台灣民族主義觀點而言，去殖民化意味著擺脫國民黨外來政權統治，達成「台灣是台灣人的台灣」之民族解放目標。因此，台灣政治的去殖民化，始於1990年代李登輝主政下的民主化與政權本土化，完成於2000年之政黨輪替。

12. 從「外省人」或「大陸人」——即尚未完成土著化之漢族移民——爲主體之中國民族主義觀點而言，1945年10月25日國民黨從日本接收台灣之日（「光復節」），即已完成台灣之政治的去殖民化。

13. 三種去殖民觀點，反映權力位階當中的三個位置，三種歷史意識，以及三種反殖民經驗，也決定了三種當代後殖民批判的議程——或者說，三種當代「文化的政治」的立場。

14. 從原住民民族解放運動的觀點而言，民族解放——也就是反殖民與去殖民——尚未完成。這個目標是政治的，也是文化的：如法農和Cabral所指出，民族解放鬥爭必然是文化鬥爭。因此原住民族解放運動，必須同時進行政治與文化的去殖民，同時建構政治與文化的主體性。如果政治主體性的目標是民族自治（或獨立），則文化主體性的目標是**區隔原／漢——去漢化**，以建立民族文化。

15. 從台灣民族主義的角度而言，雖然政治的去殖民目標已經達成，文化的去殖民卻遲遲尚未開始，因爲殖民者的文化霸權——中國中心主義——尚未被顛覆，「台灣文化」的優位尚未確立。爲今之計，必須開始Ngugi所說的「心靈的去殖民」——**去中國化**，以重建本土語言文化的優勢地位。

16. 從「外省人」／「大陸人」爲主體的中國民族主義觀點而言，台灣民族主義之興起，反映「本省人」殘存之日本皇民意識。

這意味著儘管經過數十年的中國同化政策，台灣在文化上的去殖民——**去日本化**——尚未完成，因此當代後殖民批判，應著力於對「本省人」之日本意識的批判。

四、多元的歷史教訓

17.　三種後殖民議程，源於三種歷史意識，三種過去或／與當代的反殖民經驗：台灣原住民民族解放運動、台灣民族主義，以及中國民族主義。台灣後殖民論述的主要課題，不在「融合」這三種互有矛盾之歷史意識，而是在台灣主體的前提下，尋找這三種歷史意識之間**論述結盟**的可能。換言之，台灣後殖民論述的課題是：經由歷史批判、詮釋與再詮釋，在這三個反殖民傳統之中，搜尋可以相互連結的歷史理解與歷史教訓，以建構——以及，**重構**——台灣解放論述。

18.　如果台灣後殖民論述可視為對台灣民族主義之批判性的繼承，那麼建構三種歷史意識之論述結盟，則可視為對台灣民族主義之重構：一種**激進的**重構，因為它試圖經由吸收異質乃至他者之核心要素以重構傳統。台灣後殖民論述，因此也可視為台灣民族主義之激進的自我改造：借用台灣哲學家洪耀勳（1937）的哲學警語來說，這乃是經由「**自他合一**」的辯證歷程完成主體形成之道。

19.　以所謂漢族裔「本省人」為主體的台灣民族主義，源起於1920年代抗日民族解放運動，二次戰後由反日轉化為反抗國民黨外來政權的民主／民族解放運動。在台灣民族主義之反殖民傳統

中，可以歸納出兩個積極的歷史教訓：一、「反殖民的現代性」之主體建構策略；二、「台灣人全體的解放」視野的提出。

20. **反殖民的現代性**：戰前戰後台灣民族主義一貫的主體建構策略。先後統治台灣的兩個殖民政權——日本與國民黨——具有類似的折衷主義統治意識型態：二者均試圖調和傳統（本土）與現代（西方），以建立「民族的現代性」，而這正是Partha Chatterjee所謂非西方民族主義的典型思想結構。在這種「東方式殖民主義」統治下，台灣民族主義者從1920年代開始，即採取與「西方／現代性」進行論述結盟之策略，對日本殖民統治之封建性進行批判，並建構以追求完整現代性為內容之台灣主體論述。戰後台灣民族主義繼承並發展此一路線，以日治時期現代化成果為基礎，批判國民黨新傳統主義，主張台灣本土之現代精神。此種主體建構策略，可稱之為「**不完整現代性之批判**」或「**反殖民的現代性**」。

21. 「反殖民的現代性」與「殖民的現代性」相對，是對「西方／現代性」概念之裂解：反殖民民族主義者選擇與另類的「西方／現代性」——即「**作為解放之現代性**」——結盟，和主流之「西方／現代性」——即「**作為規訓之現代性**」——對抗。在台灣的歷史脈絡中，這種與另類「西方／現代性」之結盟，表現為經由與殖民母國內部的「另類母國」結盟之間接結盟形態：如戰前台灣民族主義者與日本自由派及左翼知識人（「另類日本」）之結盟，又如戰後台灣民族主義者與大陸籍自由主義者（「另類國民黨中國」）之結盟。就此而言，「反殖民的現代性」也是對殖民母國或其文化之裂解或解構。

22.　裂解單一之西方／殖民中心概念，而與另類、進步、**非殖民之西方**結盟——這是當代後殖民理論對過去反殖民經驗的一種典型的詮釋策略，如Ashis Nandy對甘地主義的再詮釋，以及Robert Young對「西方內部的反殖民主義」之強調均是。根據此一詮釋：經由解構「東／西二元對立架構」這個本質主義概念，反抗者乃得以從殖民者意識型態支配中解放出來，自由地在不分東西本外國之文化傳統中選擇進步元素，以建構一種非本質化之主體性。Ashis Nandy稱此為**對殖民主義之跨文化抵抗或族群的普遍主義**。Young稱之為**混血之主體建構**。根據Nandy，被殖民者經由發掘被主流殖民意識型態壓抑之「非殖民的西方」，同時也**解放了**被自身意識型態禁錮之**殖民者**。

23.　台灣民族主義解構殖民中心，與另類「非殖民中心」結盟的「混血」策略，即所謂「反殖民的現代性」，台灣後殖民論述試圖連結差異的歷史意識，建構開放、多元、異質的台灣主體性之計畫，指出了一個源於本土歷史的理論可能性。

24.　**台灣人全體的解放**：戰前台灣左翼民族運動的思想遺澤。從許乃昌在1923年提出「第四階級」論，主張台灣民族解放運動應以廣大的農工階級為主體開始，歷經1926-27年的中國改造論爭、文協左右分裂、1927年民眾黨的成立，到1928年台灣共產黨成立為止，台灣民族主義的「台灣人」概念，隨著左翼挾「階級民族」觀念步步進逼而持續擴張。1927-28年以後，儘管仍有種種爭議，「台灣人全體的解放」已成為左右派的共同目標：換言之，兩派均同意，台灣民族運動必須達成「獨立」與「（社會）解放」之雙重目標。

25. 當代後殖民主義主張，只有經由社會主義中介之後的民族主義才具有正當性，因爲第三世界的經驗告訴我們，只有政治獨立不足以達成社會解放。「台灣人全體的解放」此一本土左翼傳統視野，從「社會」（階級／分配）而非「國家」的角度，指出一個由下而上連結不同群體，以建構一個較平等、包容之「台灣人」概念的途徑。

26. 當代台灣原住民民族解放運動，起源於1980年代之台灣民主運動。這個相對晚近之反殖民傳統最重要的歷史教訓是：在論述上確立原住民之「民族」地位。

27. 關於台灣原住民族民解放運動對原住民民族地位之確立，鄒族汪明輝在1999年起草之〈致民進黨總統候選人陳水扁先生建言書〉的第八條，做了簡潔有力的陳述：

> 確認台灣人爲漢民族和原住民族所構成，應全面落實雙民族文化對等政策。

這個反同化主義的「去漢化」自主宣示，透過要求台灣民族主義者對原住民民族地位之承認，從根本顛覆了傳統漢人中心的「台灣人」意義：「台灣人」如今是原、漢雙民族**對等結盟**構成之雙民族共同體或者「公民民族」（civic nation）。這個「台灣本位」之原民族自主宣示，指出了一條以弱勢者之主觀能動性建構去中心化的台灣主體之路。

28. 在台灣之「外省人」中國民族主義，主要源於1930年代以來中國國民黨的保守右翼中國民族主義，而抗日戰爭的經驗，確立日本爲其界定自我認同之主要他者。台灣後殖民論述如何在這

個「**非台灣本位的反殖民傳統**」之中尋得自我改造的歷史教訓？
答案在於：儘管經常充滿情緒且失之偏頗，中國民族主義對「去
日本化」的執著提醒著今日的台灣主體論者，戰後的中國殖民主
義和戰前的日本殖民主義都是批判檢討的對象；台灣主體性論述
必須同時建立在相對於中國**和**日本的自主性之上。

29.　連續殖民經驗，使戰後台灣民族主義者普遍產生「聯日反
中」——即相對肯定前一個殖民者，以批判後一個殖民者——之
論述傾向。在日本內部，流亡的台灣民族主義者則因飽受日本親
中左翼之壓抑，而**被迫**選擇與友好的日本右翼結盟之策略。島內
外歷史條件之制約，迫使戰後台灣民族主義**重新與「殖民的日本」
結盟**。這個歷史弔詭的意識型態後果是：**戰後台灣民族主義至今
仍無法發展出自主的日本論述**。當年王育德悲嘆「不惜與魔鬼握
手！」的弱小民族的無奈，而今竟被譏為「台灣／日本連鎖的殖
民主義」。

30.　中國民族主義對「去日本化」的情感性執著，並不能協助
台灣人發展自主的日本論述，然而「連鎖的殖民主義」的指控提
醒台灣主體論者，必須思考與「另一個日本」——**主流的、非殖
民的日本**——結盟之可能。台灣人無須為親日感到內疚，但台灣
人可以選擇要親近哪一個日本——殖民的日本，還是反殖民的日
本？在這個選擇之中，蘊藏著台灣的自主性。

31.　從台灣主體的立場而言，「去日本化」意味著：解構「日
本」，建構一個進步的台日同盟，或者「**台灣／日本連鎖的反殖
民主義**」。

五、相互解放之路

32. Ashis Nandy說：「印度不是非西方；印度就是印度。」同理，**台灣不是非中國、非日本、非漢族，或者非西方；台灣就是台灣**。我們必須解構多重的殖民中心與其製造的虛假對立，**讓台灣可以同時是（自然的）原住民族、（文明的）中國、（和平的）日本、（友愛的）漢族，以及（民主自由的）西方**——讓台灣可以是這一切普世的進步的人道主義價值的總和。

33. 經由解構多重的殖民中心，我們同時將台灣原住民族解放運動、台灣民族主義、中國民族主義從交錯糾葛的歷史對立之中解放出來。如此我們才能克服從連續殖民與多重殖民之歷史鬼魅中孕生的矛盾意識，重建非本質的、開放的台灣主體。

34. 解構多重殖民中心，相互解除殖民，對等結盟，共同建構開放主體——「期待台灣人全體的相互解放」：這就是台灣後殖民論述的**相互解放論**。

吳叡人：早稻田大學經濟學研究科客座助教授，現任中央研究院台灣史研究所助研究員，專攻比較殖民主義、比較民族主義、台灣政治史、台灣政治思想史、日本政治史，以及日本政治思想史。自許為「一個渴求詩與美的枯萎靈魂。」

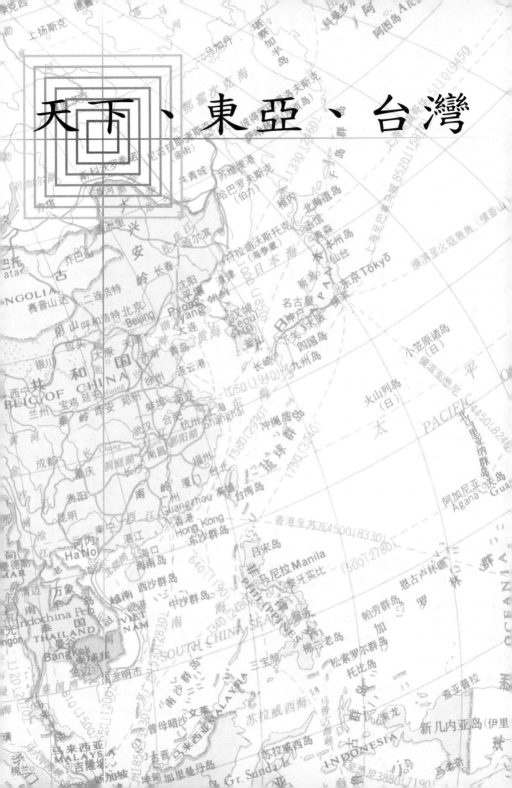

天下、東亞、台灣

19世紀中日韓的天下觀及甲午戰爭的爆發 [1]

劉青峰、金觀濤

近年來,隨著全球化的展開和不同文明衝突的加劇,嚮往某種超越民族國家間競爭的世界秩序便日益受到重視。儒學曾是東亞傳統社會共同的政治文化,儒學對世界秩序的看法是天下觀。鑒於某些學者提出天下觀有助於解決當今民族國家之間的衝突,本文立足於思想史研究指出,根據東亞社會19世紀現代轉型的歷史經驗,儒學天下觀不僅不是東亞社會和諧相處的基礎,反而是19世紀下半葉中日韓三國戰爭衝突的思想根源。

一、天下觀和儒學

一談起天下觀,人們很容易想到其超越民族國家的世界主義性質,以及儒學追求人與人之間和諧相處的道德社會的想像。近兩年,北京學者趙汀陽提出,天下觀可以作爲克服民族主義和文

1　本文爲 2004 年蔣經國國際學術交基金會資助的研究計劃 "Confucian Tradition and Political Cultural Transformation of China, Japan and Korea in the Nineteenth Century: A Comparative Study (RG019-P -03)" 研究成果。在此,我們對以上資助機構致以謝意。

化衝突的傳統思想資源，成爲未來世界秩序的架構[2]。我們認爲，爲了討論天下觀的意義，必須深入分析它和價值系統的關係及其意義結構形成的過程。

「天下」一詞在中文文獻中使用很早。周代將周天子統治的範圍稱爲天下，春秋戰國時期，孔孟賦予「天下」以道德含義[3]。因此「天下」的意義可以用天道（道德政治）所實行的範圍來概括。隨著周天子統治的衰落，諸侯國紛紛爭雄，輪流稱霸天下，「國家」一詞就開始興起。到了漢代，建立大一統帝國，「國家」成爲實行天道範圍，從此「天下」和「國家」成同義語，意義類似，往往可以互換使用；或者說「天下」是從「國家」來獲得自己定義的。至於「國家」和「天下」細微差別，顧炎武在明清之際所提出的「亡國」與「亡天下」之辨，講得十分清楚：「亡國與亡天下奚辨？曰易姓改號，謂之亡國；仁義充塞，而至於率獸食人，人將相食，謂之亡天下。」[4]也就是說，亡國是指某姓之朝廷（中央王朝）的滅亡或皇帝易姓，而亡天下則是指道德秩序蕩然無存。與道德秩序載體的「國家」相比，「天下」更強調道德秩序本身。因此，那種想撇開道德水準來談天下觀的想法[5]，是

2　趙汀陽，《天下體系：世界制度哲學導論》（南京：江蘇教育出版社，2005）。

3　一般認爲，在孔子和孟子言論中，「天下」才被明確賦予道德內涵。子曰：「天下有道，則庶人不議」（《論語季氏》，孟子云：「天下有道，小德役大德，小賢役大賢；天下無道，小役大，弱役強。斯二者，……天也。順天者存，逆天者亡。」（《孟子・離婁上》）。

4　顧炎武《日知錄》。

5　趙汀陽在《天下體系：世界制度哲學導論》（南京：江蘇教育出版社，2005）一書中說，中國的政治哲學優勢「只是方法論上的純粹理論優勢，而與道德水平無關」，頁23。

迴避了天下觀的基本屬性；而要理解天下觀，就必須解剖漢代及以後之儒學是如何理解國家的。

在中國語言中，「國家」由「國」和「家」兩個漢字組成，國家也可稱爲「家國」。作爲制度安排，周代天子治下，諸侯的封地稱爲「國」，大夫的食邑稱爲「家」[6]；到戰國時期，隨著大夫地位不斷上升，諸侯的「國」和大夫的「家」的含義更加接近，差別僅在於範圍大小，都可以用來指涉the state[7]。由於「家」的本意是人的居所，特別指室內；而「家」另一意思是家庭和家族，這兩重意義本來就有私人領域的含義。「家」與「國」連用來指稱國家，意味著國和家的融合，也就是國家是整合所有家族之政治組織，指稱統一的政治實體。

至今，中國人仍把the state稱爲「國家」，並覺得這沒有甚麼不妥。但在西方語境中，把作爲私領域的「家」和公領域的「國」聯用來表達state，則是很難想像的。在語言學的背後，隱藏著中國文化對state的獨持看法。這就是把「國」看做「家」的同構放大，或政治實體「國」是由一個個血緣共同體（家庭、家族和宗族）合成。「國」與「家」這兩個字聯用組成「國家」的過程，正是和歷史上家與國同構體的形成同步的，也即確立了大一統的

6　諸侯的封土大的稱爲「邦」，小的稱爲「國」。《易·師》中有「開國承家，小人勿用」。孔穎達疏爲「若其功大，使之開國爲諸侯，若其功小，使其承家爲卿大夫。」又如《周禮》中有「大宰之職，掌建邦之六典，……以佐王治邦國」（《周禮·天官·大仲宰》）。鄭玄注曰：「大曰邦，小曰國，邦之所居，亦曰國。」

7　《周易》卷八〈繫辭下〉：「是故君子安而不忘危，存而不忘亡，治而不忘亂，是以身安而國家可保也」（《周易·繫辭下》）。《孟子·離婁上》：「人有恒言，皆曰天下國家，天下之本在國，國之本在家，家之本在身。」趙岐註：「國諸侯之國，家謂卿大夫也。」

漢帝國模式。在漢代，儒學被確立爲官方意識型態，對皇帝的「忠」被視爲家庭倫理「孝」的合理延伸；皇帝的統治範圍，既是「朕即國家」政治實體，也是士夫施展政治抱負的「天下」。我們知道，儒學的核心價值是家庭倫理，家庭和宗族一直是儒家道德倫理的載體；既然「國」和「家」同構，那麼「國」和「家」一樣，也成爲儒家倫理的載體。

因爲中國傳統天下觀是由儒家倫理提供正當性的，所以它具有以下三個特點：

第一，家國同構體是一個沒有固定邊界、甚至亦無確定民族爲依托的集合。國是以皇帝家族爲政治核心，行政是中央集權政府，其末梢爲縣；而家及宗族是最廣泛的社會基層組織或基本單元。只要某一地區接受儒家倫理，宗族成爲社會組織的基本單元，納入家國同構的政治共同體，鄉間的紳士就能將其和遙遠的皇權聯繫起來，接受統一文官政府的治理。這樣建立的國家，可以沒有固定的邊界，其統治範圍可大可小。理論上，凡任何實現儒家倫理的地域、民族，都可以納入這一家國同構的道德共同體。又由於道德倫理是普世的，人種、語言等區別並不具有本質意義，外夷只要學習儒家道德文化，即所謂以夏變夷，亦能納入這一沒有邊界的共同體，成爲華夏的一部分。這就使得儒學所主張的國家具有世界主義傾向。也就是說，作爲儒家倫理載體的國家，原則上可以涵蓋了全人類，即爲天道實現範圍——天下。

第二，「天下」既然作爲儒家道德秩序統治範圍，必定可以根據接受儒家道德的程度分成若干等級。完全接受儒家倫理的地區已納入中央王朝的郡縣制，作爲禮儀之邦，是天下的中心。那些正在接受儒家倫理的地區，其道德層次比中央王朝低一等。對這些地區，雖尙沒有將家族作爲社會組織的基本細胞，但中央王

朝可以通過冊封，將其想像為接受郡縣制，而這些地區必須對中央王朝實行朝貢。對那些道德層次更低的地區，中央王朝可以接受他們的朝貢，但不對其進行冊封，他們只是教化的對像。至於那些不使用漢字、對儒家道德完全不了解的地區，則處於天下之外，是微不足道的。換言之，天下「是以中國為中心所構築的同心圓政治秩序。這個秩序，藉禮的親疏原理，展開中國與四夷的關係。」[8]在這種同心圓等級結構中，天下是以中國為中心的。外國根據道德層次高低，分成夷和藩，處在天朝帝國的周圍。由於世界是以華夏為中心的天下，而不是由民族國家組成的集合，故我們把中國的天下觀亦稱為華夏中心主義。

第三，天下作為一個道德共同體，主權只是道德共同體的最高領袖行使的權力。在中文裡，「主權」一詞的本來意義就是指皇帝的權力[9]。皇權之所以可以代表國家（天下），是因為它處於倫常等級的頂端。換言之，天下觀中並沒有國家主權的地位。這也構成了儒學國家觀和基督教國家觀的巨大差別。早在中世紀，西方國家觀念就與立法權緊密相聯，國家可以用主權擁有者來定義，西方現代民族國家觀念就是在「把國家等同於主權」這一基礎上發展起來的。

8　高明士，《東亞古代的政治與教育》（台北：台大出版中心，2004），頁61。

9　1860年以前中文裡的「主權」毫無例外地指皇帝的權力。甚至1861年馮桂芬仍在這一意義下運用該詞。我們可以看到如下句子：「上下不宜狎，狎則主權不尊。太阿倒持而亂生。上與下又不宜隔……。」（馮桂芬，〈複陳詩議〉，《近代中國史料叢刊第六》，沈雲龍主編）

二、19世紀日本和朝鮮兩國不同的天下觀

在宋明理學產生之前，日本和朝鮮雖然十分注重引進儒學，但由於佛教的競爭，儒學一直沒有在這兩國紮根成為不可動搖的官方意識型態。只是當宋明理學(特別是程朱理學)出現，意味著儒學已可以消化佛教，找到一種戰勝佛教的方法，儒學才終於壓倒佛教成為東亞的政治哲學。也就是說，在宋明理學成熟之前，天下觀只是中國對世界秩序的看法；而到明代之後，由於宋明理學成為東亞的政治哲學，天下觀在某種程度上被中國、日本和朝鮮所認同。但是，日本和朝鮮接受程朱理學後，他們所理解的世界秩序是否相同，是否也如同中國天下觀那樣以華夏為中心呢？在以下的分析中可以看到，並非如此。

早在公元5世紀，日本已接受「天下」一詞來表達世界秩序。當時，日本脫離了中國冊封體系，故將天下理解為天皇統治的範圍。也就是說，雖然日本對「天下」的認識源自中國，但一開始就和中國不同，只限定在日本列島的小世界[10]。16世紀後，程朱理學傳到日本使儒學得以戰勝佛教成為官方意識型態。日本終於形成了基於儒學的天下觀。需要特別注意的，正是由於中、日、韓三國都接受儒家政治文化來論證政權正當性，日本的天下意識才越出日本本土，開始指向東亞。

那麼，日本的天下觀以誰為中心呢？儒學是天下觀的基礎，

---

10 甘懷真，〈從天下觀到律令制的成立：日本古代王權發展的一側面〉《東亞傳統教育與法制研究(一)》高明士編，(台北：台大出版中心，2005)，頁182。

要以判別誰更代表儒家道德來確定誰為天下的中心。表面上看，中國為儒教發源地，應當之無愧，但日本卻不這樣認為。因為日本一直沒有接受儒學中天道可以輪迴，即改朝換代的觀念，因此，日本儒者甚至質疑孟子，視其著作為假，湯武革命更是大逆不道。長期以來，日本就以自己比中國更接近儒家道德精神自居。江戶時代日本的天下觀雖同樣以儒家道德實現作為其範圍，但道德中心並不是中國，而是日本。山鹿素行的思想可以說明這一點。為了反佛，山鹿素行接受了朱子學。他40歲開始提倡古學，但到50歲時就發現必須將日本視為道德中心，成為提倡「日本主義」的先驅。山鹿素行之所以認為日本才是天下之中心，這是因為中國易姓30次，朝鮮兩度亡國，四度易姓；只有日本天皇萬世一系，故唯日本「才確實可稱為中國之地。」[11]

丸山真男指出，日本儒學通過山鹿素行、伊藤仁齋到荻生徂徠，形成了和中國儒學不同的獨特形態。特別是在荻生徂徠那裡已出現了政治和道德的分離[12]。對於儒學來說，政治和道德的分離，即意味終極關懷和理性的分離。這有點類似於西方工具理性起源於新教倫理，它導致了現實政策和對世界秩序看法的二元分裂。江戶時代的日本，一方面將日本視為天下中心，但在現實政策上卻知道無法和中國抗衡，不得不實行閉關鎖國的政策，形成了日本獨特的所謂大君外交秩序[13]。

一旦日本受到西方衝擊開始變革，主張理性與儒家道德二元

11　信夫清三郎，《日本政治史》第一卷，〈西歐的衝擊與開國〉(上海：上海譯文出版社，1982)，頁47-48。

12　丸山真男，王中江譯，《日本政治思想史研究》(北京：生活‧讀書‧新知　三聯書店，2000)。

13　中村榮孝，《日朝關係史》(吉川弘文館，1970)。

分裂的徂徠學，迅速演變成日本現代思想的架構，成爲引進西方
現代政治經濟制度的正當性基礎。必須注意，這並不等於說日本
對世界秩序的看法也是照搬西方的。近代日本對世界秩序、特別
是對東亞的看法，是基於徂徠學的進一步發展。徂徠學中已暗含
日本比中國更接近聖人之道，即日本是東方價值的眞正體現。泊
園徂徠學與日本國家主義教育之間有著密切的關係[14]。以日本作
爲東亞中心的日本式天下觀，一直埋藏在江戶到明治時代日本政
治思想的深處。換言之，日本是用自己的天下觀來代替由民族國
家組成的國際秩序，特別是當日本強調東方抵抗西方時，日本就
成爲大東亞的中心，獨特的大東亞觀念開始膨脹。由此可見，在
日本前近代變型的天下觀中，已醞釀後來日本侵華侵朝、建立所
謂大東亞共榮圈的思想基礎了。

　　無獨有偶，程朱理學在朝鮮的發展也決定了其天下觀的新形
態。這裡，特別要強調明王朝滅亡、清兵入關對朝鮮天下觀的衝
擊。16世紀程朱理學已在朝鮮深深扎根。朱熹是李朝兩班士大夫
的聖人，朝鮮士大夫堅決反對日本儒者提出的「如果孔子和孟子
帶兵來打日本，該怎麼辦」的問題。他們堅持理學的普世性，反
對將儒學「民族主義化」。對朝鮮儒者來說，儒化的中國明朝天
下是塊聖土，他們甚至不惜犧牲自己的生命來保衛它[15]。16世紀
心學和氣論在中國興起時，雖然也傳到朝鮮，但被視爲異端加以
排斥。朝鮮大儒李退溪就以反駁陽明學、堅持程朱理學正統性而
聞名。正如一位韓國學者所說：「韓國的理學雖來自中國，但它

14　陶德民，〈泊園徂徠學與明治時代的國家主義教育——藤澤南岳的
　　思想〉，《儒家思想在現代東亞：日本篇》（台北：中央研究院中
　　國文哲研究所籌備處，1999）。

15　金得榥，《韓國思想史》，頁175-176。

卻比中國的理學更爲周密、更爲正統。在中國，反對朱子之學的明代陽明學派和泰州學派及清代的漢學，從未允許朱熹的體系像它在韓國那樣擁有這種文化上的壟斷權。」[16]故在明代，朝鮮承認中國爲天下中心，自稱「小華」，完全接受以中國爲中心的天下觀。但清兵入關給朝鮮的天下觀致命的一擊，朝鮮士大夫認爲中國已亡，視滿清統治爲夷狄，當然亦不可能是天下的中心。這時，以中國爲中心的天下觀就轉化爲朝鮮獨特的天下觀。

在朝鮮接受的天下秩序中，日本一直處於比朝鮮低的道德等級。明之亡於清，中國失去了道德等級最高位置，那麼，是否輪到堅持理學正統的朝鮮成爲天下中心了呢？又不是這樣。對明王朝滅亡，朝鮮儒者和日本儒者持完全不同的態度。日本儒學者林春齋（1618-1680）得知明亡於清時，不禁感嘆道：「是華變於夷也」，同時難掩內心的喜悅，他說：「雖然是異域的事，怎麼說不是痛快的事呢？」[17]正如韓國學者林熒澤所指出的：「身爲儒學者，做出這樣的發言，不得不是駭怪。把中國發生的事態當做『異域』的事，這在朝鮮儒學者看來是無法想像的。」在分析朝鮮天下觀時，林熒澤提出「朝鮮中華主義」這一概念[18]，這一概念的內涵是指，朝鮮把復原「中華道」變成道德的中心目標。和日本自認爲是他們才是代表儒家世界中心的「日本主義」不同，「朝鮮中華主義」使朝鮮成爲儒家道德「中華道」的獨一無二繼承者，但又不以天下中心自居。我們認爲，近代朝鮮在這種獨特的天下觀指導下，產生了兩個重要結果：首先，在強大的清王朝

---

16 黃秉泰（韓），《儒學與現代化：中韓日儒學比較研究》，頁463。

17 岸本美緒・宮島博史，《朝鮮和中國》（歷史批評社，2003）。

18 林熒澤，〈中國中心天下觀及其克服的課題〉（未刊），成均館大學校東亞學術院國際學術會議論文（2006.5.18）。

面前，朝鮮即使再次接受冊封，但由此形成的朝貢關係的道德含義已大大減弱；第二，朝鮮以維護儒家道德正統爲已任，使得儒學又可以在暗中成爲抗拒清廷、爭取民族自主的認同符號。可以說，19世紀朝鮮的天下觀包含了上述看似矛盾的兩面，既要捍衛理學、維護和利用朝貢關係，又要不斷強化在中日兩強國之間求自主發展的獨立意識。

明朝「亡天下」對中國的天下觀也造成了巨大的衝擊。明末清初相當多儒者認爲宋明理學的空疏應爲「亡天下」負責，注重事功的經世致用思潮興起。正是對宋明理學的反思形成了中國近代傳統，經世致用對天下觀的改造的結果是一種以中國爲中心的萬國觀[19]。到19世紀下半葉，同時受到西方文明猛烈衝擊的東亞三國，既要自強發展、追求現代化目標，又有對東亞地區政治的不同設想，而且都打著看似一樣、而內容相左的儒學天下觀作爲合理性論證標準，都聲稱是爲正義而戰。正是這三種天下觀導致中日韓的激烈衝突，引發了甲午戰爭。

三、1860年以後中國的萬國觀

人們常用閉關自大與和平來形容儒學的天下觀，實際上這兩個特點均和程朱理學有關。程朱理學的核心是關於心性的道德思辨，事功能力不強，主張教化天下，也即「王天下」，以德服人、徠人。在這種價值取向中，對夷狄的認知、主動干預夷狄內部事

---

19 金觀濤、劉青峰，〈從「天下」、「萬國」到「世界」——晚清民族主義形成的中間環節〉《二十一世紀》總第94期（香港：中文大學中國文化研究所，2006.4），40-53頁。

務，都並不那麼重要。然而，當儒生的治國平天下道德實踐遇到重大挫折，遭遇到亡國亡天下危機時，就導致了明清之際批判程朱理學的經世致用思潮興起。所謂經世致用，是爲了更好地維護天下的道德秩序，儒生必須增強自身事功能力。顯然，這就要求儒生必須去了解天下各地情況，學習各方面的知識。在這種思路下，對夷狄的認識就會被納入天下觀的視野，甚至干預藩邦內部事務也是強化事功的一部分。換言之，天下觀可以不再是閉關自守與只強調「王天下」了。這就是以經世致用對傳統（程朱理學式的）天下觀的改造。經世致用對程朱理學的批判起源於明末清初，成爲顯學則是在19世紀中葉鎮壓太平天國大動亂之後[20]。

在程朱理學天下觀的同心圓結構中，最重要的是作爲禮儀之邦的中華和已冊封的藩屬，二者都是儒家倫理的承擔者。而對那些從未使用漢字、不知儒家道德爲何物的國家，則最爲鄙夷輕視。經世致用精神對程朱理學天下觀的改造，也對以上兩者做出了不同的安排：儒生捍衛天下秩序的道德實踐，一般只限定在同心圓的第一、二層，即中華本土和受冊封的國家、地區；而對未冊封的藩國特別是未接受漢字的地區，則只是作爲必須研究和認知的對象，認知的目的是達到以夷制夷，或師夷之長技以制夷，而不是建立朝貢關係。

清廷平定太平天國之際，正好趕上世界資本主義的大擴張，以西方爲中心的現代民族國家的全球秩序開始形成。也就是說，經世致用對天下觀的改造，正好和19世紀第一次全球化進程同步。西方將建立民族國家視爲文明的標誌。當西方用武力把民族

---

20 金觀濤、劉青峰，《中國現代思想的起源》（香港：中文大學出版社，2000）。

國家體制推廣到全世界時，必定和東亞殘存的天下秩序發生衝突。這在當時表現為中國19世紀面臨的全面邊境危機。在西北疆，沙俄先後於1862年、1864年、1871年、1881和1884年，強迫清政府簽訂一系列邊境不平等條約和章程。在西南疆，英國企圖從緬甸擴張勢力到雲南，藉馬嘉理被殺事件，在1876年強迫中國訂立〈煙台條約〉（亦稱〈滇案條約〉），1890年又簽〈印藏條約〉。同期，1883年年底法國在中越邊境挑起中法戰爭，於1885年與中國簽〈中法會訂越南條約十款〉。在東南海疆，日本於1874年藉琉球船民海難事件，入侵台灣，同年10月簽訂〈中日北京專約〉，並於1879年武力吞併琉球。所謂建立各種條約體系，正是以西方為中心的民族國家秩序對天下秩序的蠶食。為了應付西方民族國家的衝擊，經世致用的天下觀不得不把全球化納入自己的視野，這就是以中國為中心的萬國觀。這種在經世致用指導下的、以中國為中心的萬國觀，一方面積極介紹西方各國政治、經濟和地理歷史情況，也引進國際法，以此作為和西方各國打交道的工具，另一方面為了捍衛核心地區的天下秩序，又不惜和西方發生戰爭。

　　這方面最著名的例子，是左宗棠1876年率大軍西征收復新疆。戰後，他更上〈統籌新疆全局疏〉，建議「廢軍府制」，「設行省，改郡縣」；在左宗棠去世數月後，新疆終於建省，納入郡縣制管理範圍[21]。另一個例子是因越南問題引起的中法戰爭，1884年馮子才大敗法軍於鎮南關；劉銘傳擊退占據台灣基隆炮台的法國軍隊。今日談到左宗棠、劉銘傳時，都稱他們在西方侵略

---

21 轉引自楊東梁，〈試論左宗棠收復新疆〉，收入《左宗棠研究論文集》（長沙：岳麓書社，1986），頁292-317。

中捍衛中國領土的完整，其實這一定位並不準確。因為「領土」是民族國家對自己疆域的稱呼，當時中國尚沒有明確將自己視為民族國家的意識，只是有為的儒臣儒將要捍衛尚殘存於東亞的天下秩序。「領土」一詞被引進中國人語境要等到戊戌時期，它是民族主義興起的前奏曲。和捍衛天下秩序同步進行的是用國際法和西方打交道。1864年清廷總理衙門將美國傳教士丁韙良（W. A. P. Martin）譯出的《萬國公法》刊印下達各級政府，以便根據國際法處理世界事務。而在當時大臣奏摺中，儒臣除了引用儒家經典作為處理國際事務根據外，《萬國公法》也成為中國官員處理國際關係時經常引用的文獻。

在以中國為中心的萬國觀中，既然國際法和朝貢制度同時並存，它們又是一種什麼關係呢？我們可以用當時官員和士大夫對國際法的看法，來說明兩者在外交決策中的位置。1879年，曾紀澤在與日本駐英公使上野景範談及朝鮮和琉球問題時指出：「西洋各國以公法自相維制，保全小國附庸，俾皆有自立之權，此息兵安民最善之法。蓋國之大小強弱，與時遷變，本無定局；大國不存吞噬之心，則六合長安，干戈可戢。吾亞細亞洲諸國，大小相介，強弱相錯，亦宜以公法相持，俾弱小之邦，足以自立，則強大者，亦自暗受其利，不可恃兵力以凌人也。」[22]表面上看，曾氏似乎認為亞洲諸國相處也應該引入公法。但這樣講的目的只是想用國際法遏制日本進入朝鮮，而不是真的認為必須依靠國際法解決問題。

我們可以看到，他在同期日記（1879年5月）上是這樣寫的：

22　轉引自李恩涵，《曾紀澤的外交》，中央研究院近史所專刊（15），（台北，1982年再版），頁45。

「萬國公法會友土愛師來，談極久。言東方諸國未入公法會，中人深願中國首先倡導云云。余答以中國總理衙門現已將《公法》一書擇要譯出，凡遇交涉西洋之事，亦常徵諸《公法》以立言，但事須行之以漸，目下斷不能錙銖必合者。公法之始，根於刑律，《公法》之書，成於律師。彼此刑律不齊，則意見不無小異。要之，公法不外「情理」兩字，諸事平心科斷，自與公法不甚相悖。至於中國之接待邊徼小國、朝貢之邦，則列聖深仁厚澤，乃有遠過於公法所載者。西洋人詢諸安南、琉球、高麗、暹羅，緬甸之人，自能知之。」[23]換言之，曾紀澤認為，處理中西關係大體上應以《萬國公法》為依據，但在東亞則必須繼續維持朝貢體制，即《萬國公法》並不適用。他對公法的基本定位是刑律，而不是禮法。因為萬國公法不是大經大法，這樣，一方面，必要時它應是維護國際秩序的基礎，另一方面也可以成為干預藩屬內政的根據。總之，公法在他看來只是維護朝貢體制的工具。

廖平的言論，極為典型地反映出當時儒生的天下觀。他一方面把全球化中的民族國家爭雄比喻為春秋戰國：「方今中外交通，群雄角立，天下無道，政在諸侯」，同時亦了解國際法的功能，大講「今之萬國地法」的世界地理和「朝聘盟會，各國條約會盟國際公法」；但其目標仍是以夏變夷，他主張「立綱常以為萬國法，孝教也」，目的是「內本國，外諸夏，內諸夏，外夷狄，用夏變夷，民胞物與，天下一家之量。」[24]也就是說，就中國為世界道德秩序中心而言，萬國觀同程朱理學的天下觀並無本質不

---

23 曾紀澤，《曾紀澤日記》（長沙：岳麓書社，1998），頁890。本文引用這條曾紀澤的史料，由范廣欣博士提供，特此說明並致謝。

24 廖平，〈公羊春秋補證後序〉，鄭振鐸編，《晚清文選》卷下(639)。

同；差別僅在儒臣更積極有爲地去了解西方並接受國際法作爲與西方各國交往的規範，其目的是捍衛天下秩序中中國在東亞殘存的中心地位。這樣一來，爲了捍衛朝鮮對中國的朝貢關係，甲午戰爭是不可避免的。它只是收復新疆和中法戰爭的邏輯延續而已。

四、甲午中日戰爭爆發的思想原因

現在我們可以理解，甲午戰爭的爆發，是當時已形成的中、日、韓三種不同的天下觀把全球化納入自身視野的結果。因爲三國的天下觀均不重視別國主權和國際法，其內容和指導社會行動的模式以及對行動後果的期待都各不相同；如果中日兩國都以自己理解的天下觀爲出兵朝鮮的理據，大戰將是不可避免的。

首先，朝鮮積極主動地擔任了點燃中日大戰的導火線角色。長期來，歷史學家對19世紀下半葉的朝鮮看來互相矛盾的自殺性行爲感到不解：一方面韓廷積極和西方國家及日本簽訂一系列條約，將自己置身於民族國家的條約體系中，同時將日本勢力引入朝鮮半島，以期促使內政變革；另一方面，朝鮮又利用與中國朝貢關係，在日本勢力過大或出現內亂時，主動要求中國干預其內政。這種互相矛盾的政策結果必然是引火燒身，使得朝鮮半島成爲中、日、俄利益衝突的聚焦點，加快朝鮮淪爲日本的殖民地的進程。其實，這一系列看來互相矛盾的決策，均出於朝鮮獨特的天下觀。

如前所述，朝鮮的天下觀本是一種忠於理學以「中華道」獨一無二繼承者自居的思想，它蘊涵著對朝貢關係工具性運用和追求自身獨立自主的意識。在全球化衝擊下，國際法和條約體系自

然和朝貢關係一樣，都可以成爲爭取朝鮮獨立的工具。正是在這一思想背景下，1876年朝鮮和日本簽訂〈江華條約〉，釜山、元山和仁川相繼開埠，該條約以承認朝鮮爲自主之國來否定中國的宗主權。

朝鮮政府於1881年派遣62名官員赴日本考察兩個月，回國後，其中有12人出任政府要職，推進朝鮮近代化[25]。統治階層中出現親日派的「開化黨」，加劇了與以韓王之父大院君爲主的保守派鬥爭。在國內利益上，保守派和開化派針鋒相對，但在對外行動上，是出於相同的東亞意識。保守派利用與清廷的朝貢關係來抵禦不斷壯大的親日本政治勢力，其目的亦是朝鮮的獨立自主。1882年夏，大院君鼓動兵變，日本決定派兵朝鮮問罪，中國也以宗主國撫綏藩國的慣例，立即出兵代韓戡亂。1885年，日本派伊藤博文與李鴻章訂定了〈天津條約〉，約中規定，朝鮮一旦發生變亂，雙方在行文知照之後，均可出兵朝鮮。甲午戰爭的禍根亦自此種下[26]。順便說一句，甲午後一旦朝鮮淪爲日本殖民地，對韓廷來說朝貢關係和國際法都毫無意義了；這時儒教凸顯出來，在19世紀末到20世紀朝鮮的民族認同中起著重要作用。

如果說朝鮮的天下觀是中日衝突的導火線，那麼日本的天下觀即我們前面講的大東亞意識，則是甲午戰爭爆發的主要思想原因。日本的大東亞意識早就蘊含在江戶時代的天下觀中。當全球化衝擊來臨，它迅速和「現代化以建立民族國家」相結合，穿上了日本民族主義的外衣，並具備危險的擴張性。

---

25 信夫清三郎，《日本近代政治史》第三卷(上海：上海譯文出版社，1988)，頁122-123。

26 林明德，《袁世凱與朝鮮》，中央研究院近代史研究所專刊(26)(台北，1970，1984再版)，頁384-385。

培理艦隊登陸東京港。

濟遠艦。

　　日本獨特的天下觀和民族主義結合，首先表現在脫亞入歐的思潮中。1885年福澤諭吉發表《脫亞論》，其中有「我乃於心中謝絕亞細亞惡友者也」的名言[27]。福澤所謂的亞細亞之惡友，「然今所不幸者，近鄰有國，一曰支那，一曰朝鮮」；他深恐「以西洋文明眼光看來，由於三國地理相接，或將日本視若同類國家，而有意以對中朝之評價來教訓我日本」[28]，宣稱：「與惡友交善者不免同受惡名，吾等衷心謝絕東亞之惡友也。」表面上看，日本有意與中國和韓國相區別，是用西方現代化標準將自己定位於現代民族國家，但骨子裡是認為日本比中國和朝鮮優秀，要爭東亞霸權。也就是說，日本一方面高叫要脫亞，而實際上是要征韓、征華，稱霸亞洲。

　　日本的「征韓」觀念，是由「神功皇后征伐三韓」的傳統與儒教中的華夷思想的傳統混合而成，後來則把從萬國公法中獲得的概念，加以現代包裝，說「雖言征伐，亦非胡亂征之，欲遵世界之公理」[29]，這是典型的日本大東亞意識表現。其內容有二，一為將朝鮮變為日本附屬，二是破除中國在東亞建立的朝貢關係，代之以日本為中心。隨著日本把征韓付諸行動，必然是全面挑戰在東亞殘存的以中國為中心的天下秩序。

　　1874年春，日本出兵台灣。這是明治時期日本第一次發動對外戰爭。在戰後談判問題上，日本政府立場強硬，申令不得有「絲毫妥協」，訓令要旨是「應利用此蕃機會，切斷琉球兩屬之根源，

27　野村浩一，《近代日本的中國認識》(北京：中央編譯出版社，1999)，
　　頁110。
28　信夫清三郎，《日本近代政治史》第三卷(上海：上海譯文出版社，
　　1988)，頁158
29　同上，第二卷，頁400-401。

打開朝鮮自新之門戶。此乃朝廷微意之深秘大計也」[30]。副島種臣是代表日本出使清朝談判的特命全權大使，他故意「拒絕行三跪九叩頭禮儀」，有意挑戰中華帝國的華夷秩序；他的顧問李仙德，則曾獻策變台灣爲日本的殖民地，在同行前往中國的船上就賦詩說入侵台灣是「保護海南新建蕃」[31]。這裡，「新建蕃」一語正道破日本用民族主義包裝的天下觀是要擴張領土的本質。從明治末年到大正初年，「日本國的天職」、「新日本的使命」，成爲日本政治精英的口頭禪。

由此可見，日本從1870年代中日琉球之爭和征韓論出台，再到1890年代末的甲午戰爭，都出於同樣的邏輯，這就是具有「天下觀」道德內涵的大東亞意識。因此，作爲近代日本非戰論者而聞名的思想家內村鑒三（1861-1930），才會在甲午中日交戰之時寫的〈徵諸世界歷史論日、支關係〉一文中稱日本軍事侵略行動爲「義戰」[32]。擔任甲午戰爭外交指導的陸奧宗光（1844-1897），在1895年出版《蹇蹇錄》一書中也說，戰爭是由「西歐之新文明與東亞之舊文明間之衝突」引起的。需要指出的是，日本這種把新文明和舊文明之戰冠爲「義戰」的說法，其道德根據並不是現代民族國家和國際法，而正是日本的天下觀——大東亞意識。其準確解讀是：對中國和韓國而言，日本自稱代表更爲先進的現代；而對西方，日本又以代表東方價值自居，並要帶領東亞抗爭。甲午後，《清議報》上刊登了一名日本女士福田英子給中國女士

30　信夫清三郎，《日本近代政治史》第二卷（上海：上海譯文出版社，1988），頁446-450。
31　同上，頁401-402。
32　轉引自野村浩一，《近代日本的中國認識》（北京：中央編譯出版社，1999），頁48。

的信，把上述日本觀念用很淺白的語言說出來，信中這樣寫道：
「爾來西勢東漸。東方危亡之相迫，殆間不容髮，是實我東亞同
胞所共憂者也。……中華與大和，同建國於東洋。立同憂同患之
地。……令娘與妾，地域雖隔萬里，心志既一。」[33]

我們再來看看導致中國參戰的觀念。和支配日本捲入甲午戰
爭的大東亞意識明顯不同，中國之所以重視東亞，是出於經世致
用的天下觀。這種天下觀是要捍衛東亞殘存的天下秩序，朝鮮的
事是不能不管的，何況它直接影響京師地區的安危，比越南更重
要。由此可解釋，為甚麼甲午戰敗後在追究戰爭責任時，有很多
人指出這是因為中國過分干預朝鮮內政引起。張佩綸認為袁世凱
是誘發戰爭的「罪魁禍首」，責斥說：「雖日中朝，而一味鋪張
苛刻。視朝鮮如奴，並視日本如蟻，怨毒已深，冥然罔覺。」[34]
張佩綸用「如奴」、「如蟻」來形容袁世凱對朝日兩國的飛揚拔
扈，雖為斥責之詞，但也離實際情況不遠。

確實，正是在干預朝鮮內政中，23歲的袁世凱初露鋒芒，誘
擒大院君，紮營三軍府，並為朝鮮代練新軍。1884年，親日派金
玉均、朴泳孝勾結日人，發動甲申政變。袁世凱又斷然決定帶兵
入宮，拯救韓王，恢復李熙政權。此後，袁氏與主張「聯俄制日」
的李鴻章內外呼應，積極強化中國對朝鮮的宗主權。袁世凱在朝
鮮的地位，儼然如「監國大臣」，控制朝鮮的內政與外交[35]；「韓

---

33 〈致薛錦琴書〉，《清議報》第82冊(1901.6.16)。

34 張佩綸，《澗於集書牘》卷六頁十。轉引自林明德，《袁世凱與朝
鮮》，中央研究院近代史研究所專刊(26)(台北：1970，1984再版)，
頁394。以下有關朝鮮的材料，除特殊註明外，餘皆取自林明德《袁
世凱與朝鮮》，不再一一註明。

35 林明德，《袁世凱與朝鮮》，中央研究院近代史研究所專刊(26)(台

人稱之爲袁總理」³⁶。在袁世凱主持韓政十餘年中，「朝鮮事無鉅細，凡與所謂宗主權有關係者，袁氏無不積極加以干涉。」³⁷史家在討論袁世凱干預朝鮮內政時曾有這樣的評論：「此次派兵乃自元朝以後中國干預韓政最積極的表現，同時可說是中國改變對韓政策的轉捩點，此後，中國的朝鮮政策乃驟轉積極。」³⁸我們認爲，元以後中國對藩屬內政的弱干預，和宋明理學的天下觀有關。而甲午戰爭的爆發，不能僅僅歸咎於袁世凱的個性和少年氣盛以及李鴻章對外政策的失誤；它是在經世致用的天下觀指導下，中國面對全球化衝擊時捍衛自身在東亞中心地位的一種選擇。

五、簡短的餘論

當民族國家競爭激烈、而國際法又不足於解決民族國家之間利益爭紛之時，出現那種於對中國天下觀是代表了和平與秩序的道德想像和期待，是不足爲奇的。這裡或許有著善良的願望，或許是對全球化國際新秩序的追求。然而，在價值多元的現代社會，對「何爲善」存在著多元理解。這時，我們必須看到僅僅依靠道德，是不能建立合理的全球秩序的。作爲思想史研究者，我們要指出對某種思想觀念的遺忘所帶來的危險性。

一百多年前，甲午戰爭爆發時，將中日韓三方捲入戰爭的思

(續)───────────────

　　北，1970，1984再版），頁100。

36　林明德，《袁世凱與朝鮮》，中央研究院近代史研究所專刊(26)(台
　　北，1970，1984再版），頁139。

37　同上，頁385-387。

38　同上，頁384。

想原因，當時人人皆知，各有各理。正如本文分析指出的，甲午大戰是中日韓三種天下觀、三種對世界道德秩序安排衝突的結果。然而，隨著時間的流逝，當事件本身被轉化為不可磨滅的歷史記憶之時，支配該事件發生的觀念卻被遺忘了。事實上，正因不了解該事件發生的思想原因，20世紀歷史學家對甲午戰爭爆發的解釋眾說紛云[39]，甚至認為這是近代史研究中的一個謎。本文追溯一百多年前甲午戰爭爆發的思想原因，或許有助於我們重溫赫胥黎的名言：「人們不大記得的歷史教訓，正是歷史給人的一切教訓之中最重大者。」

劉青峰：香港中文大學中國文化研究所研究員、《二十一世紀》雙月刊主編；金觀濤：香港中文大學中國文化研究所研究講座教授、當代中國文化研究中心主任。二人合著主要著述：《興盛與危機——論中國封建社會超穩定結構》（1984）；《開放中的變遷——再論中國社會超穩定結構》（1993）；《中國現代思想的起源——超穩定結構與中國政治文化的演變》（2000）。從1990年代後期開始，二人主要用數據庫方法，研究中國若干重要現代政治觀念的起源和意義演變的觀念史，發表十餘篇相關論文。

---

39 戚其章，〈中日甲午戰爭史研究的世紀回顧〉，《歷史研究》第一期（北京，2000），頁148-165。

東亞地域秩序[1]：
超越帝國，走向東亞共同體

白永瑞

一、帝國與東亞秩序

　　超越紛爭和分裂的歷史，建立和平、共存共榮的東亞，不僅在韓國社會，在東亞各地都在熱烈的討論，並有人試圖付諸實踐。處在21世紀之初，如果我們要想能眞正擔負起這一重任，則需具有能突破現實束縛的創造性思維。回顧東亞秩序歷史的動機也正在於此，追溯歷史也許有助於培養我們的創造性思維。

　　所謂東亞秩序，指的是在一定歷史時期內東亞國際問題所適用的，或維持國際關係的某種特定範式。這裏之所以要用「一定時期」來對其時間範圍加以限定，是因爲東亞秩序自古就是不斷變化的，而且相信將來還會發生變動。實際上，如果回顧一下影響東亞國際關係的特定範式的演變軌跡，就會發現東亞國際關係是伴隨著中國、日本、美國等中心國家的交替變化而不斷被重新

---

[1]　本文原本是筆者爲《東亞地域秩序：超越帝國走向共同體》（首爾：創批社，2005）一書所寫的導論。本修正稿中，偶爾會出現人名或論文名稱卻不註明出處，都是這本書收錄的文章。

規定的。所以，本文擬通過考察中華帝國、日本帝國及美帝國所主導的東亞秩序的形成、膨脹與消亡的過程，來分析各時期東亞秩序的歷史特點。

當然，對這三個秩序都通稱爲「帝國」，也許會引起爭議。爲了盡可能避免可能產生的誤會，這裏有必要首先簡單說明一下本文所說的帝國的意義。帝國概念的核心也許就是，帝國在本國和周邊國家——在東亞則先後有朝貢國、殖民地、衛星國的性質變化——之間的關係上設定一定的位階秩序，享有獨自規定帝國勢力圈之內各國對內對外政策的權力。從這種意義來看，完全可以用帝國的視角來比較近代以前和以後的東亞秩序的運作方式。這樣不僅可以更有效地分析各秩序的特徵，而且能夠更好地理解各秩序之間的連續性。

當然，從帝國的視角來看東亞秩序，也會過分抬高中心國家的規定性，而相對忽視了在東亞秩序中處於周邊地位的國家的作用，以及東亞秩序的變化過程。所以這裏也儘量考慮到了周邊的視角[2]。尤其是以周邊國之一，韓國的地位和作用爲焦點，回顧東亞秩序的歷史，展望21世紀新東亞秩序產生的可能性。

二、中華帝國與小中心

傳統時代東亞國家間關係的特定範式，大體上可以稱之爲中國主導的華夷秩序。可是如果將這規定爲中華帝國的秩序，也許會有人提出異議。所謂中華帝國，並非單純指皇帝統治下的中國

2　至於周邊的視角的多層次意義，參見崔元植、白永瑞編，《從周邊看東亞》(首爾：文學與知性社，2004)所載筆者的序言。

政治體制（即帝政），而是規範構成一個帝國圈的帝國本國和周邊國家的對內對外政策的位階秩序。在這個意義之下，東亞國家之間的關係是否真的是「華夷秩序」，也許還有不同意見。

中國的華夷秩序，一般理解為以中國皇帝與周邊各國的國王之間所形成的禮儀關係為基礎的國際秩序。它起源於秦漢統一王朝出現以後，中國王朝與周邊各國家和民族所建立的政治關係；到後來，具有世界帝國特徵的隋唐出現以後，其特徵更加明確。雖然隋唐世界帝國解體，但15世紀初明朝建立以後，隨著朝貢制度的形成，這種國際秩序也進一步體系化。

這種華夷秩序的第一個特徵，就是中國人的世界觀——華夷思想——成為這一秩序最為核心的理論基礎。從將中國視為世界中心的本民族中心主義出發，將中國作為文明的中心「華」，而把周邊視為落後的「夷」，即以文明的程度來確定彼此的地位差別，從而形成位階秩序的文明圈。可是，由於周邊國家和民族也可以接受這一文明的標準，因而具有文化普遍主義的外形。當然，歷史上中華帝國也根據自身所處的現實狀況和需要，有時也有選擇地使用武力強迫周邊屈服。可是明清時期所表現的典型的朝貢關係，說明中國並沒有直接統治周邊的意圖，而是採取冊封周邊國家的君主、在內政和外交上發揮影響力的間接統治方式。特別是滿洲族所建立的清朝，在廣大的版圖內統治著多個民族，表現出多元的景象。與這種間接統治方式相輔相成的是，周邊國家也分享著中國的天下觀乃至華夷觀，具有一種文明共同體的性質。正是因為有了這種特點，所以中華帝國秩序，往往並不是中國單方面強迫建立的支配從屬的位階關係；與近代世界出現的帝國主義的支配關係相比，能夠建立範圍更加廣大，更加多元、寬容的秩序。從今天的立場看來，這也許可以成為我們探索帝國秩

序的替代方案的一種思想資源[3]。

可是，筆者還是想提醒大家，應該注意中華帝國的「帝國性」，因為中國歷代王朝為了提高自身的正統性，都追求一種帝國傾向，這也是理解中華帝國的關鍵。雖然所有王朝都追求統一天下，將帝國的權力統一於中央的大一統，但是只有真正能夠統治周邊的四夷、或將其納入自己的勢力範圍之內，以實現大一統的中華王朝，才能算是中華帝國(例如秦、漢、唐、元、明、清)。因此，中華帝國當然指的是中華王朝，但是中華王朝並不一定都能被稱為中華帝國。這種大一統觀念，也同樣影響到征服王朝的統治理念[4]。可是在西為沙漠東為大海的有限的地理範圍內，一

3　值得注意的是最近中國大陸出版了一些著眼於這種特徵的研究成果，如汪暉的《現代中國思想的興起》(北京：三聯書店，2004)和趙汀陽的《天下體系：世界制度哲學導論》(江蘇教育出版社，2005)。在汪暉看來，朝貢體制是以王道這一倫理觀念為基礎的，其中可以找到足以對抗近代民族國家惡性膨脹而產生的帝國主義理論，體現亞洲的近代的內在連續性的理論資源。趙汀陽則將中國古代的「天下」觀念與現代國際政治相嫁接，提出要廢除「帝國秩序」，代之以「天下秩序」(沒有異端或他者的世界秩序)。在中國之外也有類似的主張，在形構21世紀東亞地域秩序的規範時，重視華夷秩序的理念和原理(以大同主義為基礎的調和與共存理念，儒教原理的道德主義、相互主義、均分主義等)，並注意到因這些理念和原理與現實、實踐發生詭離而導致被歪曲或形骸化的歷史事實(金鳳珍，〈東アジア規範秩序の構築に向けて：朝鮮半島からの視點〉，大沼保昭編著《東亞の構想》，筑摩書房，2000)。在中國語圈知識分子中，對這一見解持反對態度的人也不少。不管怎樣，對於天下觀(甚至朝貢體制)能否作為去中國的普遍資源的爭論，在現在必然會與21世紀中國的作用規定這一現實問題密切相關。

4　這一想法受到了王柯(〈帝國と民族：中國における支配正當性の視線〉，山本有造編，《帝國の研究》(名古屋：名古屋大學出版

且將統治範圍之內的民族和地域統一於帝國，則不會輕易承認它們從帝國分裂出去，將國家組織視為正統。這種集團記憶被深深烙印在中國人的腦海裡。

那麼，中華帝國的周邊為什麼參與這一秩序呢？鄭容和的論文藉著朝鮮的例子，深入分析了周邊自發地參與中華帝國秩序的動機。與日本同中國有大海阻隔不同，朝鮮與中國接壤，只能通過朝貢來保障國家安全和內政外交的自主空間。此外，從儒教文明圈的中心中國的天子那裡獲得冊封，可以提高自己統治權的正當性。特別在發生像壬辰倭亂這樣的外來侵略或內部民眾叛亂，政權處於危機中時，更要依靠朝貢體制來獲得國際的政權保障。

華夷秩序的另一特徵，就是在中國皇帝和周邊國王之間的朝貢和回賜的關係之上，派生出國際貿易關係。從朝貢的次數、規模來看，這種貿易除了只能在規定的範圍之內進行的國家間的公貿易之外，還有被編入使節團的特權商人與對方特權商人之間進行的私貿易。由此看來，華夷秩序既是國家、王朝之間的禮儀的對外關係，也是外交和通商上相輔相成的國際秩序。

從周邊國家的角度來看，中華帝國的這種特徵也許表現得更加明顯。姜抮亞注意到傳統時代中國經濟超越於西方之上的生產能力和技術力量，所以認為周邊國家參與中華帝國秩序並不是因為有一個「強大的中國」，而是因為有一個「富有的中國」。最近學術界開始以東亞為中心重新解釋世界史。根據這些新的研究成果，中國依靠在絲綢、茶、陶瓷器等主要世界貿易商品上擁有

(續)───────────

　　部，2003)的啟示。關於中華帝國空間和正統論的複雜關係，可參
　　見李成珪，〈中華帝國的膨脹和縮小：其理念和實際〉(《歷史學
　　報》186輯，2005)。

的獨一無二的技術水準和生產能力，在16世紀以來的三百餘年
裡，一直是世界經濟的中心，維持著白銀大量流入中國的對外貿
易結構（與歐洲拉開距離是從白銀開始流出的1820年以後的事
情）。正是在這一很長的歷史時期內，正式的朝貢貿易體制衰落，
私貿易興盛，引起了國際貿易的一大變化。因此，在早期朝鮮被
密切編入朝貢體制時，與其他地區相比，在安定地供給物品和輸
入技術方面具有更有利的條件，結果在「緊跟中國型發展」上能
暫時領先；但是到後來，反而是像日本那樣的偏邦國家更加有利。

　　那麼說來，中華帝國為什麼會崩潰呢？對於這一問題，也同
樣可以從周邊的視角來分析其原因。為此我們首先需要理解這樣
一種事實，即在中國中心的東亞秩序之中，還存在著多個由小中
心秩序形成的重層世界。中華世界之中的小中心，也同樣藉助中
國的華夷觀，並將其適用於自己的周邊地區[5]。例如在朝鮮半島，
高句麗早就以「華」自處，將周邊民族納為屬民，朝鮮王朝世宗
和世祖在對女真的政策上，也同樣接受女真的朝貢，也滿足日本
稱朝鮮為「大國」或「上國」。朝鮮後期，當滿洲族建立的清朝
統治中國大陸以後，朝鮮更以「小中華」自居。這些歷史事實，
都可以放在這一脈絡上來理解。類似的情況也出現在日本和越南
與各自周邊地區所結成的關係上。如果把這些歷史現象看做對
「中華思想的分享」，那麼這一地域也許就可以被稱做「中華思
想共用圈」[6]。如果把這些小中心的作用放在巨大的朝貢貿易體
制框架內來觀察，特別是越南、朝鮮、日本這樣的周邊國家也形

5　閔斗基，〈東亞的實體及展望〉，《與時間的競爭》（首爾：延世
　　大學校出版部，2001）。
6　古田博司，〈東アジア中華思想共有圈の形成〉，駒井洋編，《脱
　　オリエンンタリズムとしての社會知》（ミネルヴァ書房，1998）。

成了自己的「小規模朝貢體制」，希望以此改變中國中心的秩序，這種努力也許可以被視爲這一地域歷史變動主要動力[7]。

在筆者看來，中華世界的重層性，也許正是中華帝國變化的內在要因。在19世紀後半以前，尤其是在滿族的清朝取代漢族的明朝以後，即16世紀末期以來，中國中心的秩序已經受到來自周邊國家的批判，小中心自身的認同性（identity）也逐漸體系化，對後來這些國家向作爲國民國家形成原動力的民族認同性發展，起到了重要的作用。可是，這種思想變換，無論如何還只是作爲促進中華世界變化的內因在起作用，而改變這一架構自身的力量卻來自外部，即來自起源於西方的世界資本主義的衝擊。

中華秩序在內外因素的作用下，轉變爲一個一個的國民國家，這一過程與西方歷史上中世帝國分裂爲眾多小的國家，最後發展爲國民國家的過程很不相同[8]。中國作爲一個傳統帝國，其內部各民族沒有獨立成爲國民國家，中國幾乎原封不動地沿襲了清朝以來的領土，而發展爲一個龐大的國民國家。只是其位於其周邊的日本、韓國、越南等國家擺脫朝貢體制，成爲獨立的國民國家，將「披著國民國家外衣的帝國」中國視爲他者，以確立自己的主體性。

三、日本帝國失敗的大東亞共榮圈

在中華帝國動搖的同時，東亞在西方列強所標榜的《萬國公

7　濱下武志，《朝貢システムと近代アジア》（岩波書店，1997）。
8　楊念群，〈什麼是「東亞」？：近代以後韓中日的「亞洲」想像的差異及其結果〉，《大東文化研究》，首爾；50輯，2005。

法》的基礎上重建了新的秩序，也就是轉爲根據新的主權概念，由享有主權的國家之間相互訂立契約（即條約）而成立的國際關係。在向這種新秩序轉變過程中，各國至少在形式上具有了平等的地位。但是在近代世界，以主權概念爲基礎的《萬國公法》所闡述的國際關係原則，在現實中很少被遵守，而肆行於世的則是資本主義的動力及作爲其強制手段的武力。甚至可以說，主權的原則與現實的隔閡不是例外的情況，恰是其正常狀態。從根本上說來，近代國際秩序是在標榜《萬國公法》和文明的國際秩序的同時，卻由霸權國家主導這一秩序的方向，這是其內在的矛盾。

可是在東亞，不存在霸權國家，不安定的秩序依然繼續。從這種意義來說，這時期的東亞的狀況也可以說是「無中心的東亞」。至於其緣由，金基正從世界體制論的角度進行了說明。19世紀後半期世界體制經歷了一次結構性變動，英國失去了霸權國家的地位，而與此同時以德國爲首的一些國家上升爲世界的中心國家，世界體制正在從「單一中心結構」向「多元中心結構」轉變。在這一變動過程中，不可避免地會出現列強之間的激烈競爭，從而加強壓迫新近編入的周邊國家，尤其是在東亞，在德國、美國和俄國等發展稍晚的資本主義國家崛起的同時，日本又加入進來，所以只會形成極度不安定的中心──周邊結構。

在中華秩序下處於偏邦地位的日本，這時爲能取代沒落的中華帝國，從而具有「華」的地位（所謂的華夷變態），正積極輸入西方文明，成功地進行了體制改革。它逐步修訂了過去在歐美列強壓迫下開港通商時不得不與列強簽訂的不平等條約體制（1899年廢除治外法權，1911年恢復關稅自主權等），由此從周邊上升到半周邊，再急速進入到中心的行列，鞏固了日本帝國勢力範圍的基礎。日本充分利用了這時期不安定的國際秩序，在列強走向

勢力同盟的趨勢下，成功地與英國結成同盟體制，並在阻止俄國南下的同時，上升爲這一地域的「中心」。日本的這種對外戰略也得到了美國的支持，這是因爲美國想通過與日本的聯合，來維持其在中國的商業利益。在英美的支持下，日本先後吞併了台灣（1895）和朝鮮（1910），進而在1931年侵占中國東北地區，扶持傀儡政權「滿洲國」，從而得以大大擴大了日本帝國的版圖。可是也正是在這個時候，日本與英美的矛盾也產生了。隨著日本勢力進一步向中國內陸擴張，終於在1937年挑起全面侵華戰爭，日本與英美的矛盾也不可避免地更加激化。在這種情況下，日本所選擇的道路是結束不安定的「無中心的東亞」，由日本來主導東亞地域秩序。所以，日本表面上似爲推翻英美的殖民統治，以解放東亞各民族，實際卻是企圖取代傳統的中華秩序，建立大日本帝國的自給自足體系（即大東亞共榮圈）。

日本帝國在與美國的關係日益惡化的情況下，爲了利用德國在歐洲接連得手的大好時機而撈取利益，同時也爲了防止德國勢力可能介入東南亞地區，從1940年8月起連續幾個月竭力推進大東亞共榮圈建設，但是其思想基礎，乃是日本在脫離中華秩序過程中所形成的亞細亞主義。日本在追求近代化的初期，就提出了與西方相區別的、強調內在獨特性的「東洋」概念，將中國視爲東洋的一個國民國家而使之相對化，從而規定了日本的主體性。這一思想傾向，就是日本所謂亞細亞主義。作爲這一思想譜系的一部分，特別是在1937年發動全面侵華戰爭之後，爲了儘快結束中日戰爭的持久戰狀態，「和平」地重構東亞秩序，提出了東亞新秩序論。東亞新秩序論包括了幾方面的思想，任城模分析了其中最爲激進的尾岐秀實的「東亞協同體論」，指出了它的可能性和局限性。聯合中國的社會主義革命，改革日本，進而以日本爲

首的東亞民眾為主體，對東亞進行社會主義改造。尾岐秀實的這種理論清楚地展示了東亞協同體論的思想「臨界點」。雖然他的構想在現實中遭遇了失敗，卻還是在右派掌握的亞細亞主義和左派所掌握的國際主義之間打入一個楔子。他這種將地域構想與日本國內改革論相結合的獨特思想，在我們理解日本的亞細亞主義時也是不容忽視的。

東亞協同體論主張以日本和中國為軸心，並控制民族主義和日本的社會結構改革，與此論調相比，大東亞共榮圈可以說是以超民族主義(ultra-nationalism)為號召，追求日本在東亞的霸權。當然，對這兩者之間的延續和斷絕也還有討論的必要，不過金炅一還是強調了兩者的區別。從表面上看來，大東亞共榮圈所追求的是與西方這一他者相對的亞洲的認同性，希望實現亞洲各民族和國家的相互聯合，但從根本上說，它其實已經背離了亞細亞主義，而主要是從軍事理論導出的一種構想，只是一種將家族倫理和天皇制理論擴張到整個亞洲的企圖而已。無論是作為克服西方價值的普遍理論「近代超克」論或世界史理論，都只不過是根據日本的需要而強加給所有亞洲人的。日本帝國與中華帝國不同，不具備在理念上提供文明標準等價值的地位，所以只能動員日本的政治和軍事力量，依靠直接的殖民統治來維持其帝國的存在。

此外，這種理念在經濟領域也缺乏基礎。日本帝國不能像中華帝國那樣，依靠自身豐富的經濟力來吸引周邊國家，而是為了處於帝國勢力圈中心而資源貧乏的日本本國攫取資源，掠奪周邊國家。換句話說，這種秩序構造中所標榜的「共榮」，只能靠軍事力量來實現，也必然隨著日本的戰敗而退出歷史舞台。因此，對於日本帝國的這種為自給自足而豎立起來的大東亞共榮圈，我們實有必要進一步考察其分工構造的實際運作方式及其影響(但

在此可惜無法充分加以分析)。大東亞共榮圈果眞是作爲日本的
資本、技術與其他鄰國的農業經濟相互調和的東亞國家間的分工
體系在發揮作用，還是具有由中心(日本)、半周邊(朝鮮等)和周
邊(滿洲國等)構成的三元構造的獨特的地域體系，這些還是將來
有必要進一步加以深入闡述的問題[9]。

　　正是因爲這些特徵，我們對日本帝國是否眞的在東亞具有帝
國所應有的獨占性權力，也心存疑問。只是在1940年代前半期，
與歐美極爲短暫的矛盾對立中，試圖強制實行排他性權力於這一
東亞地區，卻很快又遭受失敗的帝國，或許僅能視爲一個「準帝
國」[10]。

9　介紹、批評主張三元構造的 Bruce Comings的見解的論文，參見韓
　　錫政，〈試論大東亞共榮圈和世界體制論的適用性〉(《韓國社會
　　學》第33輯，1999年冬季號)。日本考慮到中國而提出的國際間分
　　工體系，在歷史上以及在今天有什麼意義，歷史學家中關於這一問
　　題的爭論，可參見黃東淵，〈中國現代史理解的問題點及其克服的
　　展望〉(《中國現代史研究》，首爾；第10輯，2000.12)和文明基，
　　〈批判的武器和武器的批判：關於汪精衛政權與亞細亞主義的對
　　話〉(《中國現代史研究》第11輯，2001.6)。

10　對於大東亞共榮圈，也有從日本帝國周邊的角度重新審視的必要。
　　遭受日本本國掠奪的朝鮮、琉球、台灣和中國大陸淪陷區等地的民
　　族主義抵抗及相互聯合運動，以及周邊國家對東亞合作體制的反
　　應，特別是朝鮮「轉向」社會主義者的反應——即將這作爲追求戰
　　時變革的絕好時機，試圖在提高朝鮮在帝國圈的位階秩序中的地位
　　的同時，保全朝鮮在政治和經濟上的獨特性——等帝國圈內的改革
　　運動的複雜情況，應有進一步的分析，才能更好地揭示日本帝國主
　　導的東亞秩序的實際情況(洪宗郁，〈1930年代における植民地朝
　　鮮人の思想の摸索：金明植の現實認識と轉向を中心に〉，《朝鮮
　　史研究會論文集》42號，2004.12；方基中編，《日帝下知識分子的
　　法西斯體制認識及對應》(首爾：慧眼，2005)。此外，在日本帝國
　　之外，中國也挑戰日本論述亞洲的獨占權，構想了多種多樣的亞洲

四、冷戰時期美帝國的亞太秩序

日本帝國沒落以後，東亞各國徹底完成了去殖民地化過程，即積極追求政治上的獨立和經濟上的自立。但是推動這一任務的國民國家，卻在美國和蘇聯主導的世界冷戰秩序的磁場中走過了曲折的道路。東亞秩序基本上從屬於在東亞地域形成的所謂自由陣營與共產陣營的對立，尤其是兩大霸權國家之一的美國，只要蘇聯主導的共產陣營存在，就能以此為理由介入個別國家，將區域國際關係隸屬於自由陣營的聯合之中，從而維持了較為穩定的結構。從這種意義來說，美國和蘇聯都是領導著一定數量的衛星國家的帝國，而且這種帝國「立足於意識型態、經濟上的相互依存，技術轉移，互惠，以及軍事合作，擴大發展為範圍更加廣泛的同盟。」[11]美國為了維持帝國內的團結，不僅強迫東亞各國採用美國的社會體制，甚至對朝鮮半島和越南直接進行軍事介入。

美國的這種帝國秩序能夠維持的前提條件，是第二次世界大戰以後美國具有壓倒優勢的軍事力量。此外，美國最為強大的經濟力量(生產的高效率和龐大的市場，世界通用貨幣美元)和同盟國的政治支持，以及為維持霸權而樹立的意識形態，也都是重要因素。

(續)————————————————

　　觀〔在批判日本侵略性的亞細亞主義的同時，也同樣具有追求亞細亞的聯合的共同傾向，只是究竟是要以中國為中心，還是在此之外實行民眾的聯合，彼此看法不同而已〕，這對理解20世紀前半期的東亞秩序，也是不可忽視的知性遺產。可是，中國的蔣介石政府更重視的不是東亞，而是與美國、英國或蘇聯之間的國際合作。

11 Chalmers A. Johnson, Blowback，韓譯本(首爾：三仁，2003)，pp. 56-57.

首先從政治、軍事領域來看，美國與日本不同，它不直接統治殖民地，取而代之的是採取地域統合方式，通過與各個國家單獨締結同盟而對東亞進行間接控制（雖然在必要地方設置軍事基地，駐紮美軍），推行將日本作為下位夥伴的戰略。換句話說，美國是一種非正式的帝國。根據金明燮的研究，美國最初也打算像在歐洲所實行的那樣，在東亞促進地域統合。但是，究竟支持歐洲恢復其在東亞的殖民統治，還是推行以日本為中心促進東亞地域統合的戰略，這個問題產生了不同意見。結果美國選擇了扶植日本的戰略。第二次世界大戰結束以後，美國雖然也對泛亞洲主義的復活存有戒心，但在陷入東亞熱戰漩渦的情況下，透過1951年〈舊金山和約〉和〈美日安保條約〉的締結，對美國來說，出現了一個消除了毒素的「大東亞」。換句話說，經濟上以日本為中心建立垂直地域分工體制的大東亞共榮圈的經濟聯繫網，部分復活了。這是一種「沒有公開發表的地域統合」。日本統治者在適應這一秩序的同時，也認識到這是將復活自己已經破碎的帝國夢想的絕好時機，所以也積極利用它來追求自身的利益。

可是，對於美國的這種地域統合戰略，東亞各國並不是從一開始就接受的。最早韓國的李承晚、菲律賓的季里諾（Quirino）和逃到台灣的蔣介石，試圖建立具有反共同盟性質的太平洋同盟，雖然最後因美國的反對而流產，其在軍事方面的宗旨還是為以後歐洲和東南亞國家參與的東南亞條約機構（SEATO）所繼承。除此之外，值得我們注意的是在韓戰的衝擊下，1955年印度主導召開萬隆會議，「非同盟勢力（不結盟勢力）」也形成自生的地域秩序。參加這一會議的亞洲國家開始摸索第三條道路，這是一條既非社會主義的方式，也不是美國式的新型發展路線。

但是一部分國家的這種探索過程，由於1960年代美國推行新

的政策而失敗，美國成功地建立了支持自由的勢力均衡。於是，以美國爲中心的東亞安保秩序，以及與之相應的經濟秩序得以維持，其原動力來自美國所具有的經濟吸引力，特別是美國市場向亞細亞同盟國開放，從而構築了亞太經濟聯繫網，東亞國家也因此在經濟上、軍事安全上依附於美國。這時出現了美國主導的「亞太」地域概念。在這一過程中，日本到1960年代已經具有相當強大的經濟力量，成功地加入了「富人俱樂部」，並在東亞發揮著重要的作用，其視窗就是亞洲開發銀行，樸泰均對此有詳細的闡述。結果，這種在美國和日本的主導之下，韓國和東南亞國家受排斥的垂直結構被固定下來。

亞洲各國之所以被吸進這一新秩序，美國所傳播的理念乃至價值觀也起了很大的作用。1960年代，美國的甘迺迪政府批評了過去只重視軍事援助的政策，改以積極援助已接受民族主義發展爲驅動力的近代化模式的亞洲個別國家，以加強爲反共而聯合的自由陣營之內部團結。結果亞洲國家紛紛將開發主義作爲國家建設的最大任務。美國的大眾文化也得以廣泛傳播，並成爲東亞人**稍微**主動地接受美國文明作爲標準的重要武器。

上面主要藉著中心國家的作用和動向，來考察了美國主導的東亞秩序。爲了說明這一秩序的變動趨勢，還有必要從周邊的觀點來作進一步的分析。雖然對這一問題沒能真正解決，以周邊國家之一的韓國的選擇爲焦點而進行的整理分析，也是一項重要的工作。直到冷戰尚在持續的1980年代，韓國仍在冷戰秩序的磁場之中，在分裂體制的半邊爲建立國民國家而努力，但是也利用這史無前例的機會，爲以後在東亞地域秩序中發揮積極作用奠定了基礎。從這種角度來說，分析韓國就有更爲重要的意義。

這時期的韓國，與其說單純是冷戰秩序的受害者，還不如說

是這一秩序的受益者或利用者[12]。大體說來，韓國歷屆政權在依賴美國這一帝國的同時，也將冷戰論理和狀況作爲在分裂體制下建設國民國家的機會，積極加以利用。這一點具有連續性。只是在對日本和北韓的存在的對應方式上有所不同，如果說這是冷戰型國民國家，擺脫這種狀況的努力大概從盧泰愚政權的北方外交開始，接著有金泳三政權的「世界化」政策，最後通過金大中政權的「陽光政策」，取得了一定的成果。與此同時，韓國知識界也在從1990年代起日益增強的經濟實力和內部民主化的基礎上，積極適應脫冷戰的時代狀況，開始討論東亞地域主義。

五、脫中心的東亞秩序的探索

幾乎在韓國人開始將包括朝鮮半島在內的整個東亞地域置於自己的視野之內來思考問題的同時，東亞地域也自發地出現了地域統合的動向。這種新動向，並不是要恢復有如過去東亞歷史中存在過的中華帝國或日本帝國秩序那樣的「周邊國家從屬於中

---

12 這一視角來自李鍾元，〈東北亞國際秩序中的韓國座標及展望〉（韓國政治外交學會編，《列強的占領政策與分斷國家的獨立、統一》，首爾：建國大學校出版部，1999）。根據此文的論述，李承晚政權雖然善加利用冷戰秩序激化的時代背景，將美國深深地拖入朝鮮半島，但也不願接受美國扶植日本爲地域中心、而使韓國陷入從屬的地位的地域秩序構想，其代價是南北對立激化，導致了韓國在東亞秩序中被孤立的結果。朴正熙政權積極利用了美國重視日本的戰略，改善同日本的關係，實現韓日關係正常化，强行出兵越南，以爭取戰時軍需物資加工訂貨，提高韓國的國際政治地位。雖然在此基礎上實現了經濟增長，但是這種開發主義的弊端也影響深遠，利用北韓的威脅來加强威權主義的政治體制，在國際上的孤立也更加嚴重。

心國家」的形態的統合，而是從周邊向中心擴散的地域統合。從這點來說，它是一種全新的實踐。實際上，在冷戰秩序下，美國只能接受美國與亞洲各國之間的縱向關係（雙邊主義），所以亞洲內部的橫向聯合（多邊主義）很難產生，同時亞洲各國也以各自的民族主義為動力，追求發展主義，很少會關注地域統合的問題。可是與冷戰初期不同。到1980年代以後，以前規約東亞秩序的美國的內部動力和外部環境開始發生變化，也就是說，在美國霸權安定時期建立起來的構造，開始出現危機[13]。

這種危機首先是美國霸權主義自身所含的內在矛盾，即支撐霸權的權力資源出現了極度的不均等現象。儘管在軍事力量上美國依然占據壓倒優勢地位，但是在經濟和意識型態領域則不是這樣，尤其在經濟領域，美國只吸取世界經濟的商品和資本，而不能相應地提供財富，逐漸演變成世界經濟的黑洞。美國作為世界最大的債務國，其經濟現在只不過是藉助於世界中心貨幣美元才勉強支撐。但是軍事上的霸權主義必然會帶來龐大的軍費支出，因此必然擴大美國的財政赤字。而為了縮小財政赤字，擺脫日益依賴於海外金融支持的狀況，美國所要推行的還是軍事霸權主義。這樣一來，危機只能更加深化，陷入惡性循環。此外，在意識型態領域，過去在與蘇聯主導的共產陣營相對立過程中得以維持的自由陣營的聯合，現在失去了號召力。面對美國大眾文化的氾濫，保護和促進文化多樣性的努力也日益活躍。在美國失去了過去所具有的內部動力同時，中國卻在改革開放以後急速崛起。中國在這一地域日益發揮重要的作用，對美國來說，也是不得不

---

13 下面關於美國霸權的論述，主要依據柳在建，〈美國霸權的危機與世界史的轉換〉，《創作與批評》，2005年春季號。

面臨的新的外部環境。

美國掌握霸權的東亞秩序的分裂，也為這一地域建立脫中心的秩序，提供了新的可能性。在這一變化過程中，依靠東南亞國家聯盟，東亞地域內部超越國境的合作、相互依存，以及與正式的制度化統合相重合的聯繫網路正在增加，其主體既有政府、企業，也包括民間聯合運動，多種多樣。尤其如1996年東亞經濟危機之後ASEAN+3形態所顯示的，制度化的努力進一步加強，甚至在2005年末舉行東亞首腦會談。與美國主導的「亞太」地域概念競爭過程中，「東亞」一詞呈現出新的意義。

可是東亞的地域統合努力一方面以經濟領域為先導，另一方面有分散的市民聯合運動日益發展，具有很強的自下而上的統合的特徵，所以這種非正式的聯繫網路構想，也常常被稱為「軟性地域主義」（soft-regionalism）[14]。相對，依靠正式的（主要是政府間的）協定自上而下的制度創設過程，卻進展緩慢。

對此，至少在安全、軍事方面依然有壓倒優勢的美國，也開始擔心自己是否會在東亞受到排斥，因此東亞秩序的未來，必然在美國單極的主導權與東亞多極的地域統合努力之間妥協、競爭過程中展開。雖然不安定，但是脫中心、多中心的步伐已經邁出。

那麼在脫中心的東亞創立新秩序過程中，韓國將發揮怎樣的作用呢？針對這一問題，李南周的文章專門做了回答。他指出將來出現的新的秩序現在還難以確定，是以國民國家為基礎而建立的舊秩序繼續維持下去，還是要克服國民國家的局限？這兩種發

14 T. J. Pempel, ed., *Remapping East Asia: The Construction of a Region* (Ithaca and London: Cornell University Press, 2005)，〈編者的序言〉；Peter J. Katzenstein and Takashi Shiraishi, *Network Power: Japan and Asia* (Ithaca and London: Cornell University Press, 1997)，〈緒論〉.

展方向會繼續相互作用，未來的新秩序也許要在這樣複合的過程中形成。具體說來，也就是要在批判的考察現在進行之中的地域合作體促進狀況的基礎上，探索替代方案。在政治、安全方面，為取代美國主導的霸權秩序的替代方案，支持多國間的安全合作，為促進安全合作，不僅要重視國家自身的安全，也要保障、增進和調和個人的人權，也就是要更加關注人的安全（human security）問題。在經濟領域，在肯定加速發展的地域統合趨勢的同時，考慮到地域內各國經濟發展階段的差異，強調為增進共同利益而必須調整各國的發展模式。他期待著這些意見能夠實現，其根據就是：東亞的地域統合不再是由美國那樣追求霸權的國家所主導了。可是在創造新秩序的過程中，期盼韓國這樣中等規模的國家能夠發揮更為積極的作用，尤其是韓國已經具備了比較發達的民主主義和市民社會等基本條件，更應當積極地介入東亞合作，對於地域合作要有新的姿態。

　　白池雲強調了民間團體作為創造新的地域秩序的主體的作用。他反思，歷史上出現的東亞秩序都是帝國運營的，而且今天的東亞地域共同體概念，依然受到國家間聯合體觀念的影響。他希望，目前正在進行的超越國境的基層民間團體的聯合，能夠為新的地域共同體提供健康的基礎。更且，他具體分析了各種類型的聯合運動的實際活動個案，不僅為我們提供了有價值的知識，還在承認各國民間運動的差異的同時，提出了聯合的方向。尤其對東亞各國民間運動主體所面臨的矛盾（即包括美國政府在內的各國政府之間連動的問題），他提醒大家，就像這一問題的危害必然涉及各國民眾一樣，解決方法也不僅僅在於一國內部的對政府抗爭；如果不發展為超越國境的聯合運動，勢必難以取得成效。

　　最後，還需要分析一下「在東亞人建設脫中心的新東亞的過

程中，過去的帝國是否會復活」的問題。對未來的構想並不亞於歷史推演的意義，兩者同樣有助於培養我們的想像力。

在東亞歷史上存在的三個帝國中，美國分明在未來短時期內還會發揮最大的影響力，尤其是布希政權的新保守派佐政大臣，習於用「帝國的作用」這一用語來表現某種使命感，也許會利用軍事手段重新編織「帝國」的新版圖。可是正如前面所闡述的，獨占的權力結構已經開始分裂，多中心開始形成，一國突出型多中心結構（用中國式的表述來說就是「一超多強」）在東亞持續的可能性比較大。更且，日本帝國復活的可能性現在看來也不大。日本在過去統治帝國的時期，其本國在經濟力量和意識型態方面的吸引力也一直很弱；現在日本具有強大的經濟力量、先進的技術水準和軍事力量，但是過度依賴美國，缺乏獨自的對外政策決定能力，似乎很難獲得美國的下位夥伴以上的地位。所以，令人擔心的不是大東亞共榮圈的再次出現，而是美日寡頭統治的高度現實性（當然最近日本的右傾傾向也引起了亞洲鄰國的憂慮，也對新版大東亞共榮圈之出現有所警戒，但我寧可相信，這可能只是為了防止日本軍國主義化之新傾向或其復活，而喚醒人們的歷史記憶而已）。

與此相比，最近大家所關注的具有更大的復活可能性的還是中國。回顧歷史，在19世紀末隨著中華帝國的沒落，東亞秩序也陷入了多中心相互競爭的不安定局面。在一個世紀以後的今天，中國重新崛起，東亞地域秩序也再次進入激變期，中國在東亞的地緣政治地位變得如此重要。

乍看之下，中華帝國與霸權全盛期的美國，頗多相似之處。兩國不但具有壓倒性優勢的超強大國地位，而且將國際關係朝勢力均衡思考來處理，並依據文明的理論來形成一種位階秩序，這

種文明在誘導著周邊參與秩序的國家的自發性。而更為重要的是，無與倫比的強大經濟實力給周邊國家帶來的實惠，對這一地域秩序的維持發揮了重要作用。因此，將來中華帝國要想復活，首先必須使自己的經濟實力能發揮像過去那樣的吸引力。中國經濟的快速發展，國家經濟總量的急劇增加，是讓人聯想到中華帝國復活的關鍵因素。可是，如果不從國家經濟總量，而是從人均國民收入來看，或者從國內的階層、地域和民族間的貧富分化來看中國的經濟實力和經濟持續增長的可能性，對中國經濟的未來，則有樂觀和悲觀兩種觀點的爭論，至少還看不到中國有超過美國而成為世界霸權國家的可能性。但是不難想像，中國還是會建立起在東亞作為地域強國而發揮自身作用的經濟基礎。而且從政治、軍事安全來說，中國是聯合國安全理事會常任理事國，擁有核武器國家，在為解決朝鮮核問題而舉行的六方會談中所發揮的作用，也反映了中國作為地域強國的地位。但是很明顯地，在相當長的時期內，中國在政治、軍事力量方面還是趕不上美國。最後，中國能否像過去那樣提供文明的標準，並為周邊國家所接受，對中國的這種能力（即軟權力，soft-power）還不容樂觀。若中國不是立足於民主主義，而是藉由復興大一統的歷史記憶來追求權力的正當性，走的是以民族主義為動力的近代化模式，並未能新創出克服其弊端的獨特發展模式，即使中國有意要主導東亞秩序，也不容易讓周邊國家自發地參與其中。

　　總之，雖說中國至少可以成為地域強國，新版中華帝國的復活尚不可能。而且，與中國在過去王權間的國際秩序中掌握霸權，維持華夷秩序的時期不同，現在不僅有美國、日本這樣的中心並存，還有民間社會也作為重要的行為主體參與進來。在這種地域狀況下，如何能夠建立新版的中華帝國？儘管如此，帝國復

活論或中國威脅論依然出現的原因是什麼呢？正如前面所闡述的，這不僅出於對中國在政治、經濟領域所具有的實力的警戒心理，也來源於因對中國共產黨一黨統治的政治體制的不信任而產生的價值觀、理念的差異。更為根本的原因，則是無論是從實體上還是從形象上，中國在規模上的絕對優勢，不能不讓周邊國家意識到它的存在。關於這點，對於中國是否真的是對周圍國家構成威脅的強國的問題，筆者主張應該將對中國實體的考察，與對歷史和文化記憶中的大國形象的探討區分開來[15]。我們常常表現出將兩者混為一談的種種傾向。兩者雖然基本上是分開的，但是在特定的歷史狀況下又會重疊，對此將做進一步的說明。現在中國如果真的成為威脅性存在，則必須具備三大要素。首先中國必須有威脅鄰國的意圖（intention）和能力（capability）。與這兩種要素極度相關，而且具有重要作用的因素是：感到遭受中國威脅的一方的感覺或認識（perception）。對此，不僅鄰國的有形力量（國力）會起作用，其國家內部一般人對中國的認識也發揮一定的影響。所以，對中國的歷史、文化記憶，即對帝國的記憶，在現實生活中成為導出中國威脅論的重要因素。在這時，相互區別的兩個層次會聯繫起來。

這種情況不僅發生在中華帝國身上，在周邊國家感受到日本帝國的威脅時，歷史記憶也在發揮作用。因此，中國和日本如果想讓周圍國家對自己的未來發展戰略不致於感到威脅，必須用大力氣調整甚至改革本國的發展戰略，使之能真正有利於東亞的共

---

15 參見筆者為韓國讀者所寫的〈為構築東亞和平而讀史：幾點建議〉（《黃海文化》，2004年冬季號）和為中國讀者所作的發言（白永瑞、陳光興、孫歌座談〈關於東亞論述的可能性〉，《書城》，2004年12月號）。

存共榮，而且還要肅清本國人腦海中殘存的「草根帝國意識」[16]。
如果不這樣，則必然會為爭奪東亞的主導權而相互競爭和制約，
對相對一方的帝國的集團記憶，也就會在現實中被喚起，我們也
就不能克服帝國的憂傷歷史。在走向脫中心化的現在，乃是有史
以來在這一地域建立多中心共存的地域秩序的最好時期。現在，
在帝國的記憶上相對較為自由、在歷史上也曾發揮過「小中心」
作用、對其可能性與局限性一一經驗過的韓國，也許可以在各個
中心之間，發揮調節者以及和平和繁榮之促進者的作用。與此同
時，若能相應地進行一些內部改革，那麼，我們韓國在21世紀的
東亞歷史中，自然也會占有重要的一席之地。

白永瑞：現任韓國延世大學校文科大史學科教授；中國近現代史
學會（韓國）會長；並擔任季刊《創作與批評》編輯。最近主要論
著有《回歸東亞：探索中國的近代性》（2000），《東亞地域秩序：
超越帝國走向共同體》（主編）（2005），《ポスト〈東アジア〉》
（2006），〈「東洋史學」的誕生與衰退：東亞學術制度的傳播與
變形〉《台灣社會研究季刊》，第59期，2005年9月。目前的研
究集中於東亞細亞論述比較研究，和20世紀東亞細亞歷史學的歷
史。

---

16 對談：姜尚中、高橋哲哉，〈草の根の帝國意識〉，《週刊讀書人》，
2005年8月19日。

日本關於「東亞」的思考

陳瑋芬

一、由觀念史的角度看「東亞」問題

在中日甲午戰爭已經過了110年的今天,「東亞問題」應該如何檢視?教科書內容、日本首相的靖國神社參拜、台韓慰安婦、戰爭責任……,這些問題的起因與日本在20世紀前半葉的國家樣態以及知識分子對亞洲所展現的野心息息相關,因此追本溯源之道,可以由日本帝國的知識分子對亞洲有怎樣的認識、為什麼產生這樣的認識、又是如何發展中國觀等層面來尋覓。

就東亞的「地域問題」而言,全球化的發展已經超越經濟、政治層面,並拓展至學術論域。各種以「東亞」這個地域為主題的學術研討會,陸續在韓國、台北、北京召開;也已經有不少日本學者開始在自我審問,是否真正具備了探討亞洲侵略這個過去的思想的「資格」[1],又究竟能對亞洲「訴說」些什麼?1964年,

---

1　桂島宣弘,〈アジア主義の生成と転回——徳川思想史からの照射の試み〉,《思想史の十九世紀——「他者」としての徳川日本》(東京:ぺりかん社,1999),頁195。

竹內好曾經提出如下的言論：

> （隨著日本之戰敗）而喪失的，是明治以來逐漸成形的以
> 亞洲為主體的思考模式。身為亞洲的一員，這樣的思考
> 模式是一種負責任的表現。不過卻隨著戰敗而銷聲匿跡
> 了。日本曾經殲滅朝鮮、恣意侵略中國的主權，然而，
> 過去七十年間，日本也和亞洲諸國一同成長，並且自覺
> 到如果切斷與朝鮮及中國的聯繫，將無法生存。侵略之
> 行為固然不當以正面看待，但侵略一事，其實也意謂著
> 被扭曲的連帶感。與其以事不關己的態度面對其他諸國，
> 侵略在某種意義上，甚至是健全的[2]。

這一段文字討論的是當時盛極一時的話題：「『侵略』與『連帶』
在具體狀況下無法真正區別」，竹內也認為二者具備「統一的傾
向」，並且在這樣的認知下定義亞洲主義。不過，與亞洲主義者
截然不同的是，竹內嚴辭指責戰後便放棄了亞洲責任的日本人，
批評他們根本就是「把赤子放入沸水之中」。

在日本出爾反爾的舉止中，我們似乎可以看到竹內所批判的
「放棄責任」之態度依然存在，但是竹內所面對的時代背景，距
今已十分遙遠。日本資本主義在美國庇蔭下始得以存立，為了追
求經濟的高度成長，反而對己身所處的亞洲不斷找藉口「放棄責
任」。上村希美雄一針見血地批判道：日本在經歷過「不因亞洲

2　竹內好，〈日本人のアジア観〉，《竹內好評論集》三卷（東京：
　　筑摩書房，1966），頁84。

與歐洲對立的難題所苦，而舉國邁向脫亞入歐的幸福時代」[3]後，不斷積極地「復權」，且夸言爲亞洲做出了「國際貢獻」。另一方面，中國在急速近代化的過程中，也再度接受了日本的「援助」。

暫且略過中國的變化不談，問題的癥結在於竹內這種一方面熱切討論討亞洲主義，又對日本的狀況冷眼旁觀的態度，今天是否改變了呢？竹內還曾經指出，由近代到戰後，日本的近代化過程與中國相比，雖然未經歷激烈「抵抗」西洋的過程便得以急速發展，但也因爲不曾嘗過「敗北」的滋味而成爲西洋的奴隸，甚至「放棄了自我」，導致「日本社會無法容許思想的對立。換言之，不存在思想，思想只能藉由觀念發展。」[4]

竹內好對於日本在戰前戰後的「無思想狀態」執戈相向，認爲日本因此無法掌握正確的近代史觀、中國觀。按溝口雄三之言，竹內好的主張基本上還是一種以西洋爲中心的，相對於「非歐洲」的中國、指摘無主體性的日本，亦即是「以歐洲爲基準」的思考模式[5]。溝口認爲竹內好仍然跳脫不出如下的窠臼：「以歐洲的眼光來捕捉自我、審視自我，自問是否是歐洲式的？又是

3 上村希美雄，〈戰後史のなかのアジア主義〉，《歷史學研究》五六一號(1986)，頁50。

4 竹內好，〈中國の近代と日本の近代〉、〈日本人の中國觀〉，前揭《竹內好評論集》三卷，頁27、28、55。

5 溝口雄三，《方法としての中國》(東京：東京大學出版會，1989)頁27。相同主張亦可見於鶴見良行，〈新しいアジア學の試み〉，《 ジア人と日本人》(東京：晶文社，1980)，頁177。坂元ひろ子曾針對溝口雄三的此項看法提出批評。坂元，〈中國民族主義の神話──進化論・人種觀・博覽會事件〉，《思想》八四九號(東京：岩波書店，1995)。

否為非歐洲的？」

溝口的批評無可置喙，但我們在思考「東亞儒學」的出發點時，更重要的是應該借鏡日本，探討竹內所勾畫的「奴隸文化」及「喪失他者」的構圖，如今是否起了變化？

上村希美雄所言不假[6]。邁入1980年代以後，「藉由思考亞洲來重新捕捉日本的日本人」逐漸增加，也出現了「以亞洲為借鏡而改變自我」的情況，「日本與亞洲也因此不斷產生變化」。不過，即便如此，竹內所謂「非亞洲亦非歐洲」、「不屬於任何一類」的日本，依然呈現存在，並且在世界屹立不搖。要根本思考這個問題，我們必須對支配了竹內這類亞洲主義者的「西洋—東洋」、「文明—非文明」、「近代—反近代」基本思想架構，針對近代日本「自—他」認識的基本架構提出質疑。例如，西洋的出現為思想空間帶來什麼樣的構造？「自—他」認識又從何開始？它為亞洲主義者的近代思想賦予了怎樣的規定？因此本文試圖回溯至19世紀前半，以觀念史的角度來捕捉其「東洋」、「東亞」論的發生、發展軌跡。

二、複義的「東洋」

「東洋」這個詞在華語、日語、英語辭典的定義並不一致。要言之，華語世界主要將「東洋」理解為「日本」，日語世界所理解的地域較廣泛，為「土耳其以東的亞洲諸國」，特別是「東亞和南亞」。而英語世界對「東洋」地域的認知與日語世界類似，但釋義略有不同，為「地中海以東的國家」，特別是「西南亞或

---

6 上村希美雄，〈戰後史のなかのアジア主義〉，頁52-3。

整個亞洲」。

為什麼「東洋」在不同的文化體系中會有釋義上的分歧？華語世界和英語世界不論在方位或是概念上，都把「東洋」理解為與「我」相對的「遠方之地」或「蠻夷之地」；日本卻沒有承繼中國傳統對「東洋」的解釋，而選擇把「我」納入「東洋」的地域範圍，視之為涵蓋了「我」的亞洲總稱。

在中國，「東洋」作為海域意義，首出於元朝汪大淵的《島夷誌略》。他以「東洋」、「西洋」為分隔「南海」之語。明朝張燮的《東西洋考》中有「西洋」15國，「東洋」7國，日本及紅毛番編入〈外紀考〉內。兩書所稱「東洋」，涵蓋了南海東部及其附近諸島，大約北半球東經110度以東的地域範圍。史傳如《明太宗實錄》、《明神宗實錄》、《明史》都出現不少「東洋」之語，涵蓋範圍不僅包括南洋，也包括日本與朝鮮。清代以降，因為日本位於中國東方之海，在《新清史》、《清史稿》都出現以「東洋」稱日本的例子，令「東洋」呈現複義並存的局面。相對於史傳和地誌，明清文學作品中的「東洋」，所指涉的地域範圍顯得模糊。《水滸傳》、《平妖傳》、《西遊記》、《醒世恆言》、《型世言》、《紅樓夢》都出現以「東洋大海」為遠方、九霄雲外的用例[7]；《兒女英雄傳》[8]和《閱微草堂筆記》的「東

7　《水滸傳》九十五回：「一望都是白浪滔天，無邊無際，似個東洋大海。就是肋生兩翅，也飛不過。」《平妖傳》二十九回：「他投東洋大海去，那裡去尋？」《紅樓夢》五十一回寶琴詩作〈馬嵬懷古〉：「寂寞脂痕漬汗光，溫柔一旦付東洋。」《西遊記》裡的「東洋大海」對悟空而言，簡直是個蓬萊仙境。例如十四回，悟空的如意金箍棒「本是東洋大海龍宮裡得來的」，只要駕上觔斗雲，不消一個時辰，便能「往東洋大海老龍王家討茶喫喫」。「東洋大海」位置可見二十六回：「行者……急急離了瀛洲，徑轉東洋大海。早

洋」，則泛指日本[9]。

在英語世界，習慣以"the East"和"the West"區分東、西文明，前者除了包括方位（往東）和所在地（東部）的意義外，同時也具備「地球東半部」和「鄰近日昇之處」的意思，而「地球東半部」還可以用"the orient"來表述。牛津辭典和韋伯辭典，對"the East"和"oriental"所下的定義相當類似[10]，後者涵蓋三義：位於地中海或古羅馬帝國以東的國家或宗教、西南亞或亞洲國家之通稱、歐洲基督教國家東部之帝國[11]。希臘羅馬時代，以Ocean的語源Oceanus代表環繞世界的海洋，與sea（內陸海）相區

(續)───────────────

望見落伽山不遠，遙落下雲頭，直到普陀巖上。見觀音菩薩在紫竹林中與諸天大神、木叉、龍女，講經說法」，以及五十七回：「那沙僧在半空裡，行經三晝夜，方到了東洋大海。忽聞波浪之聲，低頭觀看，真個是黑霧漲天陰氣盛，滄溟街日曉光寒。他也無心觀玩，望仙山渡過瀛洲，向東方直抵花果山界」，可知約落於瀛洲和落伽山之東。

8 〈東洋玫瑰油〉，《兒女英雄傳》（台北：三民書局，1990），頁164。

9 《閱微草堂筆記》卷二十〈灤陽錄二〉：「東洋自日本以外，大小國土凡數十，大小島嶼不知幾千百，中朝人所必不能至者。每帆檣萬里，商舶往來，均不聞有是說。惟琉球之落漈，似乎三千弱水，然落漈之舟，偶值潮平之歲，時或得還，亦不聞有白銀宮闕，可望而不可即也。」（上海：上海古籍出版社，1980，頁495）。

10 J. A. Simpson and E. S. C. Weinet, "The Oxford English Dictionary" (Oxford: Clarendon Press, 1989), p. 36.& p .930. Webster's Third New International Dictionary（Massachusetts: Merriam-Webster Inc., 1986），p.1591.

11 Belonging to, found in, or characteristic of, the countries or regions lying to the east of the Mediterranean or of the ancient Roman empire; belonging to south-western Asia, or Asiatic countries generally; also, belonging to the east of Europe, or of Christendom（as the Oriental Empire, or Church）.

隔，後來分化爲 Oceanus Occidentails（西洋）與 Oceanus Orientalis（東洋）。明末利瑪竇（1552-1610）在中國繪製《坤輿萬國全圖》時，初次襲用「西洋」、「東洋」的漢字語彙，以「大西洋」、「大東洋」來爲上述海洋命名[12]。黑格爾（1770-1831）在《歷史哲學》中創造「東洋式專制」（Oriental Despotism）一詞[13]，指出以中國爲首的東洋各國，多年來一直延續著一種歷史原初的、停滯的、被文明所遺棄的專制政治、國家形態。他認爲「東洋」的發展是與「世界」逆向的、外於「世界」的。他所謂的「世界」是已經與東方清晨之國（Morgenland）永遠訣別的西方日落之國（Abendland），即基督教世界。湯恩比（1889-1975）則指出，「遠東」（the Far East）是歐洲中心主義的說法，又強調歐洲一直沒有真正在政治或文化上宰制東洋，反而是中國對於東洋各國的文化控制，令它結合了包含了半個世界的東洋，保持龍頭老大的地位[14]。

關於日本使用的「東洋」，津田左右吉認爲是源自中國，但不論在地理位置或是文化意涵都不完全承繼中國。他說明，17世紀日本經由傳教士拓展了與西方國家的接觸，開始使用「西洋」稱呼處於極西的歐洲各國[15]，並賦與「西洋」文化意義，表述一種與東亞或日本異質的文化形態和社會形態。新井白石（1657-1725）所撰《西洋紀聞》主要是探討歐洲的史地風俗宗教，他參

12 參考齋藤毅，《明治のことば》（東京：講談社，1977）第2章〈東洋と西洋〉。
13 黑格爾著，王造時譯，《歷史哲學》（上海：上海書店出版社，1999，頁118）。
14 湯恩比編，梅寅生譯，《湯恩比眼中的東方世界》（台北：今楓出版社，1987）。
15 佐藤亨的研究也指出這一點。參照佐藤亨，《近世語彙の研究》（東京：櫻楓社，1983，頁305）。

考義大利傳教士G. B. Sidotti的描述，並參考利瑪竇的《坤輿萬國全圖》[16]，將地球的構成描寫爲下列六大洲：一、「歐羅巴」；二、「利未亞歐羅巴以南」；三、「歐羅巴之東」；四、「南亞墨利加」；五、「北亞墨利加」；六、「墨瓦臘泥加」。前三者爲「陽國」，處於地之上；後三者爲「陰國」，處於陽國之下、地之下。

　　與「西洋」相對應，德川幕末的日本人開始使用「東洋」一詞稱呼東方的國家，同時將「東洋」賦以文化的意義。由佐久間象山（1811-1864）的著名詩作可知，最晚在19世紀前期，日本便已經區分出世界的「東洋」和「西洋」兩大文化圈，以「東洋」指涉以中國爲中心的，曾經令日本產生文化受納的國家和地區。本來，西方公認中國文化是東亞文化的母體，日本也長期視中國爲文化母國；但近代（1868-1945）以後，日本由對中國政治社會現狀的改觀，進而在文化根源在儒教思想一事上產生懷疑。他們接連改用「東亞」、「大東亞」、「東方」、「亞洲」等詞彙，來表達上述"the East"或"oriental"的意涵，但是這些漢字詞之間所指涉的意義各有區分，所對應的地域範圍和政治隱喻也各有不同。津田左右吉已清楚指出這種改易「東洋」意涵的目的，是欲消弭以中國文化，推行日本才眞正能繼承東亞傳統，日本思想中早已孕育東方思想本源的觀點，賦與日本的思想文化以一種普遍的價值。

16 鮎澤信太郎，《日本文化史上における利瑪竇の世界地圖》（東京：龍文書局，1944），頁28；宮崎道生，《新井白石の洋學と海外知識》（東京：吉川弘文館，1973），頁248。

三、「東洋」論在近代日本

德川後期，因應國學的興起，儒教與漢字被異化爲「漢意」、「唐心」，被視爲「非日本固有」，亟欲排除；到了明治年代，伴隨著國家主義的興起，儒教則再度被提起，並搬上公共論壇與學術領域，改頭換面成爲「亞細亞論」而再生，並在二次大戰爲止的整個日本近代，扮演重要的角色。「亞細亞論」中最重要的書寫形式，就是環繞著「東洋哲學」、「東洋思想」、「東洋倫理」「東洋文化」、「東洋人」、「東洋學」、「東洋史」等主題所呈現出來的「東洋」論述。

「東洋」論開始出現於學術場域，是在明治維新以後。井上哲次郎（1855-1944）於明治十四年（1881）自東大畢業，在文部省編輯局編纂「東洋哲學史」，又與杉浦重剛等人共創《東洋學藝雜誌》[17]。轉任東大「古典講習科」副教授後，負責「東洋哲學史」和「論理（邏輯）學」課程。「東洋哲學史」是「古典講習科」規定的必修科，也是學院中第一次出現以「東洋」爲「西洋」的對語，指涉以中國、印度爲主的學問。由井上晚年所撰《明治哲學界的回顧》中，可以窺知他研究東洋哲學的動機：

> 有些人認爲東洋的哲學除了考古學和文獻學的價值外，便不值得一顧，這是他們未曾深究東洋哲學的緣

---

17 《東洋學藝雜誌》創刊於明治十四年（1881），〈緒言〉指出發行目的在於提昇日本人的「理學」知識，故多刊載自然科學類的討論文章。

> 故。對於東洋人而言，研究東洋學，將之與西洋哲學加
> 以比較對照，進一步建構東洋的哲學思想，應最能得其
> 真諦。……特別在宗教和倫理範疇裡，更必須基於東西
> 洋的哲學史實，加以咀嚼消化，並須懷抱提升、發展東
> 洋哲學的抱負。因此吾人在研究西洋哲學的同時，對東
> 洋哲學的研究亦不懈怠，以兩者的融合統一爲己任[18]。

他以「東洋人」的一員自詡，強調架構東洋的哲學體系時，必須
重視宗教和倫理史實，把東西洋思想加以比照。他認爲東洋思想
本身就具備哲學性，只是尚未被充分張顯出來，因此須參照西方
哲學將之理論化，提升其內在價值。這樣的看法，既走出德川幕
末的渡邊崋山、高野長英等人以西洋文化涵蓋東洋文化的觀念，
也迥異於啓蒙思想家西周（1829-1897）以中日思想完全不能和西
洋哲學匹敵的想法[19]。「東洋」不再是一個必須甩脫揚棄的概念，
而是變身成爲可以肯定和擁抱的對象。

井上畢生致力於建立「東洋哲學」的體系，可惜志有未酬。
1890年與內田周平（1858-1945）的筆戰中，他述及多年來編纂《東
洋哲學史》的心路歷程。

> 吾之著作東洋哲學史，始於十一年前，當時因史無前例
> 而深感困難，持續三年，完成孔孟老莊等部分，其餘則
> 尚未整理。赴歐七年間，專事西學，暫時中斷對東洋哲

---

18 井上哲次郎，《明治哲學界の回顧》（東京：岩波書店，1933），頁
   85-85。
19 譬如西周於《百學連環》指出中日學問劣於西方，因爲過於泥古，
   所以須加以改革和開化。

學史的撰寫。返國後再次蒐羅中國古書，盼能將之順次
完稿，以遂多年夙志，卻深感脫稿問世之事，尚期十餘
年之後矣[20]。

　　他理想中的「東洋哲學」體系是由中國、印度、日本三地的
思想熔鑄而成。中國思想方面，他發表了先秦諸子的論述數篇。
印度思想方面，則主要透過教學活動，將叔本華涅槃論中灰身滅
智的小乘思想，與起信論等大乘經典的常樂我淨思想對照講述，
又提出「現象即實在」論，把儒教的「太極」、佛教的「如來藏」
與西方哲學的「實在」概念等同起來，互作比附。日本思想方面
的論著則最爲完整：涵蓋了《日本陽明學派之哲學》、《日本古
學派之哲學》、《日本朱子學派之哲學》、《日本倫理彙編》、
《武士道叢書》等系列著作及叢書。前三書採取「學案」體式，
以綿密嚴正的書誌調查、徹底的資料蒐證、整然的記述形式，來
把握近世日本思想發展的通史。他試圖尋繹東方傳統思想中，能
夠與西歐哲學和倫理學說相對應的內容，作爲自我對「西洋倫
理、東洋道德」的實踐。
　　井上提倡「東洋哲學」，把一股研究「東洋學」的風氣由思
想界蔓延到史學界。1894年，那珂通世（1851-1908）、三宅米吉
（1860-1929）等人建議在中學設置「東洋史」教程，包括歷史、
地理、考古、法律、經濟、宗教、藝術等眾領域，幾乎囊括了除
哲學之外的，以中國爲中心的、各文化的所有層次。1897年，市
村瓚次郎（1864-1947）將5年前刊行的《支那史》六卷，濃縮改編

20　論戰經緯可參見大島晃，〈井上哲次郎の「性善惡論」の立場〉，
　　《ソーフィア》42卷4號（1994）。

為《東洋史要》一冊刊行，此書短期內曾再版數十次。1898年，桑原騭藏（1870-1931）出版《中等東洋史》，是日本漢學界的第一批「東洋史」著作。1910年，帝國大學也將「支那史學」改稱為「東洋史學」，成為獨立的分科。

　　當時日本中等學校教育課程中已有「萬國史」，為何要另設「東洋史」？又為何要以「東洋史」來稱述以中國史為主要內容的通史，而不直言「中國史」？那珂通世做了如下的說明：

> 中國歷史僅以歷史興亡為主，而未能涉及人種之盛衰消長。東洋歷史，則不僅論述東洋諸國之興亡，且及於中國種、突厥種、女真種、蒙古種等之盛衰消長[21]。

　　「東洋史」是必須同時論及歷史和人種的興衰遞擅的，而且其中「東洋」所指涉的地域範圍，幾乎囊括了整個亞洲。可以說，近代日本的「東洋史」作為一個獨立的分科出現，是為因應當時特有的時代狀況而產生的。換言之，它是伴隨著近代日本的大陸侵略，為生產和普及一切與亞洲之過去與現在相關的知識而設立的。

　　由中日甲午戰爭、日俄戰爭、到日韓統一為止的期間，即1880年代中期到1910年前後，日本大規模地進行亞洲侵略，並衍生出對中國、朝鮮的輕蔑之感[22]。在教育和學術界制度上，「東洋史」

21　三宅米吉，〈文學博士那珂通世君傳〉，故那珂博士功績紀念會編《那珂通世遺書》（東京：大日本圖書株式會社，1915），頁11。

22　例如被譽為東洋史學「一大基石」的白鳥庫吉提出「堯舜抹殺論」，論證堯舜並非實際存在的人物。這樣的舉動鮮明地體現出他們對中國古代文明的不信任感，不僅引發日本人對製造偶像的中國人之蔑

的誕生正體現了這樣的觀點。於是日本東洋史學的開拓者，最先
表示關心的便是朝鮮史，接著又將其注意力擴展到中國東北（滿
洲）、蒙古，乃至於西域。

從20世紀初到1920年代，密集出現了不少探討「東洋倫理」
的學術論著。如松村正一著《孔子之學說：東洋倫理》，木村鷹
太郎等人分別著有《東洋倫理學史》，岩橋遵成、豐島要三郎編
《修養寶鑑：東洋倫理》，遠藤隆吉等人撰有《東洋倫理學》，
宇野哲人等著《東洋倫理》，服部宇之吉著《東洋倫理綱要》，
岩橋遵成著《東洋倫理思想概論》，安岡正篤著《東洋倫理概論》，
荻原擴著《東洋倫理學史》等等。綜合「東洋倫理」的研究者之
論述可知，他們所謂的「東洋」並非大範圍的亞洲。更正確地說，
他們在建立一套倫理體系時，更趨向選擇包括中國、日本、韓國
的狹義範疇。

1920年代到30年代間，日本準備對中國大陸進行軍事侵略。
此段期間出現了許多「東洋文化」論與「國民道德」論，相輔相
成。例如：松井等的《東洋文化觀》、松本文三郎的《東洋文化
之研究》、中山久四郎的《東洋文化渾成時代》、安岡正篤的《東
洋文化之世界性意義》、井上哲次郎的《東洋文化與支那的將
來》、金子健二的《東洋文化西漸史》等等。林林總總的「東洋
文化」論中，以津田左右吉（1873-1961）的論述最發人深省。他
從語源上探討「東洋」的意涵，也回顧了近代日本的「東洋」思
潮。他嘗試從語源和史實，辨證日本與「東洋」沒有文化上的交
集。並指出「東洋」的造語中，潛藏著日本較西洋落後，必須透

（續）────────────
　　視，也造成日本人對中國的優越感。

過向西洋的學習，進步爲東洋諸民族之先驅的自我期許[23]。相對於內藤湖南視日本爲「東洋」的一員[24]，津田認爲「東洋」是人爲創作的特異物，日本不應隸屬於這種特殊的歷史產物，而應該是世界的一部分。因此，津田眼中的中國，是可供觀察的對象，所以他直接把日本的文化傳統與西洋文明接續，冀求擺脫中國的影響、淡化中國色彩。日本近代的「東洋」圖像，在津田左右吉眼中成爲必須再度確認的研究客體，經由他對文化從屬的溯源，也開始在東西比較思想史上找到位置，文化輪廓因此更爲鮮明。

1941年爆發太平洋戰爭（日本稱之爲「大東亞戰爭」），1940年代的「東洋」論述，則表現出更強烈更主動的、希冀掌握東洋諸國霸權的意圖。例如橘樸（1881-1945）的「新東洋主義論」[25]、竹內好（1910-1977）的「東洋的近代」[26]等等。前者倡議「東洋人」應該把「東洋」當做一個新的文化實體，從「東洋諸民族的人性」來重新把握「東洋」的內容。後者指出「西洋」與「東洋」是「對立」的概念，東洋的主體，是透過對西方的抵抗而形塑完成。

橘樸的「東洋」論明顯地表現出強烈主動的、希冀掌握東洋諸國霸權的意圖。他仿造東洋論者們慣用的方式，透過「想像」出來的概念來論述「東洋」，接著再提出「實體」欲取代想像性。經由他的論述，「東洋」所涵括的地理境域彷彿更清楚了，但其

---

23 參照津田左右吉，〈東洋文化とは何か〉，《支那思想と日本》（東京：岩波書店，1938）。

24 內藤湖南，《支那論》〈序〉，（東京：文會堂書店，1914），頁2。

25 橘樸，〈新東洋主義論〉二、東洋之範圍及其內容（本文原載1941年《大陸》3月號，1942年轉載《職域奉公論》〔東京：日本評論社〕，後收錄於《橘樸著作集第三卷，亞細亞・日本之道》II〔東京：勁草書房，1966〕，頁12-13）。

26 竹內好，〈大東亞戰爭と吾等の決意，《中國文學》1942年1月號。

實他所提供的「東洋」概念，仍然相當空疏而不嚴謹。而他所倡
議的「王道政治」論，伴隨著1930年代以降「東洋思想」論的隆
盛，造就了偽「滿洲國」建國的契機，也間接爲日本政府在偽「滿
洲國」的統領管轄權做了「學術」上的背書。相對的，竹內好這
位徹底的近代日本批判者，認爲近代日本遭受到二重否定：一則
爲過度的西化，造成似「西洋」而非的日本；二則爲過度的脫亞，
導致不倫不類「東洋」的日本。

> 東洋這個觀念和其他觀念一樣，在日本近代化的某一段
> 時期，曾經朝向正面進步的方面走，不過以後就墮落
> 了。當然在精神主體上，不會注意到墮落的事實，只有
> 在投射到歐洲的東洋觀念時，才會由對方的先進意識到
> 自我的沉落。因爲日本沒有經驗過抵抗，所以沒有保護
> 自我的欲求，放棄了自我。……亦即日本什麼都不是[27]。

「日本什麼都不是」一語，表達了竹內深刻的絕望。太平洋
戰爭開戰時，他幻想「東洋」將藉由戰爭，抵抗歐洲（「西洋」）
資本主義，並且敗北；但是按照他的理論，「東洋」也可能經由
敗北和持續的抵抗，達成「自我」之內、主體性的眞正「近代化」。

四、「東亞」、「大東亞」、「東方」與「亞洲」

約在昭和時期（1920年代）以後，「東亞」一詞開始頻繁地出

---

27 竹內好，〈近代とは何か〉，收錄於《竹內好全集》第四卷（東京：
　筑摩書房，1980），頁129。

現，並逐漸取代「東洋」，廣泛地受到各界使用。當時出現了東
亞美術史、東亞文明史、東亞佛教史、東亞考古學等學門／研究
範疇，東亞地域的文化史論於焉展開。它起初是一個由日本學術
界所提出的文化概念。然而，文化理念的東亞，在1930年代以後
成了一個帶有強烈政治意涵的地緣政治概念，隱含著日本帝國向
亞洲其他地域擴張領土主權的野心。當時日本帝國開始向亞洲地
區展開政治、經濟、軍事以及知識的侵略，「東亞」更由「東亞
共同體」的理念進一步被擴大爲「大東亞共榮圈」的理念。

「東亞」並非中國古來慣用的語詞，甚至不見於《辭源》、
《辭海》。子安宣邦認爲這是一個1920年代出現的地緣政治概
念，與帝制日本的發展息息相關，並且具備與歐洲相抗的性格[28]。

考察「東亞」一語在近代日本出現的歷史，不可不提的是
Ernest Francisco Fenollosa（菲諾絡沙，1853-1908）的《東亞美術史
綱》[29]。1879年，菲諾絡沙受東京帝國大學之邀訪日，這位西班
牙裔美籍的學者積極向日本學術界介紹西洋哲學，並針對東洋的
美術加以美學的批評，以美術史的方法敘述，試圖重新發現中、
日美術在人類文化史上的意義。他所著關於中國、日本，以及古
代朝鮮的美術史遺稿，經由遺孀瑪琍和日本門生編纂後，於1921
年以《東亞美術史綱》之名出版。該書的英文原題是：The Epoch

---

28 子安宣邦，《「アジア」はどう語られてきたか》（東京：藤原書
　店，2003年），對「亞洲」概念的形成史有詳細的考察。亦可參考
　子安宣邦著，陳瑋芬等譯，〈「東亞」概念與儒學〉，《東亞儒學：
　批判與方法》（台北：喜馬拉雅基金會，2002），頁11。

29 アーネスト・フランシスコ・フエノロサ（Ernest Francisco
　Fenollosa）著，有賀長雄譯，《東亞美術史綱》（東京：フエノロサ
　氏記念会，1921）。

of Chinese and Japanese Art，但是譯者有賀長雄等人因爲考慮到
全書涵蓋了整個「東亞」的美術史，所以使用《東亞美術史綱》
的譯名。此書是近代日本陸續問世的東亞**美術史**、**東洋**文化史的
先驅。書中的「東亞」是一種文化地域的概念：發源於中國的美
術，向韓國、日本流布，並且在各自的地區獨自發達起來。菲諾
絡沙站在中國之「外」的立場，以歷史方式敘述美術史的發展過
程。他認爲中國本位的美術史，是中國美術史對周邊國家的影響
史，而不是「東亞」美術史。如果想要以中國爲主體來建構「東
亞美術史」的話，即使賦予中國美術一個「根源」的主體性，也
必須要同時提供一個相對化的觀點，那就是：中國美術的發展史
是整個東亞美術發展史中的一環。

菲諾絡沙之後，曾任京都帝國大學校長的考古學家濱田耕作
(1881-1938)也在1903年刊行《東亞文明的黎明》一書，由考古
學的觀點來對東洋文明的出現與發展做一概觀。該書的序文中，
濱田耕作表示了他對東亞文明史的關懷：

> 自古以來，中國和東方毗鄰的朝鮮半島、日本列島之
> 間，在天然地形上形成一個親密的文化團體。此段歷史
> 應無需贅言，我所真正關心的是這個東亞文明究竟如何
> 產生？文化又是透過什樣的途徑而波及這個團體的各
> 個個體？於何時發生？……等等問題。因此，我試圖由
> 考古學出發，極其概略地敘述以中國爲主，涵蓋朝鮮、
> 日本之「東亞」文明的緣由。

濱田耕作把「中國和東方毗鄰的朝鮮半島、日本列島」看做
是「一個親密的文化團體」。「東亞」因爲這一個文化地域的概

念而得以成立。這裡的「東亞」指涉一個特定的地域，包含作為文明起源的中國，以及隸屬同一個文明圈的朝鮮和日本，可謂「中華文明圈」。但是，濱田耕作把這個文明叫做「東亞」文明，而不是「支那文明」或「中華文明」。濱田所認知的「東亞」文明是一種新的文明論、文化史概念，即所謂東亞文明以中國大陸文明圈為主，中國之外的個別地區、國家都可以從他們各自的立場對這個文明提出新的學術觀點。1930、40年代間出版的秋山謙藏《東亞交涉史論》、楢崎敏雄《東亞交通論》、金山正好《東亞佛教史》、藤原相之助《東亞古俗考》、原田淑人《東亞古文化研究》、和田清《東亞史論藪》、志賀重躬《東亞基督教史》、高田保馬《東亞民族論》、中村左衛門太郎《東亞氣象學》、山田憲太郎《東亞香料史》、新村出《東亞語原志》，都基於類似的理念。

　　1937年中日戰爭爆發，日本對中國展開更大規模的戰爭。1941年太平洋戰爭爆發、戰線向南方地域的擴大。此後「東亞」成為一個政治性的地域概念，甚至出現「大東亞」、「東方」、「大亞洲」等概念。關於這一段歷史，社會科學家平野義太郎（1897-1980）有深入的觀察：

> 日、滿、華的東亞，包含南洋的大東亞，進而包含印度的東方諸民族，共同集聚團結起來，驅逐美、英對東方的侵略，形成一體的大亞洲。其根基是什麼呢？由於日本體現了3000年東方文化的精髓，並且在支那、印度大陸文明和太平洋（包括作為次海洋的印度洋〔南海〕）海洋文化的中心點上建邦立國；近世時又攝取了西方文化與科學，融合了東西方文化，成了東方的主要勢力。

所以，日本有絕對的資格爲將來東方文化的融合一體預
作準備[30]。

　　這一段文字清楚顯示出，伴隨著日本帝國主義戰略範圍的擴
大，日本的戰爭行爲如何建構「東亞」這個地域概念，並積極在
東方文明史上爲日本尋找新的定位。同時也顯見所謂的「東方」
是個更大的地域範圍，包括了日本(韓國、台灣)、滿州、中國、
南洋，以及印度。
　　「東亞共同體」(「東亞協同體」)是與「東亞」緊密聯繫的
概念。「東亞共同體論」也是緊追戰事的進展而產生的論述——
這樣一種關於事件的理念化論述，目的通常是將事件正當化並加
以粉飾。中日戰爭的爆發並非事先預期，所以日本政府在戰事白
熱化時，就要求御用學者們從理論上把事態正當化。那些與「東
亞共同體」有關的大量著述，幾乎都是這樣的由來。尾崎秀實
(1901-1944)對中國的現狀有獨到的認識和分析，他說：「『東
亞共同體』作爲在現狀之下實現『新秩序』的手段，確實是中日
戰爭進程中所孕育的歷史產物。」[31]他所謂的「新秩序」，是與
歐美先進帝國主義的「世界舊秩序」相對立的，帝國日本要求重
組這一舊秩序，但是它要求把「東亞」協同體的世界當做擔負新
世界史使命的「新秩序」來加以重組。可以說，構成「東亞共同
體論」的「新秩序」論，是把日本帝國主義建立東亞霸權的圖謀
和行動，解讀爲日、滿、支共同建立「東亞新秩序」來對抗英美

---

30 平野義太郎，《大アジア主義の歷史的基礎》(東京：河出書房，
　　1945)。
31 尾崎秀實，〈「東亞協同體」の理念とその客觀的反基礎〉，收入
　　《中央公論》總第616號(東京：中央公論社，1924)。

的行動。「東亞新秩序」的主張中充滿下列的意圖：即作爲亞洲先進國又作爲後進帝國主義國的日本，在理念上代表了後進亞洲諸民族自立的願望。

把「東亞」理解爲政治性的地域概念而撰成的書籍，包括望月勝海《東亞大地形論》、秋保一郎《東亞植民政策論》、海後勝雄《東亞民族教育論》、山名正孝《東亞經濟建設論》、原勝《東亞解放論序說》、小日山直登《東亞創制論》、米倉二郎《東亞地政學序說》等等。而關於「東亞共榮圈」、「東亞共同體」的著作，則有杉原正巳《東亞協同體之原理》、加田哲二《東亞協同體論》、桑原晉《東亞共榮圈經濟之理念》、國松久彌《東亞共榮圈之地理》、宗幸一《東亞共榮圈史》、小笠原三九郎《東亞共榮圈的經濟》等。

「大東亞戰爭」發生之際，「東亞」就進一步被擴大爲「大東亞」的概念。這種從「東亞」到「大東亞」的地域概念之擴大，象徵了日本帝國主義戰略範圍向南太平洋地域之擴大。學者們也在戰略範圍擴大之時，在理論上爲之正當化。例如矢野仁一便如此劃定「大東亞史」的範圍：

> 大東亞史的範圍，不言而喻應該就是大東亞共榮圈的範圍。它以日本爲主，包括支那及其周緣、隸屬支那政治文化圈的諸國家、民族，也包括受到更多印度、阿拉伯之商業、宗教文化的影響，而被歸類爲支那政治文化圈之外的南方圈的諸國家、民族[32]。

---

32 矢野仁一，《大東亞史の構想》（東京：目黑書店，1944）。

　　簡言之，「大東亞史」除了「支那的政治文化圈」之外，還包括「南方圈諸國家、民族」。所謂的「南方圈」，就是「被西方帝國主義勢力所征服、壓抑並在這種桎梏之下有意無意感到苦惱」的國家民族；也就是受到英、美、荷等早期帝國主義國家殖民的太平洋南部地域。日本帝國主義的戰略範圍向這一地域的延伸，也促使帝國主義者加緊腳步認識「南方圈」。「東亞」概念加上這一「南方圈」，就成了「大東亞」概念。對日本而言，「南方」與滿洲、中國不同，東北亞向來被視為和日本同體、是日本之內部；相對的，「南方」存在於此亞細亞「內部」之外，是為南亞細亞。帝國日本對於「南方」的侵略，也等同於更深入認識「南方」的要求，在日本便形成包含「南方」在內的「大東亞」這一新的亞洲概念。

　　1943年11月，日本因為戰事節節失利，在東京召開了大東亞會議，宣布〈大東亞共同宣言〉道：

> 本來世界各國各得其所、相倚相扶，共享萬邦之樂，乃世界和平之根本要素。然美、英為自國之繁榮，抑壓其他國族，尤對大東亞進行無饜之侵略榨取，抱持吞併大東亞之野心，徹底破壞大東亞之安定。導致大東亞戰爭之發生。故大東亞各國需相互提攜，完成此戰，自英美之桎梏中解放大東亞，建立世界之和平[33]。

　　宣言中更提出了5條綱領，其中第2條說：「大東亞各國相互

33　〈大東亞共同宣言〉，《大東亞共同宣言》（東京：新紀元社，1944），頁140。

尊重個別的自主獨立，行互助敦睦之實，確立大東亞之親和。」
第5條綱領說：「大東亞各國，篤萬邦之交誼，取消人種之差別，
廣泛交流文化、開發資源，貢獻於世界。」

　　「大東亞共榮圈」的理念，是日本透過太平洋戰爭對「南方」
在戰略上、認識上都產生更積極的需求，成為比「東亞共同體」
更進一步的理念。它是為了適應建設「東亞新秩序」而擴大的「大
東亞」理念所構造出來的。但是，正如已經暗示的那樣，日本勢
力範圍向「南方」的擴大，更加突顯了「東亞新秩序」理念所隱
含的偽裝邏輯。它雖然要求亞洲諸民族從美、英殖民統治中得到
解放和獨立，進而在諸民族間建立互惠協力的關係，但他卻企圖
以戰爭的手段來達到這個目的。

五、窺斑以見豹

　　從「東洋」到「東亞」到「大東亞」，戰後則以「東亞細亞」
（東アジア）正名。這幾個用語似乎隱喻著日本人在歷史上理解亞
洲問題的曖昧性。簡言之，「東洋」的概念在19世紀初期指涉的
對象主要是中國、日本、印度的廣域亞洲，乃「東洋哲學」的論
述範圍；進入20世紀後，「東洋」的概念變得較為狹義，涵蓋中
國、日本、韓國等地域，即「東洋倫理」與多數「東洋文化」的
論述範圍。「東亞」的出現與「東洋文化」論出現的時期疊合，
都在1920年代間，「東亞文明」的論述範圍也和「東洋文化」相
似，都包括中國、日本、韓國。隨著1930、40年代日本對亞洲戰
略範圍擴大而出現的「大東亞」，則除了上述範圍外，尚涵蓋了
滿州、印度和南洋。1920年代之前的「東洋」、「東亞」概念其
實是富於理想性的，雖然是以與西方的「對抗」為出發點，但都

以發掘東亞各地域的文化特性，尋求文化之間流通的可能為旨歸。但是其後的戰事發展，卻影響了這兩個概念的內容，成為深具政治性的語詞。

這一系列文化史、文明論、甚而地緣政治的概念，一來是無法互換的地理概念，二來，其文化價值也和歐洲世界不同，是獨自而完整的。它們論述的是一個獨立的世界，具備和歐洲對抗的性格。19世紀末、20世紀前葉的日本人在這些詞語中為自己對亞洲的觀察方式定位，這些詞語也規定了他們對外行動的動機。而20世紀後期它們卻成為帶有負面意義的語詞，是戰後日本需要積極重建關係的亞洲地域。可惜日本一直刻意與這個地域保持距離，甚至「東亞細亞」在尚未被重新建構的時候就消逝了。取而代之的「亞洲」概念，則以「東南亞（南方）」為核心，隨著日本的經濟復甦和躋身列強而造就了「東南亞」地域研究的興旺。當世界秩序面臨重組之時，日本為了確立自身的位置，再度對「亞洲」問題表示關心，尤其在亞洲地區的「地域概念」與「全球化」的市場經濟緊密連結後，日本政府重新提出亞洲廣域經濟圈的構想，提醒日本國民「重新認識亞洲」。可是這種對亞洲的重新認識和關心，卻沒有改變日本人對「東洋」、「東亞」的歷史毫無所悉的狀態。

子安宣邦已經指出這種毫無所悉之狀態的潛在危險性，即造成歷史上這種曖昧、僵化的「東亞」概念重生。他主張，在確定帝國日本政治性地域概念「東亞」已經死亡後，必須徹底揚棄自民族、自國中心主義，由曾經受帝國日本霸權主義所玷污的「東亞」中，創造出新的「東亞細亞」。他強調不能把「東亞細亞」當做國際關係來加以具現，而必須視之為一個能夠讓生活者相互交流的的地域概念，把這一個地域概念變成一個關係架構，讓生

活在這一地域的人們可以進行多種多層次的交流。

此時，1920年代以後的「東亞」論也許可以成爲重要的提示。這個由熱切地要「脫亞」的東方主義者發展出來的「東亞文明」論，是一個取代「中華文明」的代稱，希望改變中華主義文明一元論，因此本來可以預期「東亞」這個文化地域概念能夠產生多元的文化發展。就像是《東亞佛教史》的著作中談及佛教的傳播過程：以印度、南海諸國爲起點，經由中南半島、西藏、西域諸國，到中國、蒙古、滿州，傳入朝鮮半島，最後進入日本。在這個傳播過程所涵蓋的廣泛諸地域內，各時代的佛教有非常多元的開展。

近代日本的「東洋」、「東亞」論在歷史演變軌跡中爲我們留下了豐富的遺產。這遺產來自它內部的變革與改良，也來自它外部的批評與否定。從這些詞語中，我們可以窺斑見豹地了解到日本思想史的基本問題點，也可以更深入了解日本這個「既近又遠」的參照系。在比較思想的視野當中，這意味著新問題的提出和國際化學術規範的形成。當日本漢學從靜態轉向動態，從而發生性質變化的時候，便爲我們提供了思考的新視點。相對的，當它試圖在成規中墨守的時候，便喪失了學術活力。在日本知識界對於漢學的批判和漢學在轉型期所引發的論爭中，曾經出現過思想巨人；如果把對日本漢學的理解，從狹義、靜態的訓詁考證之學推向更爲開放的學術領域，尤其是審視它在臨界狀態下所受到的刺激與衝撞，那麼，在知識的帷幕之後，我們將看到有聲有色的思想泉源。而那時我們或可真正跳脫近代日本「自一他」的認識架構，把真正意義上的「他者」納入眼簾。

陳瑋芬：中央研究院中國文哲研究所副研究員。著有《近代日本漢學的「關鍵詞」研究——儒學及相關概念的嬗變》(2005)，譯有《東亞儒學：方法與批判》(2004)，編有：《現代儒家與東亞文明：地域與發展》(2002)及《當代儒學與西方文化：哲學篇》(2004)等書。目前研究工作著重於，透過留學生史、學術分類的建立、哲學語詞的意義釐定等層面，探討西力東漸後之促動中日兩國現代化的過程。

如何從台灣思考東亞

張崑將

一、兩岸關於近代「東亞思想」的研究概況

近10年來，東北亞的學術研究，日益重視「東亞論」課題。這個課題從日本戰前企圖建立帝國實體的「東亞」論，到戰後日本知識分子展開諸多的批判與反省，在1993年到1994年之間，由東京大學溝口雄三（1932- ）等編輯《アジアから考える》七大卷為集大成[1]。筆者曾有〈關於東亞的思考方法〉一文比較日本學者竹內好（1910-1977）的《方法としての亞細亞》、溝口雄三的《方法としての中國》、子安宣邦（1933- ）的《方法としての江戶》三人對東亞的思考方法之評論[2]，或可作為台灣學界對日本學者探討東亞論的介紹。

日本學界對「東亞論」的熱烈討論，近年來也引起中日韓乃

---

[1] 《アジアから考える》（東京：東京大學出版會，1993-1994），編輯者有溝口雄三、濱下武志、平石直昭和宮島博史等人。

[2] 拙著〈關於東亞的思考「方法」──以竹內好、溝口雄三與子安宣邦為中心〉，《台灣東亞文明研究學刊》第2期（2004年12月），頁259-288。

至台灣知識界的注意。韓國學者在1990年代曾經熱烈地反省過
「東亞論」，成均館大學在公元2000年更成立了「東亞學術院」。
在台灣，1970年政治大學即設有「東亞研究所」，但多僅扣緊中
國大陸的現實政治與歷史之研究，很少觸及到日本、韓國的研
究。高明士教授早在1984年即出版過《唐代東亞教育圈形成》一
書，明確地指出東亞文化圈在近代以前的形成是以漢字文化圈為
主的五個要素，即漢字、儒學、律令（法制）、科技（指醫學、算
學、天文、曆法、陰陽學等）、中國化的佛教。這是台灣學界最
早對「東亞文化」的形成要素提出具體說明的研究。當然，高明
士教授的研究是扣緊近代以前歷史上的東亞文化世界，並未觸及
近代以後複雜的「東亞」或「亞細亞」概念之問題。

台灣對東亞的學術研究在近年來有顯著的成果，但兩岸文史
學界在使用「東亞」一詞時，大都欠缺概念的討論與定義，並且
偏重以「儒學」作為「東亞」的共同質素之研究。例如1997年由
中研院文哲所舉辦「儒學思想在現代東亞國際研討會」，發表儒
家思想在東亞各地的現代發展，會後並出版了數本有關儒學與東
亞文明的專書。接著2002年6月由台灣大學歷史系舉辦的大型「東
亞文化圈的形成與發展」國際學術研討會中，真正密集探討近代
「東亞」此一概念的思考者有二篇，但皆非台灣學者所作。這兩
篇是日本子安宣邦的〈東亞概念與儒學〉，與中國大陸葛兆光的
〈想像的和實際的：誰認同「亞洲」？關於晚清至民初日本與中
國的「亞洲主義」言說〉[3]，葛兆光的文章顯示，他是從日本人
討論「亞洲主義」，才觸發他對「東亞」概念的研究。此外，台

3　這兩篇文章均收入高明士主編，《東亞文化圈形成與發展：儒家思
想篇》（台北：台灣大學歷史系，2003）。

灣大學於2003年成立的「東亞文明研究中心」，開始比較鮮明地
對「東亞」各種文明議題的研究，並出版一系列的東亞文明研究
叢書。但大體沒有台灣學者對「東亞」此一概念做過討論或研究，
似乎「東亞」一詞是一個不證自明的地理名詞或觀念名詞。

　　大陸研究者對「東亞」或「亞細亞」議題關注最深者是孫歌。
孫歌對亞洲的許多思考，則是由丸山眞男（1914-1996）與竹內好
的研究開始。她在《亞洲意味著什麼？》一書中，透過日本的亞
細亞論爭，體認到從超越亞洲認同與國族認同的實體階段後，始
能獲得一個知識共同體的「亞洲意識」[4]。台灣學界對於近代「東
亞」此一思想議題最關心者，應推黃俊傑教授。黃俊傑著有〈東
亞儒學如何可能〉一文[5]，指出所謂「東亞儒學」作爲一個整體，
實際上是不存在的，眞正存在的只有中國儒學、日本儒學、韓國
儒學等具體而特殊的個體。而且，作爲「整體」的「東亞儒學」
之特質，只能在個別的地域性的儒學傳統中覓尋。黃俊傑並從「發
展的連續性」以及「結構的整體性」兩個有機式的雙重整體性之
特質，探索「東亞儒學」之可能。

　　簡言之，兩岸及韓國知識界對近代「東亞」或「亞洲」此一
概念開始思考，正是日本知識界的觸發。相較於日本對「亞洲」
或「東亞」的熱烈討論與研究，兩岸學界對「東亞」的論述，應
該說還未眞正起步。

　　本文所關心的是，在歷史上作爲東亞邊陲的台灣，如何面對
經濟力量日益強大的中國？又台灣思考東亞的歷程爲何？以及

4　孫歌，《亞洲意味著什麼：文化間的「日本」》（台北：巨流圖書
　　公司，2001），〈導言〉，頁21。
5　黃俊傑，〈東亞儒學如何可能？〉，《清華學報》33卷2期（2003年
　　12月），頁455-468。

台灣作為東亞的一分子應該如何思考「東亞」？台灣有何特殊條件思考「東亞」？思考「東亞」對當前的台灣困境有何幫助？這些問題都息息相關，也是台灣知識界應該常要問的課題。提問「台灣如何思考東亞論」這樣一個課題，目的在於提醒台灣知識界，「台灣」要自覺是「東亞」的一分子，也唯有自覺是「東亞」的一分子，才有可能成為「世界」的一分子。

二、台灣人的「中國意識」與「中國威脅論」之間

　　台灣要思考東亞論的前提，首先要認真面對中國。中國近10年來的經濟突進，成為世界的「工廠」與「商機」。由於中國夾著這股經濟實力，近年美國及日本出現了一股「中國威脅論」。而中國對於台灣而言是「自己」或「他者」，經常困擾著台灣人，無法像其他國家用一個「中國威脅論」即可簡單說明，儘管台灣內部確實有人視中國為「他者」的威脅論，乃至於蔑視中國。但台灣由於與中國文化、歷史、種族具有難以切割的關係，加上統獨的政治認同爭議，絕非其他國家談「中國威脅論」者視中國為「他者」那般簡單。台灣有著在文化上把中國視為「自己」，而在政治上視中國為「他者」的複雜心境，其間最複雜也最難以處理的就是「自己」的這一部分。

　　民進黨執政後，對台灣歷史教科書做大幅的修訂，有目的性地對「中國意識」的教育觀點揮刀。獨派意識鮮明的人士已經注意到：必須從國民的歷史教育著手，以重塑新一代台灣人的歷史集體記憶。強調國家認同或愛國主義者都知道，認同的問題愈單純愈好，免得斬不斷理還亂。由於台灣在文化上有把中國視為「自己」的複雜認同問題，而在政治上泛藍的支持者較為贊成「一中」

政策，都妨礙著台灣要作為一個國家的單一認同。因此，在新版的高中歷史教科書中，是依循著「同心圓史觀」架構的編排，第一冊是台灣史（從史前到戰後的台灣），第二冊是中國古代史（從中國古代的傳說到明代初期的鄭和下西洋），第三冊是世界近現代史（從1500年至1850年），第四冊是世界近現代史（1850年至當代），把近代蛻變的中國（從革命），也放到第四冊的「亞洲的反殖民化運動」單元，而「日治時代的台灣與朝鮮」，則放在「殖民與反殖民的對峙」之小單元的一小節。

　　顯然，上述的安排，有三項主要用意。其一是清楚地把中國與台灣兩分，中國史成為世界史中的外國史了；其二是清領時期的台灣與日本殖民時期的台灣，一樣都看做外來政權統治；其三是區隔近代中華民國的建立與台灣之關係，這等於暗指國民黨政權是外來政權。以往的中國中心主義的歷史教科書，當然問題重重，可是如今同心圓史觀架構下的歷史教科書，也不見得高明。國家權力仍然高度介入歷史解釋，因此要編出令各方滿意的歷史教科書版本，似乎緣木求魚。

　　由於兩岸關係日益被激化或操弄，認同台灣的程度達到了主政者眼中不錯的高標。根據政治大學選舉研究中心2005年12月公布的有關民眾認同的民調指出，46.5%的受訪者認為自己只是台灣人，認為自己是台灣人也是中國人的百分比為42%。從民進黨執政後歷年來的民調來看，選擇「既是台灣人也是中國人」大致都有五成上下，這些大都屬於**既「近鄉」而又「情怯」的中國意識背反論者**。也就是說，他們在文化上，認為自己是中國文化者；經濟上也多贊同站在台灣人幫中國人、中國人幫台灣人的互相合作而非敵對的關係，創造兩岸雙贏，期待中國富強，為「中國人」贏回百年民族挫折的尊嚴，感到揚眉吐氣；但另一方面，這些人

在政治上卻往往又抱持「情怯」的心理，不甘心台灣就此與中國統一。「怯」什麼呢？當然是憂心對岸的共黨專制體制。這就好比情感上我們支持中國富強，但理智上還必須捍衛自由民主體制，加上兩岸分隔的歷史隔閡經驗，使得台灣與中國所產生的歷史與政治的違和感，遠比作爲「他者」的日本還更大。

這種在台灣的既「近鄉」又「情怯」的複雜中國意識者，大多不是抱持「中國威脅論」者。他們——特別在知識文化階層中——在文化情感上無法斬斷與中國的關係。在以往中國搞文化大革命之際都已是如此，更何況如今中國經濟突進的現實因素，使一些非文化人，也加入了接近中國之行列。

但在台灣也有些人，因於其過去迫害經驗或個人的理想堅持，與中國切斷任何關係，故其立場自然傾向「中國威脅論」。毫無疑問，他們視中國爲敵人，甚至拒絕與之交往。不過，面對中國經濟日益強大，東亞國家在經濟上已經自然地被吸入中國經濟圈中，目前執政黨雖然高喊「南進政策」，卻抵擋不住在野與民間的「西進政策」。這些持「中國威脅論」者，如何理性地而不只是情緒性地面對中國，考驗才剛剛開始。我這裡想介紹日本知名學者溝口雄三對「中國威脅論」的批判思考，可以攻錯參考。

溝口雄三在2004年出版《中國的衝擊》，將多年來在學術期刊所發表的文章集結成書，形成一部有系統架構的「中國論」。溝口在這本書的序言即特別指出，這本書絕不是「中國威脅論」。他呼籲並提醒日本知識界應該走出「中國威脅論」的觀點，指出日本面對中國的衝擊應該要排除「日本＝優者」、「中國＝劣者」的思維圖式。畢竟這樣的圖式如同清末中國知識分子在面對西洋的衝擊時，未自覺到自己是囚禁於「中國＝優者」、「外夷＝劣者」的舊式思維圖式。

　　溝口對「中國威脅論」的理解是：首先，它是以排他性的國民國家之架構來掌握問題；其次，它把中國看成是國際秩序之外的特殊國家；再者，所謂「威脅」的發想本身，相反言之，就是「蔑視」，本是世界歷史性的差別構造之產物。由於中國威脅論帶有以上三項的問題點，故溝口此書是從前世紀上述的偏見脫出為前提，企圖在廣闊的歷史視野下國際化，也想在廣闊的國際視野下歷史化，來對應處理在其間既對立又共同的緊張關係[6]。我姑且稱這樣的方法論為「歷史化與國際化」的雙重交流。

　　因此，溝口提出「**環中國圈**」的假說。當然，這個「環中國圈」之想像，不是要從「環日本海圈」、「環太平洋圈」、「美國圈」、「EU圈」等既存的經濟或文化圈切離，而是**含有與它們連繫和摩擦、對立等的關係構造，以此為想像的內容**。

　　溝口提出「環中國圈」的假說，的確可以取代只有對立式的「中國威脅論」。不同於僅以經濟區域共同體（如歐盟共同體以及可能在2020年代成立的東亞經濟共同體），它帶有廣闊國際、文化、經濟的視野來正視中國興起的衝擊。不過，必須要澄清的是，溝口絕非獨厚中國，而是正視一項歷史事實，「環中國圈」是相對於既存的「環日本海圈」、「EU圈」、「太平洋圈」等概念而提出的。

　　但我們也不要把「環中國圈」之說，等同於過去「中華帝國圈」或「漢字文化圈」的中心概念。畢竟溝口的「環」論，並非一國中心主義，也無法獨立於其他的「環」圈。它一方面正視廣域交流的國際化，一方面則拓深「環」圈內部的歷史化；既反對自國中心主義，更強調從反省過去的發生歷程中，找尋未來理性

6　溝口雄三，《中國の衝擊》（東京：東京大學出版會，2004），頁15-17。

的中國或東亞乃至世界的理論方向。

　　以上所介紹溝口雄三對「中國威脅論」的批判思考方法，或可供台灣知識界參考。全世界都在注視中國，特別是美國與日本也都有既定的中國政策。「中國威脅論」只是警訊，縱使不喜歡中國，也必須與正在形成的「環中國圈」打交道，何況台灣與中國的密切關係。筆者認為，溝口的「環」論給台灣最大的啟示，應是超越國家的政治實體，而以文化的或經濟的實力展開彼此的交流，這可使兩岸暫時拋除統獨的爭議，互取所需。因此，台灣可以基於文化與經濟關係的「環中國圈」取代「中國威脅論」。台灣尤其必須要思考的是，東亞國協已經預計在2020年代成立「東亞經濟共同體」，可想見的之後亦將形成「環東亞圈」，而「環中國圈」勢必扮演最重要的角色。台灣要進入這個「環東亞圈」之前，也必須先在「環中國圈」占有一席之地。職是之故，以台灣目前的困境，更應好好思考「中國」與「東亞」論。本文下兩節，筆者將追溯台灣缺乏東亞論思考的原因，並提出台灣應該如何積極地認真思考「東亞」這個迫切的議題。

三、殖民時代台灣的東亞論舉隅

　　嚴格而言，從歷史上來看，台灣根本沒有所謂的東亞論。換言之，在台灣很少意識到「東亞」的存在。即使在日本殖民時期，台灣知識分子也是被動地感受到「東亞」的意義。

　　日本從甲午戰後，「東亞」一詞便廣泛地被「實體」式的使用著。日本在1911年中國革命前後，在中國成立「東亞同文會」、「東亞書院」、「東亞興業會社」、「東亞興業銀行」、「東亞煙草公司」、「東亞汽船諸大會社」，更不用說日本國內成立無

數有關「東亞」的政治、學術與民間商業的機構。既有這樣諸多的東亞小實體公司、協會或學會，而台灣在日本殖民統治期間也被喻爲「東亞門戶」，那麼作爲殖民地台灣的知識分子，如何看待日本人的東亞論？以下我舉陳逢源(1893-1982)、孫萬枝、林佛樹等三位曾經寫過有關「東亞論」的文章試加分析。

陳逢源是台灣文化協會與台灣民眾黨的重要成員，在《台灣民報》與《台灣》的雜誌中，經常可見其撰文宣導台灣自治及其對時事的看法。治警事件(1923)發生後，陳逢源亦嘗被捕入獄服刑3個月。陳逢源在《台灣》雜誌的日文版中，於1923年發表〈亞細亞の復興運動と日本の殖民政策〉，比孫中山發表的「大亞洲主義」(1924)還早。他說[7]：

> 吾等終於發現，應該打破被陷入僵局的日本現狀之唯一正道，那就是提倡和啓發在進展途中的亞細亞諸國從事友聯主義。換言之，身爲基於正義人道的汎亞細亞主義的領導者應該突進，而身爲亞細亞的先覺者即亞細亞強者的日本人，肩負著從天而來擔任汎亞細亞主義指導者之重要使命。而指導亞細亞的統一，實是廣布大義於四海的唯一出路。爲了日本的陷入僵局，以及爲了被虐待的亞細亞和爲了全人類，即日本應該從小乘的境地脫離，邁進到作爲大乘日本的彼岸，在世界歷史上給予重大的角色。

陳逢源文中散發出對日本作爲亞細亞強者的寄望，實與日後

---

7 陳逢源，〈亞細亞の復興運動と日本の殖民政策〉，《台灣》第4年(1923)第1號，頁24。

孫中山所提的「大亞洲主義」中寄望日人與亞細亞民族聯手對付西方霸道主義，有異曲同工之處。陳逢源提出這篇文章，是有它的時代背景。當時亞細亞民族日益脫離白人的統治，中國與土耳其陸續革命，也激發印度、暹羅以及埃及的國民運動，歐洲內部的戰爭也給予亞細亞民族抬頭的好機會。

但是，這篇文章最末是希望藉著「亞細亞的復興運動」，來質疑日本殖民政府對台灣的同化政策。畢竟亞細亞的復興是基於民族自決，在政治上要求平等對待，但日本人對台灣的同化政策，名義上是藉著「同化」到「完全同化」的實施期間，必須要有過渡期，可是這個過渡期可能就是無限期，所以同化政策只是個空頭支票罷了。因此，陳逢源藉著亞細亞的復興運動，希求殖民者能更積極地釋出政治權力，讓台灣能夠建立一個文化主義與自治主義的理想地方。

日本殖民時期，日本知識界談論台灣在「亞細亞」的問題相當多，但由台灣知識分子提出的卻不多見。而要像陳逢源這樣，從台灣現實的角度深入談「亞細亞」問題者，截至目前筆者所見的資料中，幾乎再無第二例。一直到了1940年代前後，因為太平洋戰爭的爆發，日本提出鮮明的「大東亞共榮圈」概念後，台灣才陸續有知識分子發論。不過可惜的是，筆者所見材料幾乎都是唱和「大東亞共榮圈」的聲音，以下舉二位代表論點以蓋其餘。

戰後思想偏左翼的孫萬枝[8]，當年曾發表過〈大東亞の交通と台灣的の交通〉，高唱為完成共榮圈的新秩序，對東亞的新的交通建設與秩序也應有新的認識。他說道：「依據大東亞戰爭之

8　孫萬枝1932年畢業於台北帝大文政學部的政學科，當時為《興南新聞社》論說委員。

進展而取得南方地域重要的原料，如今在現實上成爲可能，從我國土計畫上，以及爲了南方產業的開發，台灣作爲台灣的角色，應圖取工業的振興，此時必須規劃作戰上緊急要務的某些部門要增加生產，同時亦須知道海運和港灣急速的擴充是作爲絕對的前提。本島官民必須認識大東亞交通的重要性，舉島務必向本島所肩負的基地使命之達成一致邁進。」[9]這是響應大東亞共榮圈的秩序使命的言論。

另外，還有林佛樹在日本殖民時期曾經被聘爲《台灣新民報》特派員，也擔任過《民報》的營業部，亦長期在《台灣新民報》任管理職務。他從經濟的角度呼應大東亞共榮圈，發表〈東亞共榮圈と台灣經濟の再編成〉，如下寫出台灣具有的「大使命」[10]：

> 要言之，關於台灣的經濟結構，要即刻順應高度國防國家的建設，不必坐等從總督府來的指示，各部門的當業者，要從依循至今的舊殼中脫出，醒覺到各職業領域的重大職責使命，自動地建立革新方針，獻策給督府，使軍官民眞正成爲一體。向建設前進的覺悟若不能燒燃熾熱，則翼贊大東亞共榮圈聖功至業之舉，便無法展開。

以上二位分別從「交通」與「經濟」的角度，適度地呼應東亞共榮圈的總體戰。換言之，除了1923年的陳逢源自主性的「亞細亞論」以外，其餘二篇都是因應日本大東亞共榮圈的點綴而

9　孫萬枝：〈大東亞の交通と台灣的の交通〉，《台灣時報》，1943年3月，頁71。

10　林佛樹：〈東亞共榮圈と台灣經濟の再編成〉，《台灣時報》，1941年5月，頁8。

已，不能說有真正的東亞論述。但值得注意的是，林佛樹、孫萬枝等人均意識到台灣在「東亞」的重要經濟與交通地位。撇開他們呼應「共榮圈」的意識型態，而理性地從台灣400年前即擁有的得天獨厚的地理、交通條件看來，他們之凸顯台灣經濟、交通在東亞的重要性，今日讀來，還備覺有味。

但是，同樣處於太平洋戰爭時代，台灣知識分子吳濁流（1900-1976）開始創作《亞細亞的孤兒》這本名著小說。這是一本基於精神認同痛苦的小說。有別於上述諸人對「東亞」的觀察，作者以他受日本殖民教育以及到過中國大陸的經驗，敏銳地觀察到台灣是亞洲的「畸形兒」、「庶子」，不斷隨著世局巨變而找不到認同的亞洲孤兒。吳濁流不幸而言中，台灣本島人的孤兒意識不僅存在日本殖民統治期間，同時還延續到光復後的台灣。

四、台灣「東亞論」消失之因：冷戰與壓迫意識

如前所言，日據時期的台灣知識分子尚能零星地發現「東亞」，或是作為喚醒台灣民族意識的覺醒（如陳逢源），或是作為呼應殖民帝國「大東亞共榮圈」的使命（如林佛樹、孫萬枝）。但是，台灣光復以後，戰爭時代呼應日本的「東亞論」頓然停止，隨之而來的是國際上的美、蘇對決的冷戰，以及蔣介石政權在台灣的威權統治之「壓迫意識」。

光復後台灣對東亞論的關心日漸消失的一個直接原因，是與冷戰時代美、蘇的兩極對立息息相關。冷戰對立初期，歐洲被美蘇兩國劃分為「北大西洋公約組織」（1949）與「華沙公約組織」（1955）互相對立；亞洲方面，尤其是韓戰（1950-1953）以後，韓國分為南北，東北亞國家陣營也成為以中國為主的共產社會主義

國家與以美國為主的民主資本主義兩大陣營。韓戰後，美國又分別與菲律賓、韓國、日本等亞洲國家以及鄰近亞洲的澳大利亞、紐西蘭兩國簽署〈共同防禦條約〉，並又結合西方國家英、法兩國與菲律賓、泰國、巴基斯坦簽訂〈東南亞防禦條約〉，組成東南亞防禦集團，以新月形的環東亞圈，企圖圍堵蘇聯與中共的共產主義擴張。東亞國家除紛紛加入美、蘇兩集團以求自保外，也各在自己的國家建立威權統治的政府（如印尼的蘇哈托政府、菲律賓的馬可仕政府、台灣的蔣介石政權）。質言之，冷戰時期，只有軍事國防等政治性的東亞聯盟考量，而且都受美、蘇兩國宰制，東亞國家彼此之間欠缺橫向的聯繫，根本沒有自發性的東亞聯盟。

如所周知，冷戰的對立也直接影響台灣的地位。中共出兵朝鮮極大的代價，莫過於讓台灣的蔣介石政權有喘息的機會。美國基於戰略考量，重新支持蔣介石政權，並派第七艦隊協防台灣，但也遏止蔣介石反攻大陸的野心。杜魯門總統宣稱「台灣將來地位，則等待太平洋恢復安全及與日本的和平解決。」毫無疑問，這分台灣法律地位未定論的聲明文件是冷戰下的產物，同時也是台灣內部主張法理台獨的淵源文件之一。

光復後台灣知識分子對東亞論的不關心，除了上述外在冷戰因素以外，內部方面，則與國民黨在台灣的威權統治密切不可分。尤其在發生二二八事件後，吳濁流苦於精神認同的孤兒意識更為彰顯。台灣本島人被「外來政權」視為「被奴化的日本人」，形同被接收的棄兒，彷彿日本統治台灣初期用「清國奴」稱呼台灣人一樣。台灣人在日本殖民時代飽受的「壓迫意識」不但未解除，反而變本加厲。

造成台灣內部尚捲入族群認同而無法自拔的原因，與長期台

灣受到威權體制的「壓迫意識」有關。翻閱當年從事黨外運動人士的台灣歷史著作，或是回憶錄與雜誌，可以看到他們是如何控訴國民黨的一黨專制，以及如何在白色恐怖時代從事自由民主運動。這些都可歸納為反抗「壓迫意識」。許多黨外人士均意識到，唯有台灣民主自由化，才有可能對抗中國或施行自由民主於中國。1949-1960間的黨外雜誌《自由中國》最了解這個道理，發行人胡適（1891-1962）為《自由中國》所寫的宗旨目標，即是對準鐵幕下的共黨專制，其中第一條揭櫫：

> 我們要向全國國民宣傳自由與民主的真實價值，並且要努力督促政府（各級的政府），切實改革經濟，努力建立自由民主的社會。

第四條也載明：

> 我們的最終目標是要使整個的中華民國成為自由的中國。

胡適與《自由中國》的人士很清楚，如果沒有自由民主這個武器，台灣要拿什麼與中國對抗？

因此，在上述冷戰時代與黨外自由民主的風潮下，台灣知識分子若還有一些東亞論或亞洲論的話，只能與「反共意識」連結在一起。例如張佛泉把「亞洲意識」當成「反共意識」，反共的目的在於追求自由民主與保障人權，指出：「獲致基本人權，乃是我們亞洲人民政治更新的目標，同時亦正是我們反共的最高、

最終和最具體的目標。」[11]如果說1950年代的黨外雜誌還存有一絲「東亞」或「亞洲」的觀點，這是唯一的一例。而這個觀點與「自由民主」目的不可分，也與冷戰時期的時代氛圍密不可分。比起日據時期的陳逢源藉著亞洲民族的復興運動倡導「台灣自治」的觀點，如今有了更高的價值目標，而且有著對抗中國共黨政權與蔣介石威權政權之雙重目的。

此後，台灣知識分子的「東亞」或「亞洲」觀點，幾乎銷聲匿跡。在《自由中國》（1949-1960）雜誌風靡之時，當其用自由民主目的對抗威權的共黨與國民黨之際，台獨意識已悄然浮上舞台，而且直接吸取自由民主的養分。台獨意識者把「國民黨政權」與「中國政權」的性質視為同一，不管它是共產黨或是國民黨。主張台灣人如果要真正得到自由民主，只有尋求獨立一條路，而且一箭雙鵰、一勞永逸。但隨之而來的問題是，台灣要開出自由民主之路，與一般追求獨立之路的國家還多了一層「壓迫意識」，亦即它必須要同時與兩個來源的「壓迫意識」苦鬥：一是現實要面對獨裁的國民黨政權，這是追求民主自由的「進行式」；一是台灣民主化後所要面對的對岸共黨的專制政權，這是追求民主自由的「未來式」。前者一個中國問題未被激化，後者勢必碰觸到「一個中國」政策問題。

但是，對抗這兩個壓迫政權的最終手段與目的，只能是自由與民主。正如一位在白色恐怖時期因台獨案被判服刑的許曹德，曾在其《回憶錄》以其標題「感謝壓迫」，道出「壓迫意識」才

11 張佛泉，〈亞洲人民反共的最終目的〉，收入李福鐘等編，《自由中國選集》（台北：稻香出版社，2003），頁268。原載《自由中國》第11卷第2期，1954.7.16。

是台灣追求獨立的革命動力來源，他說[12]：

> 沒有壓迫，沒有台灣人。感謝壓迫者，否則台灣人民只
> 是一堆日頭赤炎炎，隨人顧生命的破膽族群，不知命運
> 的解脫來自團結、來自不息的反抗。

又說：

> 沒有壓迫，不會產生歷史性的台灣人。沒有壓迫，台灣
> 人不會知道自由為何物。沒有中國專制獨裁，台灣人不
> 會嚮往西方的可貴民主。所以，壓迫是台灣人的歷史動
> 力。……如果台灣人能出頭天，看來還必須感謝兩個中
> 國壓迫者（按：指共產黨與國民黨）。（出處同上，頁10）

　　哪裡有壓迫，哪裡就有反抗。「壓迫意識」的性格，激化了
追求自由民主的熱望，這正是當年從事反抗國民黨威權體制的革
命動力來源，這也可說是世界任何威權體制下共同的模式。

　　不過，台灣的民主發展與其他反抗威權運動的國家不同的
是，這個「壓迫意識」即使換黨執政後依然存在。只不過前者的
「壓迫意識」來自於日本殖民時代與國民黨等「外來政權」，而
今當年反抗壓迫者已經開進立法院與總統府之後，仍然沒有機會
丟掉「壓迫意識」，反而要面臨更大一波的「壓迫意識」，那就
是來自對岸的「反台獨意識」。

---

12 許曹德，《許曹德回憶錄：一個台灣人的成長史》（台北：前衛，
　　1990），頁10。

　　台灣的反中國意識，因為台獨意識強烈的民進黨上台後，更加激烈化，「未來式」的壓迫意識成為「現在式」。1950年代追求自由民主之路，對外反抗共黨政權優先於對內反對國民黨政權，此時發聲者大皆外省知識分子，故「一個中國」或台獨之路尚未顯題化；而美麗島事件(1979)前後的黨外運動，則是對內反對國民黨政權優先於對外反抗共黨政權，此時發聲者多數為台灣本省知識分子，質疑「一個中國」以及台獨之路已經顯題化了。但是，由於在追求「對內」民主自由之時，只是一味訴求威權體制的壓迫，未及正視這個即將來臨的「外在的壓迫」，沒想到內部的這個威權體制竟如此輕易倒台。在享受收割的喜悅之餘，卻未料到自由民主之路並尚未完成。

　　本來反抗壓迫意識的目的在於追求自由民主，但自由民主之路最終必須是國家獨立。縱然許多人認為台灣已經是主權獨立的國家，但國外的獨立之路並未完成，新任領導人必須面對這個「未完全獨立」的課題。只要國家一天未完全獨立，自由民主之路也就一天未完成。

　　但是在這個追求獨立的過程當中，由於舊政權在國會的多數以及對「一個中國政策」的堅持，造成新政權的掣肘感覺，使得已經是執政黨的民進黨難以拋開「壓迫意識」。舊的威權壓迫意識混雜著來自新的中國壓迫意識，使嘗到執政滋味的民進黨，根本無法丟掉既內又外、新舊雜陳的壓迫意識。但是執政後的民進黨之壓迫意識，與在野時候的民進黨之壓迫意識，在這個角色轉換的過程之間，目的已經漸漸變質。為了選舉或贏得選票的目的考量，日益模糊掉了當年的民主自由的目的，**使得壓迫意識產生了背反論。**

　　這個壓迫意識背反論何以出現？以前反抗國民黨威權而產

生的壓迫意識，是來自於內部台灣，追求民主自由是其目的，是一種自然目的，所以當時人民同情，百姓交心。但是，現在的壓迫意識，卻非自然目的，因有「權力操弄」的成分，使得追求民主自由這個目的，加入了「維護政權」這些非本質的目的，新的「壓迫意識」，成為爭取民心、維護或奪取政權的最佳利器。以往壓迫意識來自於統治階級與被統治階級的對抗，在日據時期或是國民黨威權統治時期皆如此。所以台灣知識分子在日據時期要求自治以及設治民議機關，在國民黨威權時期要求開放黨禁、報禁之結社與言論自由，都是追求自由民主的自然目的。但是，當台灣內部已經自由民主化了，階級意識已漸喚不起群眾認同。因此，當追求外部的民主自由已不再是階級與階級的對抗，而是自由民主與共黨專制的對抗時，由於政權朝野角色互異，「鞏固政權」滲透到自由民主的目的，使得「被壓迫意識」成為維護政權的工具。

因此，在內部台灣還未尋得共識以前，執政者卻忙著把新的壓迫意識從時間表上拉近。從1996年、2000年乃至2004年的總統大選，由深綠操弄的反中國壓迫意識一年比一年強烈。「一個中國」如今成為嚴重的問題。從李登輝的兩國論到陳水扁的一邊一國論；從思考修憲更改國號到修正歷史教科書以及刻意排除中國史之比重等等，在在顯示反中國意識搬上了檯面，逼著自己必須活在「壓迫意識」中，才能再次凝聚同志共識並加速喚醒民眾的認同。想用搭太空船的速度，解決長年兩岸失衡的歷史鴻溝。結果，當追求民主自由的目的已經失其本質後，我們看到了當年的被壓迫者，正在成為台灣內部的壓迫者，目的被移轉為手段，而成為當年它所極力對抗的貪污腐化政權，歷史的弔詭與背反，真是為台灣開了一場大玩笑。

台灣由於對外追求自由民主或一國獨立的過程，藉由「壓迫意識」產生了上述的背反論。這種背反論出現的根由，是誤以為用政治手段或意識型態即可解決一切問題，反而忽略了用**政治以外**的力量來解決台灣的外在困境。熟悉自由民主內涵的人都清楚，表面政治上的民主自由，不會是民主自由的全部；而且由於民主制度的不健全，往往政治上的自由民主是一種假象。換言之，**民主自由決不狹隘地止於政治自由**。因此，追求一國獨立的政治自由，也不可過分干涉半數以上台灣人的文化自由、經濟自由、教育自由等選擇的權利。今日台灣最大的問題，似乎是把「政治」領域的自由，滲透到各種領域，干涉其他社會自由的領域，使其他領域普遍存在有如舊威權體制下的不自由、不民主，結果給許多人民的印象是：昔日的被壓迫者不自覺地成為壓迫者。這就是本文所強調的壓迫意識的背反論。

回到本文所要討論的東亞論，上述所分析外部的冷戰因素與內部的壓迫意識，**是使台灣「暫時」忘卻了「東亞」的存在之主因**。如今美、蘇冷戰已經結束，但壓迫意識仍存於台灣。長期的壓迫意識，是造成台灣的文化知識界苦悶之主因。因為統獨爭議不只存在政治界，知識文化界選邊站的也不少；捲入「壓迫意識」的文化論戰此消彼長，論爭不休。至於既近鄉又情怯的「中國意識」之背反論，也困惑台灣人。子安宣邦曾說：「中國對日本而言，是個巨大的他者」。在台灣，中國則是「超巨大的他者」，因此只要這個「超巨大的他者」存在一天，台灣永遠都會有「壓迫意識」與「認同混淆」的心理壓力。而台灣如果永遠存在於壓迫意識中，則溝口與子安所談的理性的「東亞論述」或「中國論述」，在台灣根本發不出芽來。壓迫意識好像是台灣人揮之不去的緊箍咒，去了一個舊壓迫，又來了一個新的壓迫，好像理所必

至，勢所當然。但是，這個「新」的壓迫到底是本來應該不必有
的，或是自己加速「求」來的，或者已成為政權利用的工具，以
致成為一種背反的「壓迫意識」循環論，到底如何解套？我認為
應該重新讓台灣回到脫軌已久的「東亞」軌道上，讓台灣重新看
到「東亞」的存在，才能讓「東亞」看到台灣的存在。

五、台灣如何思考東亞論？

不論是近代的帝國日本「東亞論」，或是近代以前以中華帝
國為主的「東亞論」，問題都在於有一個日本或中國為中心的「母
體印記」。要擺脫這樣的「東亞」論著實不易。

但是，台灣從來沒有上述中國與日本的不良「母體印記」，
反而展現的是邊陲特質。我認為台灣要回到東亞軌道的首要前提
是：必須走出「被壓迫意識」，進而就國際現實考量，需從民間
的而非國家的思維，發展出有利於台灣的東亞論。

(一) 回到東亞軌道的前提：走出「被壓迫意識」，改變「受害者意識」，才能意識到「東亞」

由於台灣地理上是屬於中國的邊陲，歷史上經歷過荷蘭、鄭
氏漢人政權、清代滿族政權、日本殖民統治，文化上有特殊的移
民文化與原住民文化，血統上有原住民、漢人與東南亞語族之結
合等等。總之，台灣從17世紀以降，便具有島國移民的海洋多元
文化之特質，這就是台灣思考東亞論的特殊資本。

因此，台灣有這一鮮明的多元文化發展的歷史特質，很早就
具有溝口雄三所說「歷史化與國際化」的雙重交流之條件。17
世紀鄭氏的台灣，是個海洋的台灣，當然也是個東亞的台灣，是

個外向型的台灣，而不是內向型的台灣。到了日本殖民時代，也
把台灣當成南進基地、東亞門戶，從來也不是從內向型來思考的
發展。質言之，台灣必須要向外，才能展開他的無限生機，絕不
是活在內在的惡鬥漩渦。也就是說，台灣必須在現實的環境下走
出被壓迫的意識。

　　台灣要「走出」被壓迫的意識，有兩條路徑，其一是正面「抵
抗」壓迫者，尋求台灣獨立。由於形勢比人強，這條路違背半數
以上台灣人的意志，國際現實以及實力上也根本行不通。它雖然
具有積極意義，卻是虛假的積極意義，因為它並沒有「走出」被
壓迫意識，反而製造了更強大的「新壓迫意識」，從而有時也使
自己成為「壓迫者」而不自知。另一則是**扭轉「壓迫者」是「加
害者」與「被壓迫者」是「受害者」的關係**。我要強調的則是後
者這個「扭轉」關係的思考路徑。

　　南非前總統戴克拉克在5月初應「施明德講座」之邀訪問台
灣，掀起台灣政界、媒體與學界熱烈的討論。戴克拉克之所以風
靡台灣，是因為南非這樣一個黑白人種的社會組合，在族群衝突
與國家認同上，其激烈性與複雜性、分歧性遠超過同文同種的台
灣與兩岸。台灣知識菁英與新聞媒體都會問戴克拉克：「為何南
非能化解種族衝突，台灣何以不能？」而我在戴克拉克身上看到
了他扭轉了「壓迫者」是「加害者」與「被壓迫者」是「受害者」
之關係的效果，白人已不再是「壓迫者」，黑人也不再是「被壓
迫者」。關鍵在於戴克拉克很清楚地意識到自己是個「加害者」
而不是「被害者」。

　　壓迫意識會產生怨恨，而一般我們思考怨恨的由來，是因「壓
迫者／加害者」與「被壓迫者／受害者」的形成關係。當年台灣
反對黨與國民黨之間的關係，乃至現在民進黨執政下，對台灣與

中國的關係，也是基於這類關係模式的思考。但是，我們有無可能「扭轉」這樣的制式關係，有時也把「自己」或「台灣」本身視為「加害者」（雖然似乎還不是「壓迫者」），例如兩岸關係停滯不前，我們其實都是「加害者」；台灣長期處於「內耗」狀態中，我們自己本身其實也都是「加害者」。我要強調的是，唯有分割「受害者」與「被壓迫者」的關係，而意識到自己其實不是「受害者」，反而意識到因為本身的無作為或錯誤的作為，才使台灣陷入族群、黨派惡鬥的困境之局。這樣的意識，是把自己視為「加害者」一方，打破「加害者／被害者」二元對立的關係狀態。一旦扭轉了「受害者」成為「加害者」的自我認識，才可能產生容忍與寬恕的力量，也才會使真正的加害者反省自己，從而才會放棄彼此的加害意識，和諧地攜手談判與對話。

(二)擺脫「政治知識」來發展「中國」或「東亞」論

自從1979年解嚴以來，台灣經歷過人民直選總統、緊張的兩岸關係、政黨輪替、319槍擊案等的政治重大事件，不只一般民眾，即連最高研究單位中研院院長都捲入政治的是非，幾乎到了人人瘋狂政治的地步。薩伊德在其名著《東方主義》中曾經區分「純粹知識」與「政治知識」，特別批判學術界中的許多知識，如經濟學、政治學和社會學都是意識型態的科學；它們都曾經接受過國家情報、國防或軍事單位提供高額獎助金幫助其研究，為他們所屬的「帝國」在國外的利益或政策提供過政治上需要的知識，污名化了阿拉伯世界或他們所謂的「東方」。這些假借學術之名的知識，其實都和政治行為有目的性的關連，從而使得真正客觀、超越黨派、超越信仰的「純粹知識」隱而不彰。

台灣學術界的情形似乎也不能免除這個例外。多少選邊站的

學者，拿著國家或黨派提供的高額獎助金，或被納入黨派的「智庫」，製造出當局政府或黨派所需要的「知識」，使得台灣人民被這些「政治知識」誤導或模糊了客觀的知識，彷如吳濁流《亞細亞的孤兒》筆下的「白日土匪」[13]。台灣要跳脫這種「政治知識」的泥淖，著實不是簡單的事，尤其在緊繃的兩岸關係下，處處存在著藍綠兩派角力的政治知識。特別是在選舉的關鍵時刻，操弄「政治知識」幾乎無所不在。大眾媒體似乎都只為政治知識而存在，忘了媒體還有更多元及其他豐富的知識傳播力量與職責。

了解了政治知識的無所不在後，我們才會意識到自我知識的淺薄與狹隘，從而加強我們對其他領域知識的興趣與探尋。但是，誰都看得很清楚，只要大陸的「一個中國」政策不變，台灣這種政治性知識的唇槍舌戰便不會止息。因此，我們應該意識到，即使從非政治領域的思維來從事兩岸關係或東亞乃至世界上的事務很艱難，知識分子或民間團體還是都應責無旁貸地推動「純粹知識」所發揮的長遠效益。

職是之故，台灣應多從非國家或政治的角度來與「中國」對話，並發展「東亞論」。由台灣出發所思考的「東亞」，不應是以政治或國家主導下的東亞論，更應拓展以各「民間文化」之間彼此互相交流為主的東亞論。換言之，是擺脫國家或黨派的政治干擾，自發形成的多元文化交流下的「東亞」論。因為任何一種文化交流，都牽涉到「自—他」彼此的文化思維習慣。在自我團

---

13 「白日土匪」之說，見《亞細亞的孤兒》最後一章〈瘋狂〉，意味著藉國家意識型態以謀私利乃至殺人者。這章透露出吳濁流對那些假借「國家」之抽象使命而動員百姓乃至使其犧牲寶貴生命之人，深惡痛絕。

體與他人團體交往中，自己必須尊重與了解他人的歷史與文化，並在了解的過程當中，隨時調整自己的誤解或自我中心態度。當然，他者在與自我的交流當中，也需不斷調整其自我心態。這種交流是跨國界的交流，是彼此基於既平等又承認且尊重彼此的差異立場，謀求在共同觀點下合作。要做到這一點，只能靠民間自發的文化力量，而不是靠國家意識的政治力量。

六、結語

本文解析了台灣面對東亞巨大的「他者」——中國，存在著「中國意識」與「中國威脅論」的緊張關係。透過日本學者溝口雄三所提的「環中國論」觀點，筆者建議台灣應該積極正視「中國」，可以基於文化與經濟關係的「環中國圈」取代「中國威脅論」，以因應未來「東亞經濟共同體」來臨的時代。

其次，本文也分析日本殖民時期台灣若干知識分子零星的「東亞論」，指出「東亞論」在此一時期，存在著像陳逢源藉亞細亞民族復興運動來從事階級對抗殖民地統治的東亞論；此外尚有另一種附和日本「大東亞共榮圈」的被動東亞論。復次，台灣從光復後，除因外部的冷戰因素使台灣知識分子無法思考東亞論，更重要的是在內部方面，迄今無法拋棄壓迫意識。台灣遮住了對東亞周邊國家文化歷史的認知，主因即在此。換言之，台灣若無法走出壓迫意識，就無法自覺到是屬於「東亞」的一分子，結果只會讓自己為東亞所拋棄。本文最後也提出了如何從台灣的角度來思考東亞，認為台灣要回到東亞軌道的前提，在內部上必須要走出長期以來的「被壓迫意識」，改變「受害者意識」，才能意識到「東亞」；另外，本文提出要擺脫「政治性知識」來發

展更多元文化交流的「中國」或「東亞」論。

　　總之，本文在台灣的現況中提出如何思考「東亞」，這樣的「東亞」永遠只是交流互動的「進行式」，而不會是「完成式」；只能是「虛體」（注意：不是虛構）不能是「實體」；只能是文化與歷史的，不能是國家與政治的。因此，它是個在既平等而又凸顯台灣特色的東亞論，故不會是自國中心的東亞論，也不應是多元而無交集的價值相對論之東亞論，應是各有交集(融合)且實用互動的東亞論。而台灣知識界在思考「東亞論」時，應該警惕的是，當西方學術界已經認真在思考「東方主義」、日本人積極地思考批判「東亞論」之際，身處亞洲或東亞的台灣本身，對「中國」、「東亞」或是「亞洲」的理解似乎也不比西方人深入。簡言之，台灣人身受中國與美國兩大主流文化的夾擊，並沒有認真意識到自己是「亞洲人」或是「東亞人」。更甚者，台灣學界多是從西洋文化專家的著作中，跟著想像與構築「東亞」或「亞洲」。換言之，台灣是被動地而不是主動地認識「東亞」，結果也弄不清楚自己的研究是屬於「東亞人的東亞研究」或是「西方人的東亞研究」。屬於「東亞」一分子的我們，應該好好地思考這個目前存在的深刻問題。

張崑將：現任台北醫學大學通識教育中心副教授。專攻日本思想史，出版的學術著作包括《德川日本「忠」「孝」概念的形成與發展──以兵學與陽明學為中心》(2003年)、《日本德川時代古學派之王道政治論和革命觀》(2004)等。目前研究近代中日陽明學的發展與比較，以及日本武士與禪學之關係。

中國崛起論的文化政治：
論張旭東《全球化時代的文化認同》

「文化政治」的魅力與貧困

蕭高彥

> 「小心，政治就在你的身邊！」
> ——模仿台灣戒嚴時期的標語[1]

一、楔子

2002年春天，北京大學，這個位於中國歷史的帝都、並在傳統與現代變遷軌跡交錯之際孕育了新文化運動的學園，張貼出一張海報：本年五、六月分，美國紐約大學張旭東教授將以「全球化時代的文化認同」為題舉行講座系列，並指導研究生與博士生研讀相關理論材料。這張並不特別醒目的海報，卻在一位熱愛理論思維並且關懷時事的青年學子心中激起了陣陣漣漪，熱切期盼藉由參與這個講座得到知識的成長，並學習如何將西方政治社會理論的抽象思維，運用到當代中國的具體情境。

張旭東教授也的確沒有讓這樣的美麗心靈失望。在六次講座以及一次公開演講中，他基於學術專長，以「文化政治」概念為

1　原標語為「小心，匪諜就在你的身邊！」，反映了決斷主義泛政治化心態所導致的世界觀。

經，普遍價值與特殊理念的辯證爲緯，對於現代西方的普遍主義，提出了宏觀的歷史回顧以及深入的理論分析。張旭東充滿熱情的講授風格，在青年學子心中留下了不易磨滅的深刻印象，特別是關於尼采的批判思想，其顛覆性格如何可能成爲現代西方在更廣闊的歷史社會危機中，重建自身的價值正當性的契機；韋伯在德意志帝國風雨飄搖的最後階段，如何將價值問題還原爲政治問題，並期許一個政治成熟民族的崛起；乃至施密特對西方議會民主的激進批判，從而推導出敵我分辨之邏輯與主權國家決斷之終極性。

基於本書[2]內容，可重構出如下的講授綱要：

第一講，導論：文化政治的概念。閱讀教材：康德，〈世界公民觀點之下的普遍歷史觀念〉；黑格爾，《法哲學原理》，「序言」、「市民社會」以及「國家」選錄。

第二講，康德到黑格爾的自由與權利概念。閱讀教材：尼采，《不合時宜的觀察》選錄。

第三講，尼采(上)：反歷史主義的文化批判。閱讀教材：盧卡奇《理性的毀滅》第一章與第三章。

第四講，尼采(下)：「永恆的復歸」與價值之自我肯定。閱讀教材：韋伯，〈民族國家與經濟政策〉、〈兩種法律之間〉；施密特，《議會民主制的危機》。

第五講，韋伯與文化政治。閱讀教材：施密特，《政治的概念》。

第六講，文化政治的激化：從韋伯到施密特。閱讀教材：韋伯，《基督新教倫理與資本主義精神》。

2　北京：北京大學出版社，2005出版，409頁，ISBN 7-301-08149-9。

第七講，當代的情境：多元文化時代的歷史與主體（公
共演講）。

即使在西方大學，這樣的內容分量也足以構成一學期紮實的
課程。假如青年學子一面研讀政治理論原典，一面在講堂上聆聽
對這些文本的分析，將可以得到許多知性的啓發，甚至可能產生
生命歷程中關鍵性的影響，下定決心以研究西方思想作爲終生追
求的志業。

以上當然只是想像的場景。但是拜讀由演講內容整理而成的
《全球化時代的文化認同：西方普遍主義話語的歷史批判》一書
後，筆者也能感受張旭東教授深入淺出的分析能力以及極具熱情
感染力的台風，並可想像對聆講的青年學子產生潛移默化的啓蒙
之功。本書的目標極具企圖心，運用後殖民與後現代的方法，重
述西方普遍主義的發展以及所遭受的批判和回應；然後總結此進
程所展現的歷史辯證性，重新建構一個具有中國普遍性的文化政
治觀，以期能與西方抗衡。不僅如此，全書的貢獻還確立了中國
學界研究西方思想的正當理據。的確，西方政治思想研究者往往
被質問：此種研究對本土社會有何價值？作者提出了一個意義的
相關性：用「進入西方」的方式，來「回到傳統」（頁380）。

然而，本書的啓蒙使命以及所提出的意義關連，有沒有可以
進一步討論的空間？其極富魅力的文化政治論述，是否有哲學上
的貧困之處？張旭東帶領讀者所進入的西方，是什麼樣的西方？
這是我們關懷的主軸。本文將不處理作者對個別思想家的詮釋觀
點，而集中於整體架構與分析取向。以下的討論分爲：德國傳統
與後發現代性的問題、文化政治的觀念，以及中國民族主義等三
個課題，最後於結論提出「文化創造」的觀念並分析其意義。

　　筆者撰寫這篇文章的機緣，乃因《思想》季刊有聞本書在中國大陸知識界引發了廣大迴響以及熱烈討論，遂囑託爲文加以評論。必須強調的是，筆者對於大陸知識界的最新發展並不熟悉，所以本文僅是一種「**外部考察**」：代表一個台灣讀者，基於個人所理解的學術體例，在閱畢全書之後的一些感想。本書所展現的強烈民族情感，對於在台灣成長的筆者既感似曾相識卻又相當陌生；全書的內容，很多是筆者專業上能夠理解的，但在不同的架構中，張旭東提出的許多獨特觀點，同樣讓筆者感到既熟悉又陌生。當然，這讓筆者了解當代中國知識界的一種思想型態，也是一番深具意義的閱讀經驗。

二、「後發現代性」之鏡：普遍性的化約與多元性的辯證化

　　參照前述的大綱，筆者心中首先浮現的疑惑是：處理西方普遍主義，爲什麼只討論德國思想家？德國文化誠然是西方現代性重要資源之一，但它顯然不構成西方現代性之整體，亦非西方普遍主義的創造者；何以本書以極大的篇幅以及強烈的熱情來重述這段思想史？更遑論，德國從俾斯麥時代到二次世界大戰，乃是一個毀滅性的歷史進程，爲什麼德國經驗是當代中國應該取法的對象？

　　類似的問題，參與學生已經提問（頁104-105）。對此，張旭東提出的解釋有二：首先，德國的情境乃是「後發現代性」，夾在之前的英法以及其後的斯拉夫人之間。此種後發現代性構成了所有非西方國家（包括中國）面對西方現代普遍主義時，無可逃避的基本處境。其次，德國的歷史進程，乃是國家統一、民族建構

以及資本主義的同時發展，「這個問題和當下中國有一種隱喻意義的可比性」（頁105-106；並參考頁388以下之討論）。的確，由於「後發現代性」的情境與超越企圖，使得德國以及日本經驗對中國現代知識分子持續地產生吸引力，本書也反映了此種影響，我們可由**方法論**以及**實質內涵**兩個層面加以檢視。

在方法論層次，本書對西方普遍主義的討論，集中在德國文化傳統要取得正當性，必須基於作者在頁120所陳述的一個根本預設：

> 儘管德國資本主義的歷史道路崎嶇不平，社會發展遠遠落在英法後面，但德國人卻仍然為整個現代西方市民階級作了**精神和思想上的立法**。甚至可以說，成熟的資產階級體制早在德國浪漫派那裡就有過一次精神上的操練或形式上的預演。（黑體強調為我們所加）

這個**整體主義**（holistic）的立場，並非張旭東的創見，而是德國思想界自我認知的常見型態。早在《黑格爾法哲學批判導言》中，青年馬克思於1844年德國資本主義的早期，便已將德國問題的解決加以「普遍化」，成為資本主義矛盾的整體克服。然而，作為當代的讀者，我們必須對此整體主義預設有所保留。畢竟，青年馬克思仍是黑格爾主義者，通過無產階級被剝削的普遍性來辯證地一舉解決德國問題以及資本主義的矛盾；我們所身處的則是對主體性、普遍性深切質疑的後現代。張旭東自述以後殖民為理論出發點，但他對於本書整體主義方法預設之說明，顯然有所不足。

進一步而言，本書在分析德國傳統時，存在著另一種不同的

取向：黑格爾的歷史辯證、尼采的價值重構、韋伯對於德國人作為一個「政治成熟民族」的期許、施密特對於主權決斷之強調，其實都是西方現代性自身面對其歷史進程所產生的矛盾時，通過更激進的自我批判，來產生更強大的主體性之凝聚力，從而將西方現代性進一步提升為更高層次普遍性的辯證進程（頁120）。吾人可將此分析取向稱之為「**普遍性的自我調解**」。

值得注意的是，本書對德國傳統的「普遍性的自我調解」分析觀點與前述的「整體主義」立場，其實是有所扞格的：基於整體主義，其他「後發現代性」國家的人民可以掌握到「精神立法」的阿基米德點，「批判性」地掌握西方普遍主義整體，進而**超越**其歷史限制；基於「普遍性的自我調解」分析觀點，則西方普遍主義自身即展現出黑格爾「絕對精神」所具有的超越／揚棄矛盾之力量，位於後發現代性的民族，除了**進入此種絕對性的辯證機制並自我普遍化成為其中一環節外**，並無其他出路。

此處所反映出的扞格，其實是黑格爾辯證法在他去世後，左派青年黑格爾主義者以及右派保守黑格爾主義者對立的詮釋觀點[3]。在馬克思主義傳統中，整體主義向來是與**辯證發展**結合在一起的。舉例而言，盧卡奇在《歷史與階級意識》一書中[4]，便

3　Herbert Marcuse, *Reason and Revolution* (Boston: Beacon, 1960), pp. 251-257，中譯見《理性與革命》，程志民等譯(四川：重慶出版社，1993)。Karl Löwith, *From Hegel to Nietzsche: The Revolution in Nineteenth-Century Thought*, tran., D. E. Green (New York: Holt, Rinehart and Winston, 1964), pp. 53-65，中譯見《從黑格爾到尼采》，李秋零譯(北京：三聯書店，2006)。

4　Georg Lukács, *History and Class Consciousness*, tran., R. Livingstone (London: Merlin, 1971), pp.12-22, 162-172，中譯見《歷史與階級意識》，杜章智等(北京：商務印書館，2004)。

成功地結合了整體（totality）以及歷史辯證，並對資本主義社會以及資產階級思想的「物化」（reification）提出了徹底批判，而無產階級世界革命的歷史意義，便是在實踐以及意識層次，同時揚棄布爾喬亞的物化制度與意識型態。在整體主義取向上，《全球化時代的文化認同》一書的方法論，無疑地受到青年盧卡奇的影響。然而，本文以下分析將指出，張旭東的論述嘗試結合盧卡奇所提出的馬克思主義整體辯證方法以及施密特所標舉的右翼民族主義國家至上的實質政治價值。終極而言，在此種政治浪漫主義式的結合中，後者取得了主導優勢，使得「普遍性的自我調解」分析觀點超越「整體主義」的重要性，並放棄了馬克思主義傳統的辯證發展取向，通過尼采價值哲學的右翼詮釋來克服普遍主義。

於此，吾人由方法論議題轉向普遍主義實質內涵之考察。在這個面向上，全書過分偏重德國傳統所導致的理論問題其實相當明顯：本書的副標題乃是「西方普遍主義話語的歷史批判」，但綜觀全書，並沒有對所謂「西方普遍主義」的內容提出充足的說明與分析。讀者所看到的，是德國傳統在後發現代性的存在焦慮中，一波又一波的整體主義文化思潮。

然而，西方「普遍主義」的內容究竟為何？參照加拿大政治哲學家查爾斯·泰勒最近分析現代性的小書[5]，西方現代性有一個道德秩序觀念的核心：具有權利以及自由的個體，能夠不訴諸超越性的正當性基礎，通過平等協議以及共同行動，建立社會與政治秩序。這個道德性的願景，發軔於格老秀斯以及洛克的自然

5　Charles Taylor, *Modern Social Imaginaries* (Durham: Duke University Press, 2004).

法理論；然而要成爲能夠實踐的政治理想，必須在歷史的脈絡中，由抽象理論轉化爲一般人民可以接受的「社會想像」（social imaginary）。而西方現代性的發展，乃是幾個宏觀社會想像之形構以及具體化的過程，包括市場經濟、公共領域，以及人民主權的民主制度。這個歷史進程也型塑了吾人所熟悉的現代政治意識，特別是民族主義以及階級革命等。

泰勒的分析相當簡潔，卻精確地指出西方現代「普遍性」的核心。基於泰勒的觀點，吾人將察覺張旭東先生本書在理論上的不足之處：所謂西方普遍主義話語，作者僅以康德的法權哲學做爲代表；但在康德時代，西方普遍性已經從道德的願景發展出不同的社會想像，並且孕育了美國與法國兩大革命。在理論層次，眞正應該分析的西方普遍主義，至少應該包括布丹與霍布斯的現代主權國家概念、史賓諾莎對民主以及思想自由的闡釋、洛克的人民主權論、孟德斯鳩的憲政主義、蘇格蘭啓蒙的商業社會理論、盧梭的普遍意志、西耶斯的國民制憲權，乃至法國大革命之後康士坦、托克維爾以及密爾對於個人自由的闡釋等。這些是西方現代性進程實際發展出的普遍主義論述，它們不能（也不應該）以康德的法權哲學爲代表一筆帶過。放在西方廣闊的現代性進程之中，康德的法權哲學絕非「精神立法者」，而是後進民族對於先進國家普遍理念，運用抽象理性範疇加以重述的體系。

是以，本書短短的論康德一節（頁69-75），具有極端重要的論述策略意義：張旭東認定康德的法權哲學（也就是憲政共和的國家理論）只不過是「無自覺地把市民階級的政治理想作爲道德形而上學的普遍原則來闡述」（頁72）。如此一來，西方現代性的法或權利（Recht）概念所代表的普遍性，便成爲只不過是市民階級對於私有財產、契約等法律政治地位的需求（頁73）。這是全書

唯一對於西方現代普遍主義的「正面」闡釋，但其論述策略乃將
西方普遍主義**化約**爲市民階級在不同歷史階段特殊的意識型
態。於此，我們明確地觀察到此種化約主義的**反歷史**傾向：西方
現代性（或普遍主義話語），不管如何轉變，始終被視爲是資本主
義理論霸權的反映。結果是全書對於西方普遍主義之**生成**以及**變
化**，缺乏有系統的理論考察。

　　此種反歷史傾向其實是一面明鏡，反映出本書內容的兩個深
層病徵：**對西方普遍性的化約，以及多元性的辯證化**。前述以康
德代表西方普遍主義乃是對普遍性的化約，這是一個比較明顯的
問題[6]。至於「多元性的辯證化」則較爲隱晦，其中之關鍵在於，
本書以民族主義觀點介紹德國文化史，除了極少數例外（頁57），
基本上忽略了赫德（Johann G. Herder）的思想。當然，這或許僅是
作者在構思架構時的取捨問題；但也有可能是赫德的文化民族主
義所強調的是多元主義（pluralism）精神；而在文化多元主義（甚
至是價值多元主義）的場域中，最高道德律令在於理解每一個文
化社群在歷史中所各自發展表達的獨特價值，並且互相尊重、承
認[7]。這樣的多元主義式文化民族主義，並沒有一個讓各文化爭
取霸權的普遍性中樞位置。相對地，張旭東的主張則是多元性的
「辯證化」：由單純的多元並陳、相互承認彼此的特殊性，轉變

6　筆者能夠理解，這種對普遍性的質疑與批判態度，有著由1980年代
　　的新啓蒙運動，歷經六四的衝擊，所導致1990年代中國知識分子的
　　調適與轉型，以及改革開放不同階段所面臨的社會經濟挑戰等複雜
　　的歷史背景。

7　請參考John Dunn, *Western Political Theory in the Face of the Future*
　　(Cambridge: Cambridge University Press, 1993), pp. 59-61, 77-80敏銳
　　的觀察。

為文化社群間的爭勝與歷史辯證。

　　換言之，通過對康德法權觀念對普遍性加以「化約」，搭配上黑格爾歷史觀將特殊性「辯證化」，形構了全書在實質內涵之基本主張。然而，這樣的論述策略，有技巧地迴避了與西方現代普遍主義在**相同的理論水平**上進行討論辯難，運用意識型態批判的途徑，完成將西方與中國、普遍性與特殊性的位置互換，並由此建構了一種辯證式的文化政治論，其內涵需要吾人進一步予以檢視。

三、文化政治的觀念：普遍性與特殊性之辯證

　　本書核心的觀念在於「文化政治」。為什麼「文化」與「政治」會如此緊密的關連起來？張旭東認為文化乃是「我」與「他」、同一性與非同一性、連續與斷裂、普遍與特殊的問題。換言之，文化離不開其社會政治內涵與價值取向，以及文化與生活世界的關係（頁5）；這樣的關係，必然是「政治」的。是以，作者申言「文化政治就是要在一個法或法哲學的層面上重新思考文化問題」（頁3）。本書論述的出發點是一種整體主義的思維：

　　　　一個非西方的社會文化主體意識，必然是一個總體性的
　　　　主體意識。因為在西方主體性的總體性面前，放棄自身
　　　　主體的總體性就是放棄自身價值體系的正當性，就是放
　　　　棄整個生活世界的價值依據和歷史遠景。這樣的「主體
　　　　性」根本不具有參與普遍與特殊、自我與他人的辯證法
　　　　的資格，因為它在一開始就已經喪失或放棄了自身文化
　　　　認同，早晚會變成西方體系內部差異性格局的一個品

位。（頁19）

　　這是一個極為重要的理論／實踐立場，但它是以一種無可辯難的基設（postulate）而呈現出來的。更確切地說，這個基設是**政治性**的而非理論性的，是施密特式的分辨敵友之決斷：確立本書立場的「政治正確性」，以及對立立場的「非我群性」。在此基設之上，作者很容易地對倡議西方啓蒙價值的中國知識分子，提出政治性的意識型態批判，如指稱「全球化」以及「自由主義普遍性」等價值只不過是西方所設定的普遍框架（頁367）。這在本書最後一講（頁360-367）得到一個邏輯清晰的表述：

> 普世話語的第一個話語是一種新自由主義的話語。（頁360）
>
> 普世話語的第二點、他的具體形式是法……是市民階級或中產階級把自己的生活世界定義為普遍性、自由、正義的最根本道德的依據。（頁361）
>
> 所謂當代普世話語的第三種具體形式是文化。文化只能是民族文化，語言肯定是一種民族語言，沒有一種抽象的語言。（頁364）
>
> 最後一層從經濟到了法律，從法律到了文化，文化之後還有一層，這一層最抽象也最重要，就是主權sovereignty。誰是有主權的？什麼是主權？sovereignty就是自己是絕對的主人。沒有任何人能管你，因為在法理學意義上，你在法律之上，是法治概念中最內在的權力概念，是那種能夠突破法權的極限，維護國家和存在，避免社會生活的混亂，將它重新導入法治狀態的那

種力量。（頁367）

這樣的思考取向，立即需要確認前述「總體性的主體意識」（頁19）之**承載者**爲何？既然現代世界只有國家具有最高主權，這個問題的答案非常清楚：只能是國家(而不能只是文化傳統)。不僅如此，依照張旭東此處的邏輯，普遍價值的根源是普遍的法，法普遍性的根源是民族文化，民族文化的根源是國家。這是一個徹底的施密特式邏輯：越後面、越接近根源的，越具體也越有整體決斷力；越前面的所謂普世價值，則只不過是一種虛假的、衍生的、缺乏能動性的話語。必須由根源來決定價值，而不能讓虛假衍生的普遍價值侵蝕民族文化與國家主權的生機。是以，在以美國霸權爲首不斷推進全球化的趨勢中，「中國的主權意味著什麼？」不僅是一個政治鬥爭的實踐問題，也是一個文化論述霸權之爭的理論問題。本書的主要目標正在於面對理論霸權問題。

張旭東對抗普遍主義理論霸權的策略乃是「**普遍性的特殊化，特殊性的普遍化**」。普遍性的特殊化，其主旨在於分析西方現代性的歷史條件及其限制：

> 我們要表明的不過是：現代西方的自我認識和自我表述——它就是依據這種自我認識和自我表述去改造整個世界，改造一切他人及其固有的文化、社會制度和習俗的——最終**不是一種真理論述，而是一種價值論述，一種文化論述**。它並不代表或占有歷史規律或客觀眞理，而是一種個人和集體的意志和理想的表達。在終極意義上，現代西方沒有也不可能超越自我與他人、普遍與特殊性的辯證法；它沒有也不可能超越文化的邏輯和

政治的邏輯。(頁13；黑體強調為我們所加)

　　前節所述本書對西方普遍性的化約，正是「普遍性的特殊化」論述策略的實踐。相對地，特殊性的普遍化，則主張中國應作為一個普遍性的文化實體：

> 在哲學意義上，中國問題不能在特殊性——即對立於西方所建構的「普遍性」，比如科學、民主、平等、自由等價值觀念——的理論空間與展開，而只能在普遍性的理論空間與展開，由此把自己確立為普遍性的一種正當的、有說服力的論述和展開，從而能夠進一步把自身的歷史作為本原性的主體概念同新的「普遍性」概念一起確立下來。這種當代普遍性內容並不是由「西方」所壟斷，更不是由「西方」所界定，但它不能不是一個共享的、開放的、批判的和自我批判的話語空間和主體交往空間。(頁61)

　　將這兩個面向關連起來，吾人將察覺，普遍性基本上是特殊性的過度陳述(頁14)，而特殊性若不力圖將自身表述為普遍性，則將喪失意義與實質性(頁336)。如此一來，黑格爾辯證法成為本書**歷史化的普遍主義**的基礎。然而，只要有「普遍與特殊的辯證」，就沒有多元與寬容，並將導致政治決斷與實踐鬥爭。對張旭東而言，不會改變的是普遍與特殊性的**辯證關係**：當前被西方所壟斷的普遍主義宣稱，必須被解構重新組合，還原到特殊的歷史與政治脈絡；相對地，通過此種解構，將使讀者理解到，當前的歷史條件，正是中國作為一個文化政治實體嵌入這個辯證過

程，並提升爲普遍性的絕佳契機。

這個歷史契機無他，乃來自於中國近年來逐漸崛起，對抗以美國爲首的全球化**趨勢**，並追求被平等對待的政治意志：西方不可再用其自身的框架來挑戰中國的政治制度發展的獨特性，而應對於中國所提出的價值予以平等承認。本書指出其中之關鍵在於，中國必須超越西方所設定的框架，而能夠自我理解、並被承認爲一種普遍性的文化價值體。張旭東不止一次提到柯林頓1996年在北京大學演講所言「中國站在歷史的錯誤的一邊」（頁98,150），顯然視之爲西方普遍主義傲慢心態的集大成之作。而且竟然選擇北大燕園作爲宣示場所，是可忍孰不可忍！本書或許可視爲一個北大人對柯林頓及其所反映的西方普遍價值體系霸權主義的反批判。

暫時不論政治層面的存在感受，吾人所關注的理論問題在於：「普遍性的特殊化，特殊性的普遍化」究竟導向何種型態的**政治行動**？依據本文前一節所提出的整體主義／普遍性的自我調解之區別，筆者認爲，張旭東在超越普遍主義的實踐的議題上放棄了馬克思主義辯證傳統的整體主義，而集中於普遍性自我調解的面向。他所做的，並非普遍與特殊的辯證關係徹底的揚棄，而僅僅是重構這個辯證的**當前型態**（美國以全球化及普遍人權之名行霸權主義之實），使中國的價值宣稱能夠具有相同的普遍效力。基於此，吾人可看出本書副標題「西方普遍主義話語的批判」的微妙之處：被批判的是西方普遍主義的**話語**（當前型態），而非西方普遍／特殊辯證的**整體架構**。張旭東的目的，並非推倒這個架構，而是將中國經驗與自我認識普遍化，以期在這個辯證架構**之內**與美國爭勝。

本書的理論立場，從而與日本二次大戰時，關於「近代的超

克」[8]之討論若合符節，因為兩者均反映了「後發現代性」新興國家崛起成為國際強權初期的政治意識。然而，張旭東批判竹內好之流的主張，日本若能在軍事上擊敗美國並征服太平洋，則應自我理解為「成為世界歷史的民族」和歐美人平起平坐等看法，終極而言，還是用西方的架構來界定自己的一種「我也算一個」（Me-too-ism，頁193, 384-5），因而有所不足。

假如日本式「近代的超克」仍有其限制，那麼西方普遍主義的牢籠究竟如何克服呢？對這個問題，張旭東以尼采的價值重構（而非黑格爾的歷史辯證）加以對照：

> 要愛你自己的存在，並同威脅這種存在的一切勢力戰鬥，包括同自身內部的矛盾和混亂戰鬥。前提是，在這個時候，一方面要接受外來事物，另一方面又不能做一個消極的繼承者、模仿者，而是要把世界的混亂作為自身的混亂來組織。這就好像是說，西方的混亂、現代性的混亂是要德國人來組織，不清理西方世界的混亂，我就不知道如何做一個德國人，而這正是做德國人的意義。這種「現代性的克服」是「後發現代性」國家的一種特殊的意識型態和自我意識。（頁193）

只要把這個關鍵文本中的「德國」替換為「中國」，並將「現代性」加上「全球化」等當代詞彙，便精確地反映出張旭東的中

8　對此議題，筆者受益於林少陽，〈「現代的超克」、美學主義與政治性：日本浪漫派保田與重郎試論〉一文（發表於2005/10香港中文大學中國文化研究所當代中國文化研究中心主辦之「思想史上的認同問題：國家、民族與文化」國際學術研討會）。

國文化政治論述之價值主張。

在這個意義上，本書乃是一種**以國家實力為基礎的文化民族主義**，而我們有必要檢視此種民族主義的內涵，是否真的超越了西方普遍主義之範圍。

四、當代中國政治性的文化民族主義與啟蒙辯證

認同是文化民族主義的核心，而文化民族主義目標之完成，需要正面而積極地將自身的文化與政治價值主張做出普遍性的表述，方有可能得到他者的承認。在面對重建中國文化民族主義的課題時，同樣必須區分方法論以及實質的價值內涵兩個層次的問題。作者對這兩個關鍵問題有充分的意識，且對中國的文化民族主義鋪陳出一個方法架構；但相對地，全書主旨偏重解構西方普遍性，對中國文化政治普遍性的價值內涵著墨較少，有待讀者自行整理。

文化民族主義既為中國崛起的相應現象，則**「現在」的合理性**必然是文化政治的出發點，這是張旭東論述的基本立場：

> 中國的問題不在於資源少──中國漫長的古代文明和現代中國的革命傳統都給我們提供了極為豐富的資源；**更不是因為當代中國的存在沒有正當性**──這是一切自視為中國人的人都絕不會承認的，**這種尼采意義上的「自我肯定」是當代中國文化討論的最基本的立場和出發點**。（頁192；黑體強調為我們所加）

「當代中國存在的正當性」這個無可質疑的基本立場，當然

是通過尼采、韋伯，以及特別是施密特的政治概念而加以證立的。

至於中國文化民族主義的實質價值內涵，張旭東提出了下列價值，作爲未來中國爭取普遍性不可或缺的要素：

（1）**中國的傳統歷史**：「中國傳統上是一個大帝國，民族、文化、文明、政體——所謂『天朝文物制度』——是一個整體，而繼承了這個生活世界的『社會主義新中國』那怕在理論上再馬克思主義，在實質上仍然是一個『文化與民族的重合體』，擺脫不了『民族國家』的根本特徵卻又超越了市民社會憲政國家的歷史框架。」（頁255）[9]

（2）**大眾民主的價值內涵**：「20世紀中國革命和民族解放的歷史決定了，大眾和大眾民主必然是中國現代性正面價值的核心內容。」（頁148）

（3）**政治認同與「同質性」概念**：「當代中國的普遍平等理想，只能建立在對現實中的不平等的認識上，它的實踐原則不是抽象的自由主義平等觀念，而是在當代中國經濟和社會現實條件下，辨認政治領導權的基礎，塑造政治認同，從而在『人民與國家之間的認同、統治者與被統治者之間的認同』這樣的同質性之上，凝聚民族的政治意志，確立當代中國的國家形式。」（頁311）

（4）**中國革命傳統與共產黨的領導地位**：「我們讀自己的革命史就知道。……一般的史學家（包括西方史學

9　這個文本相當有趣地宣稱，傳統文化使得中國早已是西方式的民族國家，卻不可能是（甚至已經超越）西方式的憲政國家。同樣是**西方文化**所產生的政治範疇，張旭東對民族國家和憲政國家的態度卻南轅北轍。

家)都承認，中國革命的合法性基礎，是中國共產黨在當時確實比其他黨派更好地代表[10]了全民族的利益……它說不定還代表了中國這個政治共同體的集體無意識，即通過民族國的手段，從積貧積弱的混亂時代向新的文明秩序的回歸。這些看法無論怎樣片面，都比那種認為不恢復私有制就沒有政治合法性的新自由主義教條要強得多。」（頁252）

（5）**毛澤東思想的資產**：「在這個層面上，我們都可以直觀地感受一下，中國在過去20年裡的『存在空間』和『自由空間』和毛澤東時代相比是擴大了還是縮小了，答案恐怕是更小了。那時中國是世界革命的策源地之一，是第三世界的領袖，是三極化世界的一極。更關鍵的是，那時的中國代表和體現了一種普世理想，對許多中國以外的人具有精神上的感召力，許多人在思想和實踐上仿效中國，『走中國人的路』。」（頁239）這個文本，以毛澤東思想為主軸，對中國文化政治的普世理想以及主體的獨特性有比較明確的說明。

---

10 上述第三點表明張旭東特別強調施密特的「同質性」觀念對當代中國建構正當性理論的重要性。然而，中國共產黨「三個代表」理論，用施密特的「代表」觀念加以詮釋似乎更為恰當，但如此一來，會對張旭東的文化民族主義產生何種理論衝擊？對此議題，我們頗感好奇。因為在施密特體系中，民主同質性終極地反映「同一性」原則，而「同一性」與「代表」則是構成政治形式的兩個**對立**之原則：同一性是民主原則，代表性則是權威原則。對此議題感興趣的讀者，請仔細閱讀施密特，《憲法學說》（台北：聯經出版公司，2004），頁273-289（第16章第2節），再參照我們所引本書相關文本，便會理解其中之奧義。

（6）**重新面對文革**：本書並未直接討論，但有學生提
問（頁341-342），而張旭東主張開放性的面對文革，其
中的關鍵在於「中國這個社會怎麼理解秩序和秩序內部
合法性的問題，……最簡單地說，大家希不希望中國現
在垮掉？我想大家肯定都不希望中國垮掉。那麼反過來
想，中國爲什麼沒有垮掉，我們很大程度上跟『文革』
有關係。……中國人現在在各個領域所表現出來的那種
活力、創造性和那種不安分、那種天不怕地不怕的精
神，實際上我覺得跟毛澤東時代尤其是跟『文革』造就
出來的造反精神、那種唯意志論、人定勝天等等有關
係。」（頁342）

　　這六點是我們整理本書所提出當代中國文化政治內在普遍
性的一些價值，它們顯然仍是零散而不完整的，需要加以系統重
構才能完成文化民族主義對於民族自我認識的整體性要求。這並
非本文的篇幅所可能處理的議題，以下的討論只能集中於方法層
次的問題。
　　文化民族主義的根本立場往往是歷史主義，特別是對**歷史延
續性**之強調（頁82）：共同體**現在**的自我理解必須關連到其**歷史**所
形構的價值傳統，才具有正當性基礎（頁4）。然而，這也似乎是
當代中國文化民族主義者在方法層次最爲棘手的議題。根本的問
題在於，中國近代史乃是源於激進反傳統主義所導致的一連串
「**斷裂**」歷程（頁191）。本書便指出，「近代中國的歷次社會革
命，往往是用現代性內部的連續性……去推進和促成中國歷史文
化型態內部的非連續性和斷裂」（頁140）；從而中國文化歷次的
啓蒙，乃是一個寄託於一個他者來自我否定的歷程（頁185，

191)。然而，張旭東將激烈反傳統的自我否定完全歸咎於啓蒙知識分子，顯然是有所偏頗的。畢竟，在近代中國思想史中，馬克思主義革命精神難道不是激進啓蒙主義進一步之發展？現代中國的正當性根源，脫離了啓蒙的普遍性如何自我理解？換言之，當代中國文化民族主義正當性論述似乎面對著一個**啓蒙辯證的困境**：中國的共產主義運動，乃是淵源於西方現代普遍主義的最高型態之一（馬克思對於西方社會的激進批判，是爲了達到普遍的解放，當然是西方普遍主義話語的重要代表），而且它在中國近代史上，所採行的政策從來是與傳統的對立、批判與否定。一直到改革開放之後，這種激進反傳統主義的思維以及持續不斷的政治運動，才在後極權的當代情境中「常態化」並逐漸式微。然而，文化民族主義對於歷史延續性的訴求，如何與共產主義運動促成近代中國的激進反傳統主義之斷裂加以調解，從而提供當前中國崛起所需要的文化民族主義歷史價值？

　　對於這個關鍵議題，本書的論述策略是基於政治決斷論精神，運用黑格爾「凡現實皆合理」的辯證，再加上「國家理由」或「國家理性」（*raison d'etat*；頁243）學說，**在現實（而非理論）層次來銜接斷裂**。我們都知道黑格爾的「現實」是符合理性規定之存在，而張旭東的分析則謂「事實上，中國近現代史的軌跡，特別是大眾革命和社會主義現代性的歷史選擇，本身就是這種『暫代性方案』的創造性超越」（頁61）。換言之，前述六點價值內容乃是國家民族在歷史中已經做出的決斷，而應被視爲施密特所稱的「國家的政治統一性和社會秩序的具體的整體狀態」[11]，構成對中國未來規範性思考的出發點。這不但顯示出張旭東的文

11　《憲法學說》，頁5。

化民族主義之承載者並非文化，而是國家；更重要的意涵在於，中國崛起的**政治現實**可以辯證地揚棄／克服之前所有發生在中國的**文化**斷裂，並作爲未來形構普遍性的價值要素。「國家理由」之說，遂得以在政治存有以及現實層次彌補銜接現代中國的文化斷裂。這乃是施密特決斷主義精神不斷出現在本書關鍵論述（如頁213, 247, 367）的原因，筆者也因此將本書的觀點名之爲「**政治性**的文化民族主義」。

然而，關連到上一節對本書「普遍性的特殊化，特殊性的普遍化」辯證邏輯之討論，吾人將察覺張旭東援引政治決斷主義，仍然不符合文化民族主義的精神。因爲「國家」與「主權」，還是在西方現代普遍主義發展的進程中所產生的政治觀念，而非中國傳統文化所本有。

回溯西方政治現代性的根源，大約在14世紀初葉，當時能宣稱「普遍性」的，只有教會以及教皇絕對權柄，沒有其他政治權力能與之抗衡。但義大利偉大詩人但丁在後期流放的生涯中，運用鉅大的詩學想像力，鋪陳出羅馬皇帝（emperor）作爲獨立於教皇、並同樣源於上帝意旨的普遍權力（《論世界帝國》第三書）。略晚於但丁，同爲義大利人的馬西流（Marsilius of Padua），則標舉「人民」作爲俗世政治正當性的根源。雖然運用統治全歐洲的皇帝作爲政治符號來對抗教皇權柄，有其時代意義；但是西方現代性實際的歷史進程，在16、17世紀確立的全新政治體制，乃是民族國家。民族國家低於但丁式「世界帝國」之普遍性，但高於馬基維利式「共和」之特殊性[12]。對這個進程有所貢獻的，包括

---

12 Pierre Manent, *An Intellectual History of Liberalism*, tran., Rebecca Balinski (Princeton: Princeton University Press, 1994), pp.3-9，中譯見

馬基維利設想的非基督教非道德的「君主」、布丹在法國宗教戰
爭後提出的「主權」，而集大成於霍布斯描繪的「利維坦」。當
然這是近代國家環繞著主權的絕對性，特別是主權者高於法律並
且不受法律限制(*legibus solutus*)的屬性而成形的第一階段[13]；其
後將逐漸朝向自由主義、憲政主義以及人民主權等方向發展。

　　我們不厭其煩地說明西方政治現代性發展複雜的歷史性，主
旨不僅在於指陳本書對西方普遍主義批判的局限。更重要的，乃
是一個實質問題：全書熱情捍衛的中國國家主權與民族文化政
治，表面上運用普遍與特殊之辯證，自我提升到一個理論制高
點；但一究其實，張旭東所倡議的「國家」以及「主權」等，無
一不是西方現代普遍主義話語所發展出的範疇。不僅如此，本書
所標舉的政治價值，其實是西方現代性**第一波**普遍主義(17世紀
絕對主義之主權國家)的產物，但通過施密特的決斷論做出一種
反歷史的物化，懸置歷史進程，拒斥西方現代性繼續發展出來的
自由與憲政民主等價值，只願接受德國後發現代性的民族主義與
政治決斷論。但是，倘若本書的價值主張也是**徹徹底底的西方現
代性範疇**，則有何立場質疑引介西方啟蒙思想以及自由主義價值
的知識分子在整體主義層次的「非我群性」？而假如市場派經濟
學家可以被指責為「沒有考慮當代中國自身的歷史出發點和『先
前的東西』」(頁82)，那麼，不去面對中國社會主義的過去自身
便是被西方普遍主義所多重決定(overdetermination)的事實，難

(續)—————————

　　　《自由主義思想文化史》，曹海軍譯(長春：吉林人民出版社，
　　　2004)。
13　關於*legibus solutus*這個重要觀念，請參考《憲法學說》，頁67-68, 150,
　　　191-92, 283；Hannah Arendt, *On Revolution* (Harmondsworth: Penguin
　　　Books, 1990), pp.156-163.

道不也同樣是「一種歷史虛無主義的表現」(頁82)嗎？

德國後發現代性所發展出的施密特式國家主義與政治決斷論，致力於宣傳所謂自由主義的反政治性格。也就是宣稱啓蒙、自由主義以及多元主義等政治現代性，勢必帶來「非政治化」的趨勢，並且將瓦解政治共同體的同質性以及凝聚力。而因爲自由主義者似乎只會「坐而言」，無法「起而行」，更無能做終極的政治決斷，從而決不可以成爲政治共同體的構成原則；唯有集體性的民族主義與國家主義方能擔當此重責大任。

然而，此種史觀是經不起實踐檢驗的。觀諸現代世界史的進程，實際上能夠在其中持續存在並繁榮擴張的霸權，如18、19世紀的英國，20世紀的美國，無一不是以自由主義原則所構成的國家。換言之，**自由主義與強大國家不相容之說是一個僅具表面說服力的悖論**，是一個類似杜斯妥也夫斯基《地下室手記》主角在無力的存在情境中所產生的政治想像。張旭東所祖述的德國民族主義，乃是以文化社群爲基礎，塑造強烈的民族情緒來構成政治認同，並意圖「超英趕美」。但歷史已經證明，此種民族主義思維，反映的是**弱國**對於群體存亡絕續永恆的深刻恐懼，並導致各民族對於其他民族產生了排他性之根本敵意。其結果是將現實政治化約成霍布斯式的「自然狀態」，只不過互相爲戰的，並非個人而是諸民族。此種思維之目的是民族主體的形塑；但由於過度強化自身的存在焦慮以及對外的不信任感，極易演變爲集體的妒恨(resentment)，卻無力創造繁榮和平的社會與國家。

既然此種集體主義傾向與馬克思主義原始的啓蒙精神並不相容，也與中國政治崛起之現實不盡相符；那麼，真誠地面對啓

蒙辯證[14]，在「基本實現了小康」、國富民強已經在望的現階段，展現泱泱大國的氣度，自信而積極主動地吸納啟蒙在歷史中所發展出的政治價值，並與中華民族的文化體系加以整合，應該是一個更符合歷史脈動的志業。

不思如此，頑固地排斥西方現代性，以後殖民論述爲基礎回頭加工民族特殊性並予以過度陳述，如此所建構的政治性文化民族主義，不但無法眞正克服啟蒙辯證，恐怕只是沙灘上的城堡。

五、結語：從文化政治到文化創造

總結以上論述，我們可以說本書展現一種特殊的美學政治，在當代中國崛起的機緣中[15]，將極左與極右浪漫地結合起來：以

---

14 作爲文化研究者，張旭東確切地掌握了霍克海默與阿多諾《啟蒙的辯證法》之精義，也就是「在『啟蒙』、『顛覆』和『革命』之後往哪裡走，把新秩序確立在什麼樣的生活理想和價值理想的基礎上」（頁179）。只不過對他而言，答案是尼采式的：「怎樣保持和更新這個新的生活世界的激情、意志和創造力，把它理解爲存在本身，理解爲『最高價值』和『神性』本身」（頁179）。對筆者而言，這不當是用虛無主義的方式面對／迴避政治正當性議題。事實上，啟蒙仍有思想資源面對並克服啟蒙的辯證；中國應該重新面對一再被富國強兵的民族主義所推遲的自由主義與憲政民主等政治現代性價值。關於啟蒙的當代思想資源，請參閱錢永祥，〈現代性業已耗盡了批判意義嗎？汪暉論現代性讀後有感〉，《台灣社會研究季刊》，37期（2000），頁75-90。

15 「機緣主義」（occasionalism）是施密特批判政治浪漫主義心態所提出最重要的觀念，見Carl Schmitt, *Political Romanticism*, tran., G. Oakes（Cambridge, Mass.: MIT, 1986），pp.78-93，中譯見《政治的浪漫派》，馮克利、劉鋒譯（上海：上海人民出版社，2004）。此浪漫接合之可能性在於韋伯的關鍵角色，張旭東對此點說明如下：「韋

黑格爾的主奴辯證與盧卡奇的歷史哲學掌握西方現代性的整體，然後用尼采的價值學說及施密特的政治決斷來重構自我[16]，以形塑當代中國政治性的文化民族主義，堂堂進入世界史普遍／特殊的辯證。

　　民族主義的價值重構，是中國當代知識分子必須面對的關鍵課題。作爲一個在台灣的學術工作者，個人僅對張旭東的論述提出一些初步的觀察。在黑格爾的辯證法中，西方現代普遍性之所以能眞正成爲一個具有調解力量的強勢主體，乃是它能夠讓特殊性（也就是主體自由）得到無限伸張。在此意義上，由西方所主導的近代世界史，乃是一個自由實現的歷史。以張旭東對黑格爾的理解程度，不會不知道這個關鍵，但他似乎用一種後殖民甚至相對主義的分析取向，策略性地改寫成任何政治強勢的國家都可以（也必須）在文化政治上將其自身的特殊性作爲普遍性加以表述，並得到其他國家的承認。

　　從黑格爾歷史哲學的角度加以觀察，此種型態的文化民族主

（續）────────────────────

　　伯的兩個傑出的學生──盧卡奇和施密特──分別從左的方面和右的方面恢復了對布爾喬亞文化制度和法律制度的辯證的、總體的批判，決不是偶然的。⋯⋯這兩個人後來在政治上雖然分屬對立陣營，⋯⋯但在知識思想上卻一直惺惺相惜，不得不批判對方時，也往往手下留情或予以特別處理。」（頁287）值得注意的是，洛維特將「機緣主義」詮釋爲施密特思想的根本取向（雖然去除了浪漫主義成分），見Karl Löwith, *Martin Heidegger and European Nihilism,* tran., G. Steiner（New York: Columbia, 1995）, pp. 144-45, 158-59.

16 無獨有偶地，當代西方左派在社會主義陣營瓦解後思想的歧路中，也向極右的施密特取經，特別是其對自由主義之激烈批判，*Telos* 乃其中之著例。然而，法蘭克福學派健將馬庫色早已強調，施密特政治觀念與黑格爾辯證法精神並不相容，請參閱Marcuse, *Reason and Revolution*, pp. 412-13, 418-19.

義思維有兩個問題：第一，自由理念作爲終極目的被相對化；第二，「個體性」完全消逝。其原因並不難理解，因爲在本書文化政治論的普遍／特殊辯證中，「特殊性」指涉的是歷史發展中特殊的**民族**，而在黑格爾原始意義上則指涉**個人**的特殊性，遂被轉化爲必須從屬於民族整體（這正是我們已經分析的整體主義取向）。當然，隨著這個關鍵性的轉化，個人自由的議題遂從本書的語境消逝。

然而，文化的生產與再生產，需要的是一代代的**個人**投入其中。所以終極而言，本書文化政治論之根本目的並非學術分析，而是確立一個意識型態再生產架構[17]，使得大主體（國家民族）能與個體對話：**汝當如是，才不負爲當代有骨氣的中國人**。這樣的意義建構，正是阿圖塞所描述的意識型態之「質問」（interpellation）與主體形構[18]。本書文化政治論苦心孤詣所欲達成的主旨，乃**以具有當代說服力的語彙，貢獻於現代中國文化民族主義「想像共同體」的符號製造機制**。然而，無論在集體或個體層次，這樣的文化政治論述都有其疑義。

在集體層次，將「文化」與「政治」加以關連，似乎意味著政治決斷的**強度**即可創造一個可大可久的民族文化，這恐怕是對施密特政治存在主義的誤用。因爲指出普遍主義的歷史限制，並不意味著**任何**特殊信念均可以透過決斷的強度而成爲普遍性。意識型態批判在扯下普遍性的面具之後，也並不表示任何人都可戴上普遍性的面具要求他者承認。本書應做而未做的，是將前節所

---

17 可以類比於張旭東所稱的一個「提供安全感和認同感（之）『巨大的架座』（the gigantic enframing，海德格語）」（頁50）。
18 Louis Althusser, *Essays on Ideology* (London: Verso, 1984), pp. 44-55.

整理的六個當代中國文化民族主義元素，用政治理論的嚴格邏輯，建構出一套普遍價值體系，才有根據要求「他者」之承認。畢竟，承認的對象物乃應然的「價值」，而非實然的「存在」或「力量」。

在個體層次，全書強烈的文化民族主義以及決斷性格的文化政治論，仍然承繼清末民初以來中國知識分子的危機意識以及救亡圖存的雄心。這對於學術工作者是否有所助益？筆者對此有所保留。適度的價值關懷，當然是學術研究的原動力；但是過分強烈的危機意識，往往「存在決定意識」，導致學者採取一種整體主義的觀點，對其身處其間的危機提出一個宏觀的架構，一種時代性的精神診斷。隨著歷史的進程，我們看到一分又一分的時代精神診斷書，告訴中國人（特別是其他知識分子）：**你們**應當做些什麼樣的志業才能救亡圖存。此種整體主義的理論家，實際上自居於一種**偉大立法家**的角色。然而，立法家多、篤實踐履者少，反而導致中國近代對於西方文化的理解並未一代一代地積累與進步。正是這種過分熱烈的存在意識，將文化與政治加以緊密關連（新文化運動、文化大革命，哪一個不是正牌的「文化政治」？），強調文化對於民族國家的重要影響，反而傷害了文化創造力。一究其實，本書不但未曾超越此種心態，而且有意識地再製此種心態。即使客觀形勢已經變化，國富民強已經不再是遙不可及的夢想，仍然運用這種被列強欺壓時代的存在意識，來指導當代中國的強國文化政治。

當然，文化政治論者必定會質問筆者此種觀點的價值立場究竟為何？是否也被西方霸權主義所決定或制約？若要客觀地討論這個問題，就必須處理學術之意義，特別是**以中文寫作的西方思想學術研究之意義**問題。我們不妨引述張旭東所分析的兩種學

術意義。他指出一個學科的優勢，終極地要看兩個方向的影響，其一爲「學術成果在分析、方法、理論上有沒有給其他跨語言、跨社會、跨文化的同行提供新的視野、示範、議題和研究動力」；其二爲「學術思想能否對國民生活整體產生影響，能否在學科和學院之外，在國家的政治生活、社會生活、精神生活領域產生深刻而持久的效果」（頁334-335）。基於這個區分，本書「文化政治論」之目的，顯然在於對中國當下的國民精神生活產生實質影響。然而，**任何**一個以中文寫作的文本，其目標均在於促成本國生活世界的**某種**文化自我認知與期許；那麼，我們的觀點，是否能提出與本書不同的學術意義論述？

相對於張旭東的「**文化政治**」觀念，筆者認爲用「**文化創造**」來掌握思想者的行動內涵，或許長期而言，對於我們所處的文化社群（無論是中國大陸或是台灣）將會有更多的貢獻。這樣的自我認知，當然有價值取向的關懷，但不需將此關懷存在化、政治化，甚至進一步限定某些型態的思想論述或文化活動才具有正當性。所應當要求的是**書寫品質**，也就是學術與文化活動時自我要求，努力超越個人的時代限制，以產生可以持續累積的能量。這是一個看似平淡無奇的文化創造活動，也是韋伯在〈學術作爲一種志業〉中對於現代學術累積作爲一種理性化過程的描述。唯有每一位學術工作者都「做」（而非只「**說**」我們應當如何做）的情況下，日積月累，文化創造才能夠得到一線生機。否則，一代又一代的文化活動，產生的是一分又一分的精神診斷書；其所反映的，無寧是提出診斷書的「醫生」（或「立法家」）本身之心理焦慮，對於文化問題的解決並無所助益。

這樣的觀點並不抽象，筆者願提出一個初步的學術判準：在30年甚至50年之後，我們所書寫的中文文本是否在華語世界仍然

具有**學術**價值(而非實踐性、歷史性的價值，僅表達出書寫者之存在感受)；從而在圖書館的浩瀚書海中，有興趣的讀者，特別是下一代的學術工作者，閱讀這些著作，排除其歷史限制(如文獻的新發展等)後，能夠在既有基礎上繼續發展。只有當代的書寫者有此種建立堅實基礎的自我期許與實踐，中文的學術社群才有可能逐漸發展，文化創造才有曙光[19]。

那麼，基於這個判準，《全球化時代的文化認同》一書的**學術**價值如何？筆者必須遺憾地指出，實際上是相當令人失望的，因爲存在熱情淹沒了理性論述。當然，作者本人亦有所感，才道出本書「過多地滯留在介紹、講解和感想議論的層面」(前言，頁2)。純粹以學術價值而言，全書大概只有討論尼采的部分符合嚴格的學術體例，也具有較充實的內涵。張旭東由洛維特的尼采詮釋，特別是其提問「在尼采之後還有沒有路？」的分析(頁107-113)，對比於盧卡奇在《理性的毀滅》之中的分析角度，將尼采視爲資產階級從「右」的方向來堅持價值的自我認同(頁136，159)，通過這兩種對立的詮釋，對尼采思想提出了相當精彩的分析。除了尼采的兩章之外，本書對其他思想家的討論都著重於其生命熱情的描繪，缺乏學術性的實質討論[20]。

---

19 希望這個判準不要太快地被貼上爲「學院裡的帳房先生」(頁130)鼓吹「學院匠人的市儈文化」(頁147)之類的標籤。但即便如此，筆者仍然甘之如飴，甚至不介意將本文標題改爲「『文化政治』的魅力與貧困：一個學院帳房先生反時代之考察」。事實上，個人下筆時想到的主要還不是中國文化民族主義者，畢竟他們與筆者身處的環境有一段距離；感觸更多的無寧是台灣近年來本土化「文化政治」沛然莫之能禦的態勢。在文化民族主義的世界中，托瑪斯·曼(Tomas Mann)所説的「凡事皆政治，無事不政治」，誠非虛言。

20 筆者雖不欲雞裡挑骨頭，但仍須指出本書在風格方面的小瑕疵。

　　回到我們在篇首楔子中所描繪的青年學子。在意興飛揚的年輕歲月時，他大可一邊展讀本書，一邊擊節稱賞其中的存在熱情。但若因此受到感召，以西方思想的學術研究作爲志業，負笈歐美一流大學深造時，首先會遭遇到的思想挑戰，恐怕會直接衝擊本書所灌輸的民族主義價值觀，以及原先認定所將奉獻的學術志業。舉例而言，受到張旭東影響，對於盧卡奇《理性的毀滅》產生太高的評價以及學術上的過度依賴，出國後將會發覺這是一本歐美學界已經很少討論的書籍，而不得不調整心態。在這種情況下，這位青年學子將要從受到「民族總體主義」的「迷醉」（enchanted）復歸於「除魅」（disenchanted）的狀態，對其研究課題重新構思符合當代學術標準的理論分析。這樣的「與國際學術接軌」，是否意味著背離了原先的理想？筆者認爲，這反而是思想解放的起點。唯有每個人在清明的狀態，瞭解自身的興趣以及能力，以有限的生命實在地作一些學術以及文化創造的工作，方能開展出無限的文化生機。這是「個體性」以及「特殊性」原則在學術文化領域的具體展現，絕非整體主義的政治決斷可以取代的。

（續）

　　在〈前言〉中，作者說明按照出版社的希望，保留了口語以及對話風格。如此一來，或許可讓一般讀者用比較輕鬆自在的態度面對艱難而晦澀的理論思想；但對於專業讀者而言，過多的重複以及不連貫，使得本書缺乏一氣呵成的精錬感。

蕭高彥：現任中央研究院人文社會科學研究中心暨政治學研究所籌備處研究員，研究領域為西洋政治思想史與政治理論。1980年代台灣的韋伯熱以及新馬克思主義流行浪潮激起了他對社會政治理論的興趣，期望能掌握西方思想整體之精義，以學術為（志）業後，放棄整體主義論述方式，自我期許以學術專業標準從事西洋政治思想史之鑽研寫作。近期研究主題集中於西方共和主義傳統、當代民主理論，以及台灣憲法政治的論述。

文化政治與現代性問題之眞僞

高全喜

作爲現時代的中國學人，談史敘今，講學論道，總是難免置身於所謂「現代性」和「全球化」的語境之中，總是把歷史、文化、政治等諸多問題糾纏在一起，說起來自己的一些文章和演講有時也沒能逃此窠臼。究竟這樣的思考方式是否「正確」？我們今天談論問題是否就非要如此？現代性和全球化難道就是我們擺脫不了的「命運」，政治、文化與歷史就如此註定了不可分離？這是我近期一直思考的一些問題，恰巧《思想》季刊給了我一個命題作文，命我就張旭東教授的近著《全球化時代的文化認同——西方普遍主義話語的歷史批判》做個評論，我力辭不掉，勉強爲文，算是對自己的近期思考做一個交代吧。

一、現代性問題之眞僞

時下中國學界對於現代性問題的論述言之滔滔，似乎已經成爲各個領域討論中國問題不容置疑的前提預設，但我對此卻持非常謹慎的態度。我認爲所謂「現代性」（modernity）對於我們思考中國問題是一把雙刃劍，而就學術性來說，也有一個眞僞之辨。現代性在西方學術界的話語體系中，肇始於歐陸思想，尤其是德

國的社會文化思想。在英美的主流思想家那裏，現代性並非一個
真問題，只是在20世紀後半葉，隨著所謂「後現代」話語體系的
濫觴，才開始在北美學界泛起波瀾。關於何為現代性，檢索起來
定義不下十多種，一般說來，它是指陳西方15世紀以來隨著民族
國家和資本主義市民社會的興起、發展與成熟而出現的不同於古
代社會的那種新型的社會結構、文化形態和思想意識等等。有論
者甚至把這種現代形態的發軔上溯到中世紀，認為基督教的神
權－王權政制已經屬於現代性之議題。本文的主旨不在考辨現代
性之義理，而是粗淺探討它的真偽問題。

應該承認，現代性問題所隱含的這個人類歷史形態的轉型是
真實的，西方現代社會或資本主義是本質上不同於古代城邦的一
種新型的社會結構。與此相關的政治國家、市民社會、文化意識、
思想觀念等等，都是古代社會從來沒有的。對於這個方面的體
察，德國思想家們從一開始(即從18世紀的政治浪漫派和文化民
族主義開始)就感受尤深。一路下來，德意志民族的各派思想家
(即德國自由派、保守右派和激進左派)，從康德、費希特、黑格
爾到經濟學的新舊歷史學派，到尼采、馬克思、韋伯、特洛爾奇、
施密特、盧卡奇，等等，他們的思考路徑基本上是圍繞著現代性
問題展開的，他們宣導的「永久和平」、「民族精神」、「絕對
精神」、「共產主義」、「天主教大公主義」乃至自由主義的新
世界，等等，都可謂從這個(德國版本的)現代性問題中催生出來
的「思想」之果。

按照我的理解，張旭東《全球化時代的文化認同》主要處理
的便是上述這個德國思想家們的現代性問題。他從一個置身於所
謂全球化語境中的中國人的視角，解讀了一番德國思想中的普遍
主義話語體系。在我看來，這個考察具有其真實性的一面。確實，

各派德國思想家們對於現代性所給予他們的德國之痛的認識，是大體一致的。恩格斯曾經說過，德國是一個思想的民族，思想家們所共用的一種特殊能力，就是化腐朽爲神奇，把西方現代社會生成、發育、開展和成熟的內在機制提升或轉換爲一套普遍話語，在思想意識的漫遊中走完了這個歷程，並且真的就以爲思想歷程可以取代和超越現實歷史。這是德國的唯心主義或理想主義（idealism）之所在。就這個意義來說，德國的自由主義，如康德、韋伯等人，也統統屬於這個傳統；至於馬克思主義的激進革命的左派、和施密特保守主義的右派，就更是如此。張著用相當的篇幅論述這個現代性的普遍主義話語，例如，關於私人財產權、市民社會、政治國家以及海外殖民、世界歷史和國際公法，關於相互承認、國家主權、同質社會和文化認同等等，都有較爲深入的討論。但是，令人遺憾的是，全書卻沒有一個清醒的關於德國現代性問題的基本認識，即上述核心命題在德國歷史中從來就沒有真正地實現過。它們不是英國社會經驗的觀念總結，就是思想家們的理想修辭。在德國思想中存在的真問題，並非黑格爾意義上的特殊性與普遍性的對立，也不是張著提取的文化政治之多元對話的可比性差異，而是概念與現實的分裂，是德國思想與英（法）國社會之間的緊張或隔膜。

　　關於現代性問題，中國學界目前所接受的基本上是一個德國的敘事模式。張著也是如此。關於這個德國版本，我認爲它具有一定的真實性，即它從普遍主義的角度揭示了西方現代社會的經濟與政治機制以及思想文化形態。但是，應該指出，德國的這個敘事模式是有重大問題的，或者說包含著很多虛假的成分，因爲它所想像出來的現代性的普遍話語，無論是黑格爾意義上的關於主奴辯證法的歷史理性以及地上的精神王國，還是馬克思關於資

產階級法權的批判及其解體後的共產主義烏托邦，無論是尼采對於基督—市民的現代性攻擊以及執掌權力意志的新人，還是韋伯的新教倫理與資本主義精神，乃至施密特所批判的現代議會制度和形式主義法學等等，雖然形式各異，它們都是各位思想家們帶著德國的有色眼鏡所看到或想像出來的現代性的本質，都是德國特殊經驗下的所謂資本主義現代性形態。問題在於，這個德國思想中的普遍性究竟與現代性的主流形態，尤其是英美（法）國家的真實的歷史狀況有多少關係呢？或者說，諸如私人財產權、市民社會、政治國家以及海外殖民、世界歷史和國際公法、國家主權和同質社會等等，這些支撐著（德國版）現代性普遍話語的言辭，究竟觸及了多少英美（法）國家的社會核心結構？究竟在多大程度上歪曲了英美（法）國家在社會形態的轉型中的本質內容呢？

顯然，在15至18世紀以降的英國和美國社會政法思想，乃至在相應的法國思想中，德國人感受尤深的劇烈的現代性衝擊並不存在。儘管英國革命、美國革命乃至法國革命是在它們那裏發生的（德國並沒有出現類似的革命），在此前後還出現了法國的啓蒙思想、英國的蘇格蘭啓蒙思想（德國也相應地出現了啓蒙思想），但從主流的英美思想來看，他們的市民社會形態和政治國家的政體制度，以及相關的思想意識、生活方式和道德習俗等，並沒有顯示出（德國版）現代性理論所揭示的與過去生活的全方位的敵對和決裂，並沒有為自己的存在本身的合理性與正當性提供非此不可的捍衛與辯護。甚至在古典的自由主義那裏，所謂現代性問題本身就是一個偽問題。在他們看來，一個社會形態的形成與發育成熟，完全是一個自生自發的演化過程，在其中並不存在絕對的斷裂和革命的變遷；任何一個活的社會都是一個自由擴展的體系，傳統是延續的，思想是積累的，所謂資本主義的生產和生活

方式，也是在符合人性需要的經濟、法律和文化的自發演變中逐漸形成的。我們看到，英國的普通法傳統、蘇格蘭的政治經濟學、美國的實證主義哲學，以及經驗主義的認識論和保守主義的價值觀等等，這些構成了英美思想的主流。在那裏，儘管也存在各家各派之別，也有關於私人財產權、市民社會、民主政治、有限政府和國家主權，以及海外殖民、世界歷史和國際公法等方面的論述與理論，但這些大多是來自他們現實的社會實踐，是本於他們的經驗意識。

如果說英美社會的現實狀況以及其自發演進就是所謂的現代性，對此，也大可不必置疑或拒斥，但這在理論上並沒有多少意義。英美主流思想關心的是，在他們的社會演變中舊制度與新政體、革命與改良、自由與秩序以及相關的道德意識、思想觀念和價值判斷之問題的產生、激化與解決。總之，自發擴展的現代社會，如何在制度和價值兩個層面爲這個社會的公民提供自由、幸福和正義，這是英美主流思想的議題。至於所謂的前現代的社會形態和後現代的烏托邦理想固然可以納入思想家們的眼簾，但與現實的英美政治社會和工商社會之主體，並沒有多少必然性的關聯。或者說，他們的這個社會形態，即以英倫三島爲基點、時至今日已經擴展到全世界廣袤領域的，在經濟、政制、法律和思想文化等諸多方面卓有建樹的社會體，它的發育、成長和開展，以及演變和面臨的問題，甚至危機與轉型，並不必然地要預設一個諸如古典希臘、羅馬的前提，也不必然要指向一個終極的諸如共產主義或永久和平之類的歷史終結。它是偶然的、漸進的、變化的，沒有什麼命定的原點；直到今天所謂的全球化時代，也沒有展示什麼宿命論的終結。這就是英美思想的歷史經驗論和有限理性論的底色。如果非要說英美主流思想界也有現代性問題的

話，在我看來，大概就是如此。

德國語境中的現代性問題，與英美思想在路徑上是完全不同的。從英美思想的角度來看，德國的現代性問題在相當程度上是一個僞問題，因爲德國思想家們所揭示的核心命題不但在英美社會沒有眞實地存在過，而且在德國現實中也並沒有眞實地存在過。例如，在私人財產權、市民社會、國家主權以及海外殖民、世界歷史和國際公法等方面，現實的德國在現代性的幾百年來，並沒有像他們的思想家們所揭示的那樣爲這些理論提供依據和基礎；他們大多是從英國和美國那裏轉換出來的。康德的永久和平論所訴求的共和憲政國家之前提在德國是不存在的，黑格爾的市民社會理論是英國市民社會的總結，馬克思的《資本論》是以英國資本主義爲藍本的。我們看到，德國思想家們對於英美世界的解釋，與英美國家自己的思想家們的解釋是迥然不同的。德國思想家們總是把英美社會納入他們有關目的論的世界歷史的德國敘事之中，總是把前現代、現代和後現代納入一個宿命論的社會政治的歷史邏輯之中，總是從極端的角度（或極左的革命激進主義、或極右的反革命的保守主義）攻擊和撻伐英美的中庸的政治自由主義的制度和思想，並以此彰顯德國或以德國爲代表的歐陸在所謂世界歷史中的獨特地位。

言者諄諄，聽者藐藐，上述普遍性的德國話語在英美思想家們看來，或許恰恰是現代性之僞。本文關心的問題，倒不是徹底辨析現代性之眞僞，而是諸多德國思想家們炮製的這個現代性之原因，即爲什麼他們要屢屢構建這樣一個思想意識中的敘事呢？在我看來，這是德國問題的所在，也是對於我們最有啓發意義的地方。這其中也許有諸多的原因，我粗淺地歸納起來，大致列出了如下三點：

　　第一，德國不是資本主義的原發地，從某種意義上說，它是不得已被動地被裹挾進這個先是歐洲後來波及全世界的資本主義的社會進程之中去的。因此，從它的角度看，這是一個外來的大的世界歷史進程。因此，它更願意把這個進程視為一個從古代到現代乃至未來的總體人類進程的一個主體部分，這樣從精神上便得以與英美（法）抗衡，因此就佔據了或至少沒有輸掉德國自己的主動性，無論這種努力是有意的還是無意的。這從一個面向反映了德國民族精神的主體性力量，也從另外一個面向表現了這個民族的精神上的偏頗、固執乃至狹隘。這些尤其體現在各種極左的和極右的思想理論之中。

　　第二，儘管德國思想並沒有完全真實地總結英美現代社會的本質，但他們有關普遍性話語的構建，從傾向上是認同和標榜英美工商社會和法治憲政之基本結構的。這些，集中體現在德國一波又一波的自由主義的理論訴求之中。我們看到，從康德的權利哲學到黑格爾的法哲學，到洪堡的國家限權理論，從李斯特的國民經濟學到韋伯的經濟社會學，到哈伯瑪斯晚年的事實與規範理論，從威瑪憲法到聯邦德國基本法，到積極參與歐盟憲法的創制，德國自由主義的理論和實踐在三百年來德國歷史的曲折發展和演變中，表達了德意志人民最內在的呼聲，因此也最終使得德國融入到西方主流的現代資本主義的歷史潮流之中。

　　第三，由於不是資本主義的原生態，並且其自由主義的各派理論只是部分真實地揭示了這個資本主義的普遍性本質，再加之以強大的極左和極右的思想勢力，使得德國的現代性思想對於英美現代社會的各種自發演變中的諸多問題十分敏感，因此總是從自身萌發出各種企圖矯正英美自由主義政治與經濟制度和思想文化觀念的衝動、意見和方案，有些甚至是顛覆性的。應該指出，

300年來德國思想總是西方資本主義的實踐與觀念兩個層面上的一個異數，它湧現出來的各種來自自由主義內部，特別是來自非自由主義和反自由主義的極左和極右的各種理論體系和現實運動，雖然很多對於英美世界來說是子虛烏有的，但也有很多是擊中時弊，具有匡正之效的，而且它們對於德國來說也具有真實的意義，是它們的現代性中所出現的真問題。

因此，從上述三個方面來看，所謂現代性問題之真偽就不能一概而論，而是要針對不同的問題，不同的時間階段，不同的國家體制，來衡量和判斷。其中對於英美社會來說是虛假的偽問題，對於德國可能就是真問題；相反地，英美的真問題，對於德國可能就隔膜甚遠。基於上述考慮，再回到本文的議題，我感到張旭東的著作對於德國思想的這個重要方面，很少有清醒的認識。基本上，他是在德國語境中展開有關西方乃至人類社會的現代性政治、法律與文化之敘事的。500年來英美國家的現代社會之理論和實踐，似乎是在他的視野之外的，而德國理論和德國社會，似乎成為他考察西方普遍主義話語的鵠的之所在。真正的英美自由主義乃至德國自由主義的思想理論和政治經濟制度，反而成為他倍加推崇的德國左右派思想的靶子。在我看來，張著看似洋洋灑灑實則混亂不清的宏大敘事裡面，除了演講題材的隨意性之外，至少有如下三個方面的問題有待澄清。

第一個問題，德國版本的所謂現代性普遍話語，究竟在多大程度上屬於真實的西方現代性普遍本質，或者說，英美主體的西方現代社會的制度建構和思想體系，與德國社會及其思想觀念之間的關係究竟是怎樣的？對於這個關鍵性的問題，令人疑惑的是作者本人根本就沒有意識到，所以儘管全書關於西方現代歷史多有鋪陳，特別是關於德國思想的敘事不能不說是一曲三折，但有

關西方現代性歷史進程的總體性理解,在這部著作中仍然是片面的、甚至是扭曲的。固然可以爭辯說這本書處理的是德國思想,但作為一部涉及西方現代性問題的思想著作甚至文化與政治哲學著作,我認為英美視野(當然更高的是綜合了英美和德國之後的新的視野),仍然是必不可少的。

第二個問題,德國思想中的路線之辨在張著中是十分混亂的,或者說作者在書中並沒有給出一個明確的觀點和態度。相反地,該著是把德國思想中本質不同的自由主義、右派保守主義和左派激進主義三種理論譜系,在攻擊假想的英美制度和觀念的共同點上,片面地集合在一起,形成了一個沒有理論基石的批判敘述。至於英美自由主義究竟是什麼,該著沒有任何研究和討論。三種德國思想譜系之間的張力性關係,以及根本性的區別,該著沒有辨析和深究。作者究竟依據三種中的何種理論整合三派理論,並進而批判英美自由主義的制度和思想,該著更是沒有明確和有力的陳述。我們除了看到了作者任意調用各派德國理論之於批判對象的博學之外,至於作者為什麼要批判,批判之後的建樹是什麼,全書語焉不詳。

第三個問題,張著侈言他的主題是文化政治,因此,從某種意義上說,用「文化政治」這個概念可以逃避本文上述的詰難。因為,文化是一個大羅網,任何實質性的問題都可以在文化的染缸中抽空和變色。現代性真偽之辨,自由主義、保守主義和激進主義都可以通過文化來抽空它們的底色。而所謂「文化政治」,由於把政治消解在文化之中,看來功效就更是如此。我認為這是德國思想中有待清理的一個棘手問題。張著的邏輯混亂,藉助這個似是而非的概念得以整裝並溝聯起來,因此,本文下面將專門處理這個問題。

二、政治是政治，文化是文化

　　張著自以為不同於一般的文化批評理論，而是要深入文化意識、價值主體和權力觀念的歷史基礎和哲學基礎，對歐洲啓蒙運動以來政治、文化主體性的歷史構造及其內在緊張，進行系統的敘述和剖析。為此，他曾如此提綱挈領地寫道：（該書）「從頭到尾講的是文化政治」，「政治在根本的意義上，在韋伯和尼采的意義上，甚至在黑格爾和康德的意義上，歸根到底是一種生存的政治，不是一種規範化或操作程序意義上的政治；但存在的政治也就是最廣義上的文化，是一種文化和價值上的自我意識、自我肯定、自我辯護和自我實現。這就是我們今天談的歷史和主體性的終極意義。」（見該書第356頁）作者指出，全書緊扣「市民—基督教世界的文化危機及其自我意識這個線索，把西方現代性的政治、哲學和文化表述為一種特殊的歷史主體性的自我理解和自我認識。」為此，作者批判性地解讀了康德—黑格爾的市民階級的自我意識以及哲學立法，尼采的哲學轉折及其革命性意義，韋伯—施密特的法律與政治思想，進而對種種當代現象，諸如冷戰後流行的「自由市場」、「普遍的個人」和「歷史的終結」等各種意識型態話語，進行了一系列獨到的分析，並試圖揭示這些「普遍主義」立場所掩蓋的歷史社會差異、文化和價值的衝突及其內在的特殊主體的「自我肯定」意志。

　　不可否認，作者用「文化政治」這個殺手鐧來處理德國思想，確實是抓住了德國問題的癥結。這個文化民族或思想民族的一個最突出特性，就是以文化吸納政治和經濟，甚至超越政治和經濟，由此應對所謂現代性乃至全球化過程中出現的自我與他者、

個體與普遍、族群與國家的矛盾衝突。確實，以「文化政治」來統括德國300年來的各種思想流派，把康德、黑格爾、尼采、馬克思、韋伯、施密特、盧卡奇、哈伯瑪斯等諸多原本歧義紛繁、矛盾對立的極左、極右和溫和自由主義的各派各家聚集在一個題目之下，這不能不說是一種高明的手法。而且，上述思想人物確實在文化政治這個方面，具有內在的共同點：他們都突出地體現了把政治與文化結合起來，進而用文化化約政治的總體傾向。不管他們揚言的政治是何種政治，文化是何種文化，文化政治的一體化或精神性正是德國思想的共同歸宿。

　　本文在此所要質疑的，並不是這種文化政治的一般性研究與分析的視角或方法，而是張著囿於這種視角或方法的盲目性、局限性乃至欺騙性，並進而對於德國思想家們的這個化約實質性問題的思想路徑提出批評。這是什麼意思呢？當然，我承認文化政治是一種思考問題的方式，甚至是一種高明地、綜合地處理德國所面臨的融入現代性乃至全球化問題的方式。但是，這個方式是有條件的，或者說是有前提的，這個前提性條件就是必須首先把政治與文化根本性地區分開來。所謂政治是政治，文化是文化，甚至把政治、經濟、社會的制度和結構方面的東西與文化、哲學、道德的觀念和心理方面的東西，嚴格地區分開來，兩者不能簡單而輕易地化約和等同，更不能用後者統轄前者，吸納和消解前者。但是，德國唯心論的文化哲學邏輯，恰恰是忽視了這一根本性的要點。它們總是高蹈地用思想、文化、意志和精神等主觀性的東西超越（政治、法律、經濟和社會）制度上的屏障，進而化約乃至輕視政治、經濟制度的決定性作用，以此實現它們的歷史主體性。殊不知恰恰是上述政治、經濟制度上的嚴重缺陷，使得德意志民族在西方現代性的歷史進程中屢屢落後，市民社會的自由

經濟制度，法治憲政的民族國家體制，在他們那裏從來就沒有正常、成熟和富有活力地發育與成長起來。一個政治蹩腳的民族，何談文化政治？一個連現代性政治之核心的憲政、民主、法治之制度性的建構都乏善可陳的國家，有什麼資格倡言普遍性的現代性邏輯和文化主體性？

　　在我看來，德國思想中的所謂文化政治，具有很大的誤導性和欺騙性。它們遮蔽了這個民族國家在300年歷史中的最核心而關鍵但又可惜沒有真正解決的主題，即政治制度上的建設。具體地說，就是自由主義的憲政國家的建設。研究德國思想和文化，我認為實在沒有必要鸚鵡學舌，把他們自視高明實則誤人害己的那一套文化政治的高調和精神的傲慢拿過來，以此遮蔽我們國家當前在融入現代性進程中的憲政政治制度這一根本性的問題或瓶頸。在此需要指出的是，我在一系列文章中所說的德國問題與中國問題的相關性，並不是意指德國的成功經驗。相反地，恰恰是它的慘痛教訓。中國與德國相類似，有著近兩百年被動融入西方現代性潮流的歷史進程，但是中國的政治制度以及經濟和社會制度，遠沒有與這個現代性的制度基礎相接軌，建設憲政國家的歷史三峽遠沒有過去。因此，任何用政治文化來化約和消解這個堅硬的中國現實主題的「良好」企圖，都是危險的和貽害無窮的。

　　令人遺憾的是，張著在上述問題上是糊塗的，至少是沒有走出德國思想的窠臼。全書對於文化政治言辭滔滔。但是，究竟什麼是政治，什麼是文化，政治與文化的本質性差異是什麼，卻沒有絲毫的說明。連政治和文化之分都沒有釐清的文化政治，將會把讀者帶到哪裡？在我看來，政治的歸政治，文化的歸文化，相互之間是不能化約的，至少不能輕易化約。按照我的理解，政治（the political）或政制（the constitution）是一種組織規則和政治秩

序。西方現代性的一個關鍵性的基礎，便是這種雖然來源於古代但更本質地生發於現代市民社會的憲政秩序。它與資本主義的自由市場經濟秩序，具有密切的關聯。法治、自由經濟和限權政治，以及民主代議制、有限政府、司法獨立、公民自治、乃至國家權威等等，這些看上去是一些在英美社會司空見慣的老一套，卻是現代性政治的基本內容，而且正是因爲它們在當今世界的普遍流行，成爲常識，反而從另一個方面說明了它們的產生之非同尋常。對於這樣一種現代性的常識性政治，我們不是心存敬畏，恭身接受與仿效，反而倍加責難和排斥，這是一種什麼樣的心態和情懷呢？

要知道，這種在英美已成現實的政治，無論是在德國（二戰前）還是在中國，從來就沒有真正地落實過，而它們卻是現代性政治的主流。歷史的實踐業已證明，它們使得英美國家或那些真正落實了這種政治的國家，政治強大，經濟繁榮，人民休養生息、自由和安全。政治就是政治，它是一個現代性國家的骨架，沒有它，就根本談不上一個現代性的國家。當然，對於這種政治，我們不能無原則地加以美化。政治所能解決的問題也是有限度的、有邊界的。在西方500年的政治之道中，特別是在今天，這種政治存在著諸多的問題和弊端，有些是災難性的和無法加以徹底克服的。對此，時下的論述已經夠多了，從不同的出發點，即從社會主義的、從民族主義的、從後發國家的，甚至從英美自由主義內部的，對於現代性政治的批判可謂滔滔不絕。所謂後現代的話語之濫觴，大多也是基於此。但是，必須指出的是，政治的問題只能通過政治來解決，並且最終也必須落實在政治層面上。政治就是政治，不是文化。那種企圖把政治化約爲文化，並通過文化政治來消解和消除政治的所謂德國方法，除了自欺欺人之外，並

沒有多少實質性的內容。德國200年來的文化政治雖然一次次用思想、文化和精神化約了政治，但是在現實世界，在政治實踐上，他們並沒有真地跳躍過政治，並沒有因此實現了或超越了憲政民主，從而使得國家強大、自由和和諧。相反地，他們的社會實踐還不是一次次從頭開始，建立威瑪共和國和民主憲政的現代新德國。

當然，上述所言並不是說文化不重要，並不是說文化政治不存在。但文化是文化，政治歸政治，而文化政治從成熟的意義上說，應該是在政治制度全面建立起來之後的一種自我意識之形態或自我主體價值之形態，而不是相反，像德國思想那樣，在政治或缺的情況下，以文化統領政治、化約政治、消解政治。這樣做的結果，在相當多的情況下，反而是誤導了政治，在與主流的現代性憲政民主政治的文化抗衡中，激發出諸多「反」或「敵」現代政治之正道的極權主義、烏托邦主義及其各種變異形態。應該說，現代性政治是有正道與邪道之分的，政治正義的根本並不在所謂的文化政治或文化那裏，而是在政治本身，在制度本身。所謂人性、人權、人的自由與幸福、人的價值與自主性等等，固然與德性、精神、心理、情感、意志等德國思想標榜的那些主觀世界有關。但現代性之政治正道，在於為它們提供了一個制度性的正義之基礎。文化政治應該是從這裏發育和生長出來的，而不是敵視它。在這個方面，英美的文化或文化政治，卻給了我們有益的教誨。他們的文化與政治並不截然對立或相互敵視，而是相互和睦、相互促進，並各自區分和恪守自己的邊界。一般而言，英國和美國各有特定的文化政治傳統，英國有普通法精神，公民自治的美德和自由、仁愛的文明禮儀，美國有共和精神、個人主義和愛國主義，有他們的樂善好施與個人奮鬥。當然，任何一個民

族也都有他們的文化缺點，甚至致命的醜惡。但是，這些並沒有嚴重地損害他們的政治制度。同樣，他們的政治也有缺陷，甚至是致命的缺陷，但也沒有可能把制度的缺陷歸罪於他們的文化。

政治是政治，文化是文化。只有在掌握上述區分之後，才談得上文化政治，即超越於政治之上的文化，或建立在正義制度之上的文化認同或文化自我意識、文化主體性。然而，張著卻忽視了這個基本的前提。書裡從頭至尾大談文化政治，談文化政治對於政治(英美政治)的化約和消解，並以此彰顯德國文化的主體價值。也正是這樣一個思路，使他能夠心安理得地把尼采與韋伯、康德與馬克思、施密特與盧卡奇等截然對立的思想譜系糾合在一起，並且在他們質疑現代普遍性政治方面找到了共同點。至於這個共同點的政治基礎是什麼，他們各自的理據是什麼，則是該著所沒有也不願去考察和分析的；至於奠定現代性普遍政治的英美文化的何種正義、誰之合理性等價值問題，就更是該著所要遮蔽的了。

三、今天怎樣的制度才能使我們做中國人？

「我們今天怎樣做中國人？」這是張著〈代序〉的題目，也是作者在全書貫穿始終的一個基於中國意識的主題。這確實是一個很值得關注的問題，特別是在今天，在中國已經不可避免地被捲入到現代性乃至全球化進程的時候，思考如何做一個中國人，或者說做一個真正的具有中國意識的現代中國人，而不是美國人、日本人或德國人，也不是古代中國人，確實是非常有意義的。我想作者義正辭嚴地提出這個攸關的問題，顯然是有著多方面的原因，至少我拜讀全書有兩點感受頗深。

　　首先，作者強烈地意識到現代性對於中國社會的衝擊，在西方普遍性話語的主導下，如何在一個全球化的時代保持一個中國的文化主體性，如何使得中國人不至於被淹沒在現代性的同質化或英美化的生活方式和價值觀念之潮流中，如何在全球一體化的現代語境中保持中國人的氣質、情感、意識、道德和精神。這些要命的問題確實擺在了我們眼前，而且情況堪憂。作者指出，我們很多人在融入現代生活的過程中，已經忘記了自己還是中國人，忘記了有自己的傳統、自己的民族意識和自己的擺脫不了的印記。實際上，所謂的普遍性是虛假的，不過是西方世界的尤其是英美國家的特殊性，現代性不過是他們的偽裝化的言辭。因此，在今天怎樣做中國人的問題，從本質上說就是保守中國文化命脈的問題，就是抵禦西方政治、經濟、軍事和文化霸權，維護中國本色，捍衛中國文化和傳統的價值之爭的問題。作者寫道：「我們要有勇氣去思考『我們到底想要什麼』、『我們到底要做什麼樣的人』這樣的大問題。因為文化定位，實際上就是不同文化和價值體系之間的互相競爭。中國文化如何在當代西方各種強勢文化的影響下進行自我定位和自我構想，實際上也就是一個爭取自主性，並由此參與界定世界文化和世界歷史的問題。這反映出一個民族的根本性的抱負和自我期待。」（頁2）。

　　其次，在這樣的期待之下，張著不由自主地對於德國文化和德國人給予了充滿同情和讚許的理解。在作者看來，德國與中國類似，也一直存在著一個如何融入現代性浪潮並保持它的民族主體意識、民族精神和民族意志的問題，也存在著一個如何在文化上抗拒英美（法）等強勢國家的普遍性侵犯的問題，也存在著一個如何做德國人的問題。在作者眼裏，德國的一代又一代、一波又一波的思想家們，總是富有洞見地意識到這個德國與他者的價值

之爭問題，並且屢戰屢勝地捍衛了他們國家和民族的主體性，實現了引導世界文化的優勢地位。張著所謂的「全球化時代的文化認同」，實際上申述的不過是德國文化對於「西方普遍性話語的歷史批判」，謳歌的不過是德國思想文化和民族精神的榜樣性示範。它的題中之意，是爲了回應作者全書開篇的中國問題，即如何做一個中國人，如何在全球化的今天，對於西方普遍性話語給予歷史性的批判，實現中國人自己的民族意識和文化主體性。

應該指出，作者的這個出發點和主題意識令人擊節讚歎，我也十分贊同。我同意作者有關現代性普遍話語中所隱含的各個民族的特殊性的論斷，也主張中國在當今世界需要確立一種文化的主體性和獨立性，傳承自己的傳統，保持中國人的民族精神和民族風範，理解作者爲此憂心忡忡地提出的如何做一個中國人的大問題。確實，置身於今日世界，我們需要反省，需要確立我們文化的方向，不能簡單地以爲步入現代性進程了，就可以萬事無憂了，「以往那種單純地認爲現代化就是西化，現代化就是反傳統的思維方式，那種認爲現在有一種普遍的東西，有一種文明的主流，中國只要靠上去、融入進去就行了的看法，其實不是放棄了民族文化傳統的特殊性，而是放棄了對這種特殊性內在的普遍性因素和普遍性價值的信心和肯定。」（頁2）德國300年來的思想和文化，在某些方面給予了我們很多的啓迪。他們少有中國曾經出現的五四新文化運動、甚至文化大革命那樣的敵視傳統、毀滅文化的狂熱，而是在發揚他們的民族文化和民族精神的哲學與倫理建設中，爲現代世界提供了一些優異的特殊精神產品，並且構成了西方現代性普遍話語的一個重要的組成部分。

因此，張著全書傾心考察和講述的所謂「德國故事」，確實有其富有教益的價值，對於我們是一面鏡子。但是，任何事物都

有正反兩個方面。對於「德國故事」的正面意義，對於作者的良苦用心，對於中國人應該持守的民族精神和傳統文脈，我並沒有什麼疑義。然而，對於「德國故事」的負面教訓，對於作者忽視甚至遮蔽的問題，即做一個現代中國人所必須建立的（憲政政治）制度這個更為根本性的問題，我與作者存在著本質性的分歧。在我看來，今天，乃至鴉片戰爭以來的近兩百年中國歷史中，我們屢屢面對的「如何做一個堂堂正正的中國人」的問題，其根子並不是一個文化政治的問題，而是一個政治制度的問題，是如何建立一個現代性的普遍正義的制度的問題。說到底，這個制度就是一個共和、憲政、民主的政制。對於這個問題，是不能單純用文化政治來化約和消除的。應該指出，作者在書中著力彰顯的所謂德國思想中的政治哲學和歷史哲學，已經被某種文化政治至上的文化哲學所消解了。在作者眼中，文化政治似乎成了一個萬能的點金術，德國的問題、中國的問題似乎都可以藉由它來獲得根本性的解決。

但是，在我看來，政治是政治，文化是文化，政治與文化兩者不能等同和相互替代。而文化政治只不過是一種附著於一個民族共同體中的精靈，如果沒有強有力的機體，即作為政治體、經濟體和社會體的制度骨架，那就不啻遊魂野鬼。德國問題之所以成為一個問題，之所以呈現出如此負面的作用，就在於他們過於急迫地跳躍了政治，把政治與文化等同起來，並用文化政治或民族精神化約政治，因此使得他們的憲政制度從根本上並沒有得到解決，以至於成為政治的侏儒（和思想的巨人），這不能不說是一樁可惜的事情。反觀中國的近現代歷史，我們的遭遇比之於德國更為慘痛，我們的政制甚至連德國那樣的低微成就都沒有，我們的所謂中華民國（第一共和國），如何比較威瑪共和國？我們的憲

政三部曲(軍政、訓政、憲政)，如何比較德國的法治國？我們的第二共和國，如何比較聯邦德國？這些令人痛心疾首的政治失敗史，又怎麼能夠通過所謂的文化政治化約和超越呢？請問：我們的文化政治的載體是什麼？是孔孟之道，還是法術勢？是5000年王朝政治的三統(政統、法統和學統)，還是黨政軍的一元化領導？是三綱五常，還是無產階級專政？

因此，關於「我們今天怎樣做中國人」的問題，我更願意換一個問法：即今天怎樣的政治制度能夠使我們做一個中國人，一個堂堂正正的中國人？我認為，在日漸融入現代性世界大潮之今天，至為關鍵的並不是我們是否能夠保持自己的民族意識和民族精神之類的文化問題，而是如何建設一個現代性的共和、憲政、民主的政治制度的政制問題。做中國人的核心，在於先打造一個普遍性的制度平臺，在於為現代中國人的全面發展，為中國人的心靈和精神的自我意識和文化主體性，提供一個正義的制度基礎。而這恰恰是中國200年來無數先賢未竟的事業，是我們最為缺失的骨骼。實際上，200年來直至今天，我們之所以痛感民族文化羸弱多病，之所以民族意識和文化主體性飄蕩無根，之所以在世界民族之林中屢遭凌辱，並非因為我們沒有所謂的中國文化之獨特的人倫禮儀，沒有東方中國的思想傳統和豐饒麗姿，沒有令西方人咋舌的美輪美奐的國粹嘉寶，而是我們沒有一個現代性的正義的政治制度，沒有一個可以與西方諸民族交疊共用的憲政、法治、民主的制度框架。正是這一致命的政治缺憾，消磨了中國人的精神，詆毀了民族的意志，敗壞了文化的丰姿，使得今天有多少的中國人苟且、委瑣、浮華、墮落，行屍走肉、醉生夢死。我們的高貴哪裡去了？我們的仁愛哪裡去了？我們的謙遜哪裡去？我們的堅韌哪裡去了？在我看來，政制，一個拒斥正義的

憲政之道的政治制度，是這一切之淵藪，至少到目前是如此。

　　有論者會說，你所謂的憲政制度，所謂的政治，最終還不是需要中國人的精神來建設嗎？不是仍然以文化精神為歸依嗎？是的，我承認是如此。一個喪失了精神的動物民族，是不可能致力於政治建設的。政治是需要今天的中國人用心力、用民族精神來建設的。但是，我要強調的是，這個精神力的現實建設或實踐，其首要的目標不是文化政治等精神產品，而是制度產品，不是與現代性的其他民族爭一個文化上的高低優劣，而是解決我們自己的制度難題，是根本性地解決我們如何步入現代性的政治制度之門檻的問題。這也許是一個循環論證，但其中憲政政治的制度仲介是絕對不可消除、化約和忽視，甚至遮蔽的。只有在我們真正地建立起一個憲政的政治制度，真正地步入現代性的洪流（抑或泥潭），那麼我們或許才有資格談民族精神、民族文化和文化主體性，才能夠從容地批評德國的文化政治之得失，才配談我們今天怎樣做堂堂正正的中國人。我在自己的〈論民族主義〉一文中曾經指出，現代社會存在著兩種認同，一種是文化認同，一種是政治認同。對於今天的中國人來說，政治認同，即在建設一個自由、民主、共和的憲政制度的政治認同方面達成共識，並戮力踐行，或許更為性命攸關。

高全喜：現任中國社會科學院法學研究所研究員，出版專著有：《法律秩序與自由正義：哈耶克的法律與憲政思想》(2003)、《休謨的政治哲學》(2004)、《論相互承認的法權──〈精神現象學〉研究兩篇》(2004)等，目前致力於法哲學與憲政理論的研究，並主編《大國》學術季刊。

思想狀況

馬華人文思想的焦灼與孤寂

潘永強

一

2006年6月18日，馬來西亞文化評論家張景雲先生在他主持筆政的《東方日報》的專欄上，建議馬來西亞華文文化出版業停止營運10年，「作爲對這個所謂華人社會表達強烈沉痛抗議的象徵性行動。」

他認爲，除了新聞出版業和教育出版業之外，一切文化出版業都應停止營運，包含的是文學類、藝術類、人文學術類讀物，形式包括單行本書籍、期刊、展覽會伴隨出版物、研討會論文集，作家協會編輯的文集，或社團資助的出版獎勵。小型出版社也應停止出書。

張景雲這個建議，乍聽之下難掩一股意氣和情緒，但並非無的放矢，特別是對瞭解馬華文化知識界脈絡與氛圍者而言，如此的提法不會令人錯愕，可是，肯定也不會受到認眞重視。果然，他的文章發表一個多月後，竟然如大石沈海一般，社會幾乎沒有反應，更遑論思考討論。這種集體冷漠，就更坐實了他的孤寂和無奈。

　　張氏這一記沈悶的出擊，其實也可說成是馬華文化人的哀嚎。他指陳的並非只屬「閱讀風氣不振」或「文化消費疲弱」這個簡單層次的問題。學術、文學書籍「出一本虧一本」固然是事實，至今也撐不活一份文化期刊，但張氏在意的並不是「出版」這個範疇，而是整個社會如何對待文化學術事業的態度。這關乎馬華文化知識界長期的疲困與萎靡，也涉及社會文化思想機制的瓶頸和失陷，以及近年公共領域日漸崩塌的危機。換言之，他的呼籲乃是對馬華社會思想精神的浮躁與淺碟現象發出批判。

　　馬來西亞人口約2400萬人。在這個多族群國度，華人佔600萬，居全國人口四分之一比重，自然形成一個資源自足和邊界清晰的社群。它雖不是中港臺以外華人聚居最多之地，但論華人社會的集體凝聚與文化保存，則可算是「海外」各地之最。台灣學者陳光興曾說，按人口來說，馬華應該具有華人世界當中最為龐大的公民社會[1]。這話大體沒錯。我們可以從一些數字中給予佐證。目前全馬有1200多所華文小學，60所民辦華文中學，3所民辦華文大專學院，5000餘個華人註冊社團，10餘份華文日報（日銷量約100萬份），以及喧嘩熱鬧經年不斷的華文文教、學術、藝術、宗教、民俗、出版活動。更重要的是，自1957年獨立以來，華人社會即構成了一股有意義的政治經濟力量，在政治參與、政策制定和社會動員上，都發揮一定的影響與介入的角色。

　　如果只在表面上觀察，馬華社會的確朝氣蓬勃，民間社會力能量充沛，特別是在母語教育的問題上，形成一支長期的社會運

1　陳光興，〈國家、民間、公民社會與政治社會：台灣經驗的反思〉，發表於「國家機關與公民社會的再造學術研討會」，新紀元學院（馬來西亞），2005年8月6-7日。

動力量，與國家機關處於抗衡狀態。每每國外學者或「文化明星」來訪後，都會對馬華社會文化的活潑生機留下印象。可惜，這終究只是表層的現象，遠不能掩飾它內在肌理的荒蕪淺陋，以及社會公共理性的尚未成熟。

最顯明的是，儘管馬華社會歷經反覆艱困的掙扎與抉擇，但細緻的追索下，除了長期在政治夾縫中進行試探之外，其實對所屬社會困境的思考並不夠深刻。在任何社會，最應擔負起心靈思索這個責任的「文化知識界」，在馬華則還不算清晰成形，更缺乏系統地引進中外思想資源，遑論消化研讀。在社會領導和文化學術領域，也沒有出現過真正意義上的思想人物。

但是，思想不同於知識、學術和哲學，它並非指涉系統、嚴謹的學理論說，而是人們運用心靈與智慧去觀照客觀事物，進而對時代與社會發出重大影響的理念、關懷和公共意識，及其相關的論辯與批判。

就此而言，馬華社會不能說缺乏思想的痕跡，或是因特殊環境制約下所形成的群體思潮傾向。只是，由於思想的深廣度與精緻度之不足，策略意味過重，因之明顯帶有局限和淺陋。換言之，馬華社會思潮演繹的特性，既充滿濃厚的工具性格和操作取向，又缺乏寬厚的知識底蘊和義理辨析，以及人文精神，結果只淪為一頁又一頁略顯多變和浮躁的精神史。即使如此，它至今仍欠缺認真的表述和梳理，以致面容更顯得模糊與粗糙。我想，惟有在這個背景下理解馬華的社會變遷，才能體會張景雲先生的批判指向。但要說明的是，本文所談的偏重於政治社會範圍，而人文領域內的現象也不無相似。

二

從時序上而言，馬華社會在不同時期其實面對不同的時代問題與危機挑戰，其思潮流變在不同時段各有主旋律，需要處理的問題，由外至內，可分爲面對去中國化、本土化、族群化的三重困境。

首先，在獨立前後，是攸關僑居「海外」的華人與中國這個「祖國」的關係，特別牽涉及政治認同和國籍身分。當時東西方冷戰伊始，而地下的馬來亞共產黨成員以華人居多，與中共仍存有複雜關係 令華人處境倍加艱難。

但在這個時點之前，馬華社會已被捲進各種思潮角力的風暴。它有親英的保守陣營、主張本土認同的世家精英、傾向國民黨的僑領勢力、追求社會解放的左翼武裝、尋求漸進改革的民主社會主義者、顧全華族傳統的文化精英等等。此時獨缺自由主義的理念，至1970年代初才開始發出微弱聲音。

社會主義堪稱是馬華社會思潮的一份底色。從1930年代馬來亞共產黨成立後，馬華社會史與政治史就與左翼接連上關係。1960年代後馬共已走向低迷，但它的魅影始終未能遠離馬華社會的心弦。隨著越戰和文革的升高，它更爲激進左翼創造了革命的烏托邦想像。儘管如此，馬共對社會的影響不全在思想與意識層面，而是提供了反抗壓迫的抗爭出路。

不過，公開政治上最重要的一支左翼勢力，則是1950年代由英殖民者扶植的勞工黨。它後來轉趨激進，成爲1960年代政治上最主要的合法反對黨，對華人中下階層極具吸引力。由於受到中國極左政治的感染，特別是文化大革命的影響，它被政府大加鎭

壓，走向沒落。但左翼留下的倒影卻是巨大的，諸如思維方式、鬥爭哲學、文學藝術、語言修辭，至今仍對馬華社會產生多重影響。

少數的親英與親國民黨人士，隨著環境變遷，不得不自我調適，因此政治認同順利消解，但國族糾纏的挑戰卻接踵而至。馬華社會一方面面臨本土化的催逼，另一方面則遭遇到如何確保在新興民族國家內公民權利平等的難題，這種焦灼就表現在爭取華文和華文教育的法定地位，捍衛民族權益的聲浪逐漸崛起。這股兼具文化、民族與公民權利的社會訴求，對建基在脆弱精英妥協上的多族群新興國家而言，確有其極難承受之重。於是，馬來人（文化）民族主義與華人（公民）民族主義就無可避免的產生交鋒。

為捍衛權益，馬華社會最大的依恃來自民間力量，但也難敵國家機關。所幸社經資源豐富，語文與教育尚能退守民間，自力更生。惟從此母語教育即成為最具感性渲染力道的政治議題，染有族群抗議的色彩。

1970年代前後，在打造民族國家過程中，族群矛盾越發尖銳，導致了族群暴亂。此事官方至今雖仍諱莫如深，但馬華社會與土著族群之間的權力關係，就起了變化。左翼與民族主義陣營逐漸合流。華人社會為免邊緣化，祭出了自救的吶喊和動員，反而激起民間思潮的反省，在論述與思維上尋路突破，使整個1980年代走向了啟蒙與參政兩大路向。

啟蒙是指民間精英推動的民權運動，提出訴諸平等與民主的〈全國華人社團聯合宣言〉。至於「參政」，企圖心、進取性更大，但試探性也較高。先是民間力量主張「打進政府，糾正政府」，以在朝、在野、民間的「三結合」理念加入執政黨，以影響政策過程。可是未幾證明策略失敗，轉而鼓吹建立兩黨制。最後則投

身反對黨，尋求政治改革。

這段10年的政治探路，策略屢變，令馬華社會的抗議情緒達到頂點，惜成果甚微。而且政黨政治介入裂解了民間共識，過度動員也令能量消耗殆盡，並認識到本身的局限。這種挫折情緒，適時被國家機關所運用。1990年代的一大轉變，就是國家採取懷柔策略，放寬文教與經濟政策，從內部收編與消蝕民間抗議。至此，馬華社會的政經資源日益流失，自主性下降，轉趨保守被動。文化思想發展則是浮誇空疏，難見創意銳氣。

綜上所述，獨立後馬華社會因應不同環境挑戰，屢見各種試探和動員，場景活躍壯闊，也不缺進步意識。但必須指出的是，無論從行動與心志而言，這些社會動員的動機和過程，並非完全為了創造理想價值而戰。有時只是疑慮權益與地位受損，才啟動社會的集體防衛機制。馬華社會思潮的核心主軸，並不是以追求現代性或創造現代公民政治為最重要的目標；反而是爭取受承認的平等以及文化根基的保障，才居最關鍵位置。

在這種思維籠罩下，社會集體的心態，其實是相當忽視對進步價值的深層發掘和關懷，反而偏重策略考慮。在短線的思路操作下，社會雖有喧鬧的民間資源，卻未導向建立一個互信、包容、理性的願景社會與公民意識。在思想觀念上，較在乎操作層面與工具意義的考量。評估衡量的標準限於是否短期內有利於行動、目標的達成，卻對價值理念的長遠意義予以漠視。限於篇幅，這裡只就以下幾點略作討論。

首先，馬華社會對各種思想、觀念和價值，普遍採取一種機動性的實用主義要求。由於社會有心理上急於擺脫危機的情境，渴望快速超克社會困擾，任何有利於「全盤解決」族群處境的論述主張，不理白貓黑貓，只要表面的理路和解釋框架可以切合當

下的需要，都可以一試。

這種激情與亢奮，通常令社會缺乏從事細緻討論和思考的耐心與韌性，往往見好就用，先試再說。熾熱的心靈沒有冷靜容身之地，其結果是，人們在意的是觀念與行動必須高度的結合，要求論述主張須有可堪操作運用的實用性，強調「理論不能脫離現實」。但過程中最應注重的嚴謹說理與討論，卻並不多見。

於是，在實用的主觀思維制約下，無論是政治判斷抑或行動選擇，馬華社會反覆無常，矛盾頻生。例如，1980年代的民間力量帶領大軍，一時擁抱執政黨，一時又可轉投反對黨，同一個群體可以將整個解釋現狀的框架打翻重塑，反而模糊了追求的理想願景。

這種社會思潮的浮躁性格，反映了其精神矛盾淩亂的一面。無心經營和思索任何邏輯緊密的抽象義理，而傾向於零碎式、截片式的取其表面意義，馬上販售應用。社會不乏口號式的政治理論／思潮，但生命週期甚短，有時只為應付5年一屆的普選，事後即消聲匿跡。儘管我們歷經各式思潮「洗禮」，但真正有價值的文獻、記錄和策論著述，多顯得零散粗率。

馬華社會也一直缺少「士的階層」的養成，以及真正意義上的知識界。由於過度偏重實用取向，無視人文思想教育，這個現象至今仍然存在。歷來的政治社會動員中，往往行動者本身主導著論述與思辨的走向，其結果是政經論述著重行動導向，在利益與博弈中患得患失，而觀念價值與行動策略之間缺乏應有的連結，以致諸種思考出現盲點，失去整體的觀照和批判空間。

這方面浮現的缺憾，尚因觀念與思想的傳播方式缺乏系統、不求精確，令社會的知識結構與價值體系，暴露出零碎和粗泛的陋習。我認為這裡最值得批評的，就是文化思想的「關鍵詞式引

介」。長期以來，馬華社會包括「知識界」，對許多外來思潮哲學，往往只是透過一些概念、術語和語式等「關鍵詞」形式，間接得到理解，通常還是經由二手、甚至三手途徑轉折傳播，自然理解不足，易患上斷章取義、棄舊獵新、缺乏系統解讀的毛病。諸如對「階級」、「社會主義」、「自由」、「法治」、「人權」以及一般社會科學的概念，都流之於字面上、化約性、印象式的領會。「關鍵詞式引介」帶來散亂、破碎的知識，也會感性地遮蔽人們對真實世界的理解，加上概念旅行後的水土不服，若果還要強行詮釋指導行動，就造成種種誤解與扭曲。

類似問題，對馬華社會的傷害屢見不鮮。在鬱悶急躁的氣氛下，一個以說理和秉持公共理性的知識社群實在難以培育。而攸關重大的公共領域和批判空間，年來的失陷與崩壞，則加劇了現實的困境。

三

馬華社會是否存在一個「由公民社會的私人或社團所組成的、不受權力干涉的公共論壇」，答案不言而喻。對一個尚處在半威權半民主的發展中國家而言，要求一個成熟公共領域，無疑仍屬奢想。

儘管離理想甚遠，但事實上，過去馬華社會的公共輿論空間，並非全未提供思辯的機會。至少很長一段時期，華文報業享有相對寬鬆的言論空間，扮演整合華人社會集體行為與意志的重要管道。這些媒體也提供論壇，發表時評與分析文章，甚至容許不同意見主張的論戰，對形塑馬華社會交流思辯的風氣做過不少貢獻。

　　然則，要對思想文化作進一步對話和溝通，或從事較爲細膩深度的論析和互動，就不能只依靠大眾化的報章，而是需要人文取向的雜誌出現。有影響力的文化思想雜誌，既發揮啓蒙意義，引介思潮，也是思想批評活潑的指標，有助提升整體人文討論氛圍。就此一要求而言，馬華社會不可謂不尷尬，數十年至今仍拿不出一份稍具份量的文化刊物。即使有過幾份慘澹經營的短命刊物，也未能產生眞正有意義的思想影響。

　　《文道》雜誌可算是1980年代唯一較具人文素質的刊物。諷刺的是，它卻是執政的馬華公會政黨旗下一個文化機構的產物，而非來自文化知識界。但公允而言，該刊黨性淺淡，只是不碰觸政治，多談文化議題，也爭取了一批知識文化圈人士撰稿。儘管1980年代是華人社會論述活躍的高峰，可是嚴肅的文化思想討論仍不易引起社會興致。《文道》如同在角落處寂靜的存在，就註定它的命運走向。後來在編者幾度易人、經辦者毫無熱情與理念的情況下，雖然資金不缺，但稿源與質素則越形萎縮，終於在沒有太多人婉惜之下宣告停刊。

　　到了1990年代，有另一份《資料與研究》創刊，一度帶來蓬勃朝氣。嚴格而言，它並非思想文化刊物，而是一份關注政治社會的綜合性半學術雜誌。出版者「華社資料研究中心」（華資）的背景，是冀圖成爲馬華社會收集和分析資訊的「智庫」。《資料與研究》有過較大的社會影響，刊物兼具報導與評論特色，傾向討論本土的政治經濟課題，表現出進步與改革意識。它製作過「解讀馬哈迪」、「公民社會」、「新馬來人」等特輯，是當時較有份量的華文刊物。但是1990年代中期起，經濟泡沫乍現，馬華社會卻呈現去政治化的心態，想對社經議題淡然處之，流風竟波及這份頗受好評的刊物。它被視爲批判的異議刊物，如芒刺在

背，遂在內外壓力推擠下，強行改變編輯風格，最後無疾而終，共計出刊三十多期。

繼《資料與研究》之後，華資(今易名華社研究中心，簡稱華研)在2000年推出一份全新人文刊物，刊名即取為《人文雜誌》雙月刊，邀聘文化評論家張景雲為主編，嘗試經營一份精緻清雅的人文讀物。初期編者策劃過不少馬華文化專題，文章以文史、文學、藝術類居多，亦有研究論文。內容涉獵面廣，並積極發拓國內外作者。它的文化學術氣味較濃，但內容缺乏與社會互動，結果刊物發行與銷售始終打不開，後因經費短缺，改成季刊。最終因出版單位無心維持，在出版了二十多期後，在2004年無聲落幕。《人文雜誌》是研究機構辦理的刊物，停刊不只是市場因素，也歸咎於社會認同和支持不足，對人文發展前恭後倨。

2002年至2004年，大將出版社則推出一份《民間評論》系列，由潘永強和魏月萍主編，以書代刊，在出版過四輯後，目前處於休刊狀態。該刊以政治社會評論為主，試圖在媒體言論空間狹窄的環境下，貼近時事，以獨立姿態討論國內的公共議題，並介紹各地文化動向。策劃過的主題分別有「解構媒體權力」、「華人政治思潮」、「再見馬哈迪」、「走近回教政治」。

《民間評論》系列的出版，跟當時公共輿論幾近崩塌的背景有關，即華文報業的壟斷危機。事緣執政的華人政黨馬華公會，在2001年突然宣布收購歷史悠久的《南洋商報》集團，有意收緊言論。華人社會為此驚懼，民間力量隨即動員起來發出反對之聲，掀起一股反對政黨操控媒體、箝制輿論的風潮。不過，最令社會嘩然與痛心的是，與政治勢力協議密謀參與收購案者，竟是一向受社會擁護的《星洲日報》集團，而一旦收購成功，馬來西亞四份主要的華文日報，將由同一政黨和媒體集團壟斷！觀諸過

去華文報業在傳播、輿論與文化等方面的功能，壟斷後果不只是公共領域的倒退和災難，在一個新聞自由尚受壓制的國度，更是對民主政治前景的嚴重打擊。但抗議歸抗議，在強大政治力與媒體強權聯手下，始終無力阻擋壟斷局面出現。這起媒體危機，遂被稱為「報殤」。

「報殤」對馬華文化思想發展帶來的傷害，是長遠而深刻的。在馬來西亞，開辦新報章要向官方申請「準證」，過程並不容易。當媒體受政經壟斷勢力操持後，就意味著馬華社會某個「內部防衛機制」的重要環節受到了侵蝕，削弱公民社會自主性，更使本來就虛弱的公共領域遭受制度性的崩壞。

不過，反收購事件卻突出了馬華「評論界」的角色。在反壟斷反收購運動中，有逾百名時評人選擇了無限期罷寫行動，拒絕向四大華文報供稿，令人矚目。華人社會缺乏可以稱許的「思想界」甚至「知識界」，卻有一個影響輿論風向的「評論界」存在。這是由一群在華文報章上撰寫時評與政論的專欄作者及撰稿人，他們在反收購風潮發揮出批判力量。正是透過報章論壇，大部分馬華文化思想和政經問題的討論，才得以展開。因此華文報與評論界，構成馬華社會兩個制度性的思潮傳播機制的支柱。

但是，評論界選擇擔負起這個道德角色，也付出很大的代價。一度活躍的輿論風氣，立刻沉寂下來，批判的空間與力道大幅度萎縮。當媒體壟斷集團獨大後，還隱然反過來對這股民間力量與評論界秋後算帳。兩根支柱，一根崩塌，一根折損，這種局面至今未得改善。批判的空窗要在《東方日報》創刊後才稍獲填補，但馬華文化思想環境之惡劣萎靡，卻可想而知。

四

馬華社會面對政治的制約和文化存續的挑戰，爲求回應與自救，令大批民間精英不得不尋找活路模式。但尷尬與遺憾的是，無論就問題的把握或方案的提出，他們有時並非是從本身具體的情境與結構做出判斷，反而是倉促應急，囫圇吞棗，往往爲歷史帶來反挫的力道。除了「關鍵詞式的引介」造成的困擾，社會尙需要塑造願景與價值，建設現代公民社會，重視法治與憲政的發展。它走過的思潮演變，無疑飽受客觀環境的限制，但也有本身自主性建構尙未完成的缺失。它仍然需要繼續探尋適應本土情境和國族建構的模式，爲此，就不能輕易放棄獨立自主的思考。

1920年代胡適曾批評「把『不思想界』的情形看做了『思想界』的情形」。他批評當日中國思想界「根本的毛病還在思想的方法」，都看不見「自己想過的思想」，也看不見「根據現實狀況的思想」。胡適主要是依據「思想的方法」劃分思想界。雖然，缺乏方法的自覺是否就無法思考時代問題，這點頗可質疑，但馬華社會思考問題的進路，卻恰恰正是欠缺方法。這既與知識投入的不足、對世界認識的狹窄有關，也跟躁進的論述氛圍令理性溝通無從建立，大有關係。

當我們略爲理解了馬華社會思想人文狀況的荒疏背景之後，再回到張景雲的「文化出版業停止營運10年」的呼籲，就不難體會他的沈痛。張景雲爲馬華人文學術出版點出的問題，實遠遠超過市場機制、出版補貼、社區圖書館等技術性解困方案，而是質疑社會對長遠的人文思想建設還有多少耐心與誠意，還有多大的珍視程度？能否意識到思想文化背後伴隨的理性批判精

神，正是未來鋪設現代社會的最珍貴資源？張氏批評過媒體的一言堂，在乎的正是公共領域這一片淨土。他當然不願看到「停擺10年」真的出現，但人們對文化思想領域糟蹋漠視，又怎不能令老文化人為之嘆息。馬華社會若不解決思想與理性的困局，而老是悶著頭往前衝，前景其實早已不言自明了。

潘永強：馬來西亞華人，台灣政治大學東亞研究所碩士，現為上海復旦大學國際關係與公共事務學院博士生。曾任馬來西亞新紀元學院講師、《民間評論》主編，著有《馬華政治散論》。

危險的愉悅：
從上海一場「八十年代」座談會說起

唐小兵

　　一位八十年代過來的學者，曾經在一次飯局上對我們這些七十年代生人同情地慨歎：「你們這些沒有經歷過八十年代的讀書人，大學是白讀了。」這句話也許有點偏激，卻也從一個細微的層面揭示了八十年代人（所謂「他們」）與我們的「代溝」。《八十年代訪談錄》是一個「精神的尺規」，在「他們」與「我們」之間區劃了一條難以逾越的溝壑，這種代際溝壑隱喻了兩個時代深刻的「斷裂」。

一、精神的死亡：作爲一種儀式的集體追悼

　　2006年6月26日下午2時到5時，在上海某高校的一座理科大樓的會議室，一場「八十年代」座談會靜悄悄地在進行。上海知名作家、評論家如陳村、吳亮、蔡翔、小寶、陸灝都列席了會議，學院派知識分子許紀霖、劉擎、羅崗、毛尖、雷啓立，以及藝術家陳丹青、林旭東，還有遠道而來的查建英、吳彬，還有一干媒體從業人員和些許學生，構成了會議的主體。

　　如同普魯斯特的《追憶逝水年華》所顯示的那樣，回憶應該是一種私人性的事情，是對消失或隱匿在時間長河中的個人歷史的一種補白。回憶是對遺忘的反抗，也是對充斥著宏大敘事的意

識型態話語與思維的反抗。而當回憶成了一種集體性的盛大儀式的時候，回憶的行為在某種意義上就成為了在「他者」目光注視下的「表演」。如何從這種表演中拯救真誠性的元素，是保證回憶質量的第一前提。

在這長達3個小時的回憶中，八十年代過來人主要從三個向度展開了回憶的線條。在這樣一種場合中，「抽象的抒情」往往容易導致他人生理上的牴觸與噁心，因此對細節的追憶成為最受歡迎的表達形式。吳亮提出了自己對八十年代的網路寫作(他在網路上線上寫作八十年代)是一種「碎片式記憶」，是「史外史拾遺」，也就是將在正史的歷史敘述中消退的「野史」從個人的記憶中挖掘出來。例如他說到1989年秋天在錢谷融家與王安憶等人打麻將的歷史情景。林旭東則細緻地描述了當時曠課看電影的故事，並且記述了在八十年代師生之間毫無芥蒂的交誼。這種私人性質的回憶，可能是最珍貴的。當然，在一種公共空間裡面對諸多同道中人，回憶的主體很可能為了不涉及一些具體的人事而有意遮蔽或誇飾，從而導致細節在回憶者的視野中發生變形；而試圖滿足別人的獵奇心理而任意地修改記憶，更可能導致「隱私」成為一種「記憶的商品」。

另一種回憶的反思則是緬懷性的、追悼式的。例如很多在座學者(如許紀霖等)無限感傷地追憶八十年代公共生活的繁榮，公共文化與公共討論是那個時代最富特色的品質。為了一些純粹文化、思想或社會的問題，知識分子或學生可以徹夜地對話與辯論。他們認為那是一個真正高揚理想主義旗幟的時代；反抗、激情與精神性是八十年代的關鍵字。吳彬認為之所以如此，是因為過去歷史中漫長的壓抑，知識分子終於獲得了言說的權利，結果陷溺在表達的亢奮情緒之中，這是極度貧乏後的興奮感的釋放。

　　最後一種是反思性的回憶。陳村認為，不能在懷舊的時候為了「自我撫摩」的需要而把過去理想化、神化。八十年代的種種問題，從今天來看與當時政治並無直接關係，反而是知識分子群體對於自身缺乏一個反思的向度而導致。小寶則說到當時上海文化人的「八十年代」並沒有自主性，而是依附於北京的文化人，以一種「外省人」的心態仰望著北京的變化，只不過是布置的「作業」完成得比較好一點而已。從這個角度來說，八十年代文化熱的背後所折射的並非文化的多元化，而是文化的「同質性」，仍舊是「革命與愛情」混合的文化模式。劉擎以一個詩人與學者特有的敏銳指出：八十年代充斥的其實是一種悲情主義敘事，在一個反抗文革、展望未來的歷史脈絡裡自然地把自我神聖化了，從而獲得了一種悲劇性的詩意的個體體驗與集體情感。八十年代延續的仍舊是他們所批判的「鬥爭意識形態」，仍然是非此即彼的二元對立的意識形態。這種意識型態的模式，與民粹政治的人民敘事並沒有本質上的差異。九十年代後市場的興起才真正摧毀了這種意識型態的硬殼。

二、個人與歷史的糾纏：《八十年代訪談錄》

　　上海「八十年代」座談會是《八十年代訪談錄》的一個空間投射，在八十年代的中國文化地圖上，上海無疑是一個重要的空間。與上海座談會不一樣的是：《八十年代訪談錄》是「單挑」式的回憶錄，是作者查建英與訪談對象一對一的「過招」，因此顯得更為隨意與自然，也更能把一些隱秘的歷史從集體性的氛圍中拉扯出來，也有利於在對話中展示被訪者的性情。查在該書〈前言〉中說：「這本書中的大多數談話者都沒有簡單地將中國的八

十年代浪漫化。儘管他們那時年輕氣盛、出道成名，儘管與今天這個極為現實和複雜的時代相比，那個『前消費時代』（阿城語）的總體氣氛的確頗為浪漫並且相對簡單，這些回憶者的態度卻不是一味懷舊或頌揚，相反，他們對於八十年代抱著難得的坦率、客觀，甚至苛刻的審視態度，對自我和時代的局限、對不少當年轟動一時的現象、事件和人物及其背後的歷史、文化動因做了很多深入的剖析、批評和反省。」但如果僅僅是一種反思和批判，也許並不能像現在這樣引起巨大的社會影響。《八十年代訪談錄》在「八十年代」與「後八十年代」兩個時代之間設置了一道「精神的鴻溝」，以之為尺規，區分了代際隔膜的「知識群體」與「歷史記憶」。

懷舊之所以以集體的座談會、印刷出版、個別私下追憶等各種形式大規模地進行，就因為這種「斷裂」讓八十年代過來人感到了一種迷惘與困惑。陳丹青在訪談中這樣說道「我們」：「我只能有保留地肯定七十年代出生的孩子。我不願意說他們。他們是最自私的一代，最個人，他們也很茫然，但至少在目前的空間裡，只要將來不出現大的災難，我想看看他們會怎樣。」個人主義與極端利己主義成為八十年代人在「觀看」「我們」時的一個「堅硬」的「起點」。與此相對應的八十年代人對「他們」的自我確認，則如甘陽認為他們這一代人最大的特點是「文人氣質」。所謂文人氣質就是主張超越性、浪漫主義、整體化的感性思維、獨斷論式的專制方式等。與陳丹青狐疑地觀看著「我們」不一樣地，甘陽卻對「七十年代甚至八十年代出生人」持更樂觀的看法。他在訪談結束的時候說：「我建議所有的人都應該退出舞臺了，應該讓給年輕的人，他們會比較更好地談論問題。至少他們沒有這個交惡的歷史。這些老人都個人恩怨太深，糾纏太深，你就不

能想問題了，思想都定型了，腦子都僵化了，都不行了。」

事實上，八十年代人正如陳平原所說，是中國目前學術界、文學界、藝術界、思想界等各種領域內的中流砥柱。甘陽要求他們「退休」，無疑是一種天真的「與虎謀皮」。懷舊之所以如此流行，很大程度上是因為這些八十年代人作為一個成功人士的龐大群體產生了「自我慰藉」的精神需求，同時作為一個精英群體，「他們」也最大限度上擁有懷舊的文化資本，懷舊也在強化這個群體的文化資本。歷史從來就是成功者的歷史，而不是無名者的記憶。他們在緬懷青春期的浪漫主義時很可能把一個時代美化了，也可能把現實的複雜簡單化了。比如在《八十年代訪談錄》的歷史敘述中，雖然多數個體都在標榜自己是新啟蒙運動的參與者與見證者，這種啟蒙的一個主要目的，是對文革話語與思維的「反叛與清算」，而直接與五四新文化運動的個人主義、自由主義與民主等接榫。可是仔細閱讀之後發現，「大寫的我」仍舊是壓倒性的主導著「小寫的我」；無論是語言模式或思維方式，與「他們」所反對的如出一轍。政治在所有人的訪談中閃爍其辭，表現出一種曖昧與游離的況味。把政治從八十年代的歷史記憶中抽空以後，歷史就只剩下文化的高歌凱旋，而每個個體被壓抑、被侮辱的傷痛感，在精緻的追憶中被「輕易地淘洗」了，最後殘餘的是美好的有選擇的記憶。如李陀在訪談中喋喋不休地慨歎八十年代友情的珍貴，他動情地追述了八十年代的很多細節，如與文友在大街上抱著一隻西瓜聊文學從黃昏一直聊到第二天天亮的熱烈；如張承志為了創作小說《金牧場》的需要，深夜敲門借傑克·倫敦的《馬登·伊登》尋覓敘事基調的情節。在那個時代，公共性與私人性是混合在一起的，談文學可以在私人的床上徹夜進行。李陀認為從八十年代到今天，中國知識界最大的變化就是

眞誠的友情歷史性地衰退了，公共空間也在整體性地衰落。儘管高檔消費場所如咖啡館、酒吧在遍地開花，可再也不是一幫窮酸文學青年高聲喧嘩的場所，而成了高級白領展示財富和小資情調的空間。

追憶者敘述的歷史，與眞實的歷史往往有著難以逾越的距離，而敘述的歷史與印刷物上呈現的歷史，又有著驚人的鴻溝。因此所謂對八十年代的追憶絕對不是一件容易的事情，而是如卡夫卡所言，必須要在廢墟中匆匆記下所看到的一切，並且相信自己看到的一切。對於今天來說，八十年代更多的是一場社會震盪後遺留的「殘渣」，是一塊巨大的廢墟。尋根文學也好，傷痕文學也罷，文化熱也好，都類似一群青春期被嚴重性壓抑的「大孩子」在突然獲得的相對自由的社會空間裡的「撒嬌史」。「鬥爭思維」是浹肌淪髓式地鑲嵌到很多人的性格裡去了。沒有刮骨療毒的沉痛，不可能在精神與心靈的廢墟上種植出純潔的「時間的玫瑰」。如同愛倫堡（I. G. Ehrenburg, 1891-1967）《人‧歲月‧生活》所展現的那樣，首先是眞相的如實描述，然後是心靈的眞實映照，才可能在我們這個充斥謊言與虛偽的國家，重新尋找到健全人格的起點。同樣是回憶八十年代，康正果的《詩舞祭》就從一個陰暗的邊緣的角度展現了那個時代的「黑暗」，那是人性更是制度的黑暗，「清除精神污染運動」像不定期發作的「癲癇病」，在公共生活中製造災難。康正果寫到他的一個因為跳舞而以「腐蝕青年、賣淫和流氓團夥首犯的罪名從嚴從快判了死刑，立即執行了槍決」的朋友老馬時說：「如今卡拉OK歌舞廳和KTV包房已經蜂房般遍及九州大小城鎮，跳舞——從迪斯可到摟得再緊也很平常的『兩步』——已經成為公開營業的娛樂，沒有人再會記起那些一鬆一緊中被揪出來的倒楣鬼們，也沒有人願意評說他們

爲娛樂的自由化曾付出的代價。但寫到了這裡，我還是要順便表示，我對老馬的重判感到惋惜。我總覺得，不管她還犯有什麼我不知道的罪行，她無論如何也夠不上死罪。僅僅就跳舞這種事而言，她實在不見得比我們這些滑了過來的倖免者更『罪惡』多少。這50年來，中國人經歷了太多的運動和反覆，政策性的所謂『從重從快』，不知枉殺了多少人頭。幸與不幸，你能同誰去論說！」而高爾泰的《尋找家園》、北島的《失敗之書》、徐曉的《半生爲人》等，也許是更值得珍視的私人性回憶錄。

可是在李陀對於八十年代的「激情敘事」中，政治的因素是隱匿或者缺席的，八十年代成了思想者與民眾共同的「思想狂歡」。這種「思想狂歡」在多大的程度上是眞實的，確實是一件令人狐疑的事情。已經有太多的事件證明，八十年代的新啓蒙運動其實只是知識分子內部的「甜蜜的行旅」，而李陀認爲八十年代的可愛，恰恰在於它超越了五四新文化運動的精英主義，而走向了像古代雅典城邦政治的共和主義，政治與民主成爲日常生活中狂歡的源泉。李陀面對採訪者這樣追述道：「八十年代的友情實踐，還有和它緊密相關的反思實踐，並不是在少數精英文人沙龍裡發生的，相反，它很普及，也很平民化，不但在知識分子圈子裡活躍，而且在普通百姓當中也很活躍。這還有個特別的原因，就是知識分子的『工農化』當時還在進行，工廠當中也有很多相當知識化的青年工人，還因爲上山下鄉運動，農村裡也有很多『知識分子』，所以，以友誼催化的思考和爭論，到處發生，到處可見，鶯啼燕舞，樹樹狂花。很多徹夜不眠的、熱火朝天的爭論，很多有關哲學、文學、政治和經濟問題的討論，並不是在大學裡、在客廳裡進行的，而是在車間裡、在地頭上、在馬路邊進行的。這種群眾性的、廣泛的思考和反思實踐，是八十年代思

想生活最重要的特徵。」

　　同樣的一段歷史，在不同的個體那裡居然呈現出如此迥然不同的歷史面相，回憶者的身分、當下考慮、利益立場與大眾社會的距離遠近等各種因素，都會在一種貌似客觀的「歷史記憶」過程中產生奇特的「重塑或扭曲」。如果這種記憶從一開始就定位在對於八十年代的再描述，而不是個人在八十年代的「心靈史」，那麼一種追求整體性描述的衝動，很可能就會淹沒個人的獨特的私人性的記憶，這種回憶就成為被選擇的封閉性的「建構」一種「圖騰化歷史」，而不是讓歷史在個人的感受中盡可能「原汁原味」地湧現，從而使歷史首先是真相的一種全景性展開，然後才會有評論和反思。可是，一種為「八十年代」代言的歷史衝動（無論這種衝動是肯定或者否定性的反思），是在某種意義上「詩意化」或「妖魔化」了歷史。如胡適所言，歷史成了任人打扮的小姑娘。每個人可以按照自己的需要給她貼上不同的商標。例如陳平原為了尋求從八十年代的「思想」向九十年代的「學術」轉型的內在根據（這種尋找在多大程度上省略了外在的歷史震盪原因的影響！），提出這樣的解釋：「理解八十年代學術，應該把它與三十年代的大學教育掛鉤。這跟一批老先生的言傳身教有關。他們沒有講多少大課，但學生們會主動去接觸，去品味，去追摩，去傳說。……我所說的這批老先生，大都沒有真正融入五六十年代的學術思潮。這才可能在『撥亂反正』後，很自然地，一下子就回到了三十年代，接續民國年間已經形成的學術傳統。」這就建構了一種關於八十年代學術（尤其是從八十年代的「思想」向九十年代的「學術」的轉型）的神聖敘事。這種敘事模式在一種堅持「批判性」的虛假意識型態的支撐下，直接跳過了從建國到改革開放數十年蘇聯式教育模式的「歷史遺產」（在歷史性跳躍

的時候，這段歷史的慘痛教訓也被「沒有真正融入五六十年代」輕描淡寫地忽略了），而「大躍進」式地與民國學術傳統銜接了起來，似乎重新找到了學術傳統的正當性「革命火種」。即使從今天的角度來看八十年代或者九十年代的學術，也會覺察到這是一種對民國學術虛妄而可疑的「戲仿」。為了滿足一種「文化英雄」的歷史心理需要，任意地在不同歷史時期做「閃轉騰挪」的「太極拳術」，而不去檢討歷史的「斷裂或終結」對學術造成的負面影響。這已經不是一個學者應該有的學術態度了。

三、明暗之間：在虛構歷史與批判現實的兩極

《八十年代訪談錄》甫一出版，就成為京滬兩地及全國的「暢銷書」，激蕩起一股以八十年代為「文化關鍵字」的懷舊熱潮，甚至僅僅因為《八十年代訪談錄》的對象過於局限在當時的北京，而導致回憶歷史的形式從「時間向度」向「空間想像」發生神奇的嬗蛻（上海座談會出現也就是這種「我也有過」的心態），一種大合唱式的狂歡的八十年代文化地圖在徐徐展現。其實，對於八十年代的親歷歷史者來說，50歲左右的「他們」尚不到必須依靠「懷舊」來撫慰自己和消磨時光的年齡，正如陳平原不無驕傲地宣稱的那樣，「他們」目前是學術界、思想界和文學界等各種「界」的中堅力量，可謂中流砥柱忙得不亦樂乎。那麼，懷舊的根本原因只能被歸置到對現實不滿的向度。通觀《八十年代訪談錄》和上海的「八十年代座談會」，對當今社會文化的不滿是「與談者」和「與會者」的「交疊共識」（不合時宜地借用已故羅爾斯的一個術語）。對現實最集中的指控，當然是針對七十、八十年代後出生的「我們」而言的，比如理想主義的整體性缺失，

比如公共生活和公共討論在校園的缺席，比如極端個人主義和消費主義人格的歷史性興起，比如對商業文化和流行文化的無抵抗能力，比如在人的超越性與世俗性之間完全倒向後者的嚴重傾向等等。

在某種意義上，「八十年代人」的批評是對的，可這種批評又是無效的。說它是對的，是因為現實確實正在呈現一種與八十年代社會完全不一樣的「文化性格」，這種文化性格主張一種物質主義的生活模式，強調個人私人生活的高度自由，普遍性地政治冷漠。說它是無效的，是因為這種批評在兩個層面是讓作為被批評者的「我們」（我長久被飯桌上的某位長輩批評沒有經歷過八十年代的人生是無意義的情景糾纏著）非常懷疑的。這種懷疑並不意味著「我們」對現狀有多麼滿意，而是質疑「他們」的批評對於現實的改變有多大的價值。正如前文所分析的那樣，首先是八十年代人對八十年代的歷史想像，讓「我們」覺得這可能是一種「虛構歷史」的後設話語，無論是對前八十年代「民間思想村落」的描述，還是對八十年代與三十年代民國學術的「血親想像」，或者八十年代與後八十年代的歷史傳承，都讓「我們」在為之振奮的時候產生一種「本能的牴觸」，有一種似曾相識的痛感：這種思維模式與語言模式與民粹政治的模式何其相似！如錢永祥先生所指出，「民粹政治的一個特點就是，通過它的一套完整的歷史敘述，很容易給民眾一種命運的參與感和使命感，歷史的道路似乎很明顯地擺在人民的面前。這種敘述往往是這樣展開的，它會告訴你，我們的先民是如何產生的，他們的生活的篳路藍縷的歷程，然後告訴你我們現在是正在遭受一種怎樣的壓迫和剝削，最後給你指明一個未來的方向。這樣一個包含著過去、現在與未來的宏大敘事是民粹政治形成的重要依據，是被編織起來

的想像的共同體。」

再者，批判性確實是知識分子的思維特徵，尤其是對於自命為公共知識分子的學者來說尤其如此。可是如果這種批判現實是建立在想像現實的基礎之上，那麼必定是書齋裡的「批判性話語文化」，僅僅是增加幾個無關痛癢的口號而已。作為七十年代出生人，我一直對八十年代人的歷史充滿了敬意。可是無可否認的，在八十年代作為反抗者、邊緣人、體制外人的「他們」在今天已經基本上成為體制內的「知識分子」（而不是知識人了），是構建和諧社會的一員（儘管很多人並不願意承認）。最關鍵的問題在於，學院知識分子的生活方式是高度學院化的，也是高度精英化的。如果說科舉制度廢除後的民國知識分子是與鄉村「斷裂」了，今天很多學院知識分子與「社會」也是隔離的。他們生活在越來越按照企業模式管理的大學，每天被學術會議、學術演講、課堂討論、政治學習、課題申報與評審、論文發表與著作出版、學術訪問等各種事情分割著時間。「他們」對於現實的瞭解更多的是來自於對傳媒消息的「驚鴻一瞥」，然後根據這種浮光掠影的印象，指手畫腳地批評現實。現實的狀況到底如何，從來就缺少一些最基本的實證性調查研究。不可否認，現在很多體制內學者對現實的感受能力在整體性地衰退，與年輕一代的思維、話語與生活也在迅速地「代際化」。可是一種強烈的精英心態驅使「他們」不願意承認這個基本境況，反而導致一種激烈的大批判心理，從八十年代遺傳的「批判意識」再度找到了一個歷史的箭靶，而這卻可能在宣洩一種意識型態激情的同時，喪失了同情性的理解。這種批判在明暗之間啟動了一個知識群體的歷史記憶，也適度地釋放了作為一個精英群體的即將老化的「焦慮感」，在虛構歷史與批判現實之間獲得了一種「危險的愉悅」。這仍然是一種

文人氣質的文化浪漫主義。不過，這個時代已經不再提供文化英雄集體表演的歷史舞臺了。因此，一種深刻的悲劇感和歷史意識，在八十年代過來人的心靈中五味交雜地生長著。對於這種「生長」，「他們」似乎一夜之間從振臂一呼應者雲集的文化英雄，「落草」為一個荷戟獨彷徨的日常「凡人」，「變臉」成為了「自我」的「他者」。在英雄與凡人的歷史轉換中，「他們」在振振有辭地批判現實與聲情並茂地神話化歷史的兩極之間，尋找一座垮掉的歷史廢墟中最後的心靈慰藉。

唐小兵：上海華東師範大學歷史學系2006級博士研究生。

回應與討論

歧路、窮途、刺叢：
略談當代思想和思想史，兼答幾位批評者

王超華

　　走「人生」的長途，最容易遇到的有兩大難關。其一是「歧路」，倘若墨翟先生，相傳是慟哭而返的。但我不哭也不返，先在歧路頭坐下，歇一會，或者睡一覺，於是選一條似乎可走的路再走，倘遇見老實人，也許奪他食物來充饑，但是不問路，因為我料定他不知道的。如果遇見老虎，我就爬上樹去，等它餓得走去了再下來，倘它竟不走，我就自己餓死在樹上，而且先用帶子縛住，連死屍也決不給它吃。但倘若沒有樹呢？那麼，沒有法子，只好請它吃了，但也不妨也咬它一口。其二便是「窮途」了，聽說阮籍先生也大哭而回，我卻也像在歧路上的辦法一樣，還是跨進去，在刺叢裡姑且走走。但我也並未遇到全是荊棘毫無可走的地方過，不知道是否世上本無所謂窮途，還是我幸而沒有遇著。

——魯迅：《兩地書·二》

一

　　大約5年前，大陸中國知識界內部所謂「自由主義」和「新左派」的論爭仍呈方興未艾之勢，「世紀中國」網站貼出一份為當代知識分子劃線站隊的分類表。記憶中，這個表用ABCD分別

代表國際霸權、國際資本、國內霸權、國內資本，假定四者皆屬於知識界批判並反抗的目標，然後據此查看各種代表性人物對這些目標的不同排列。比如，鬥爭起來「不講順序」的一組有張廣天和黃紀蘇；批判次序略近於ABDC的，應該是包括了汪暉和崔之元；秦暉的批判次序，如果加上我自己的理解的話，可能是CDBA。還記得這個表把何清漣和朱學勤分在一組，但是否他們的批判對象只有兩項三項(CD、CDB)，而不是全部的四項呢？這卻記不清了[1]。

編輯《歧路中國》的初始動機，便起於這些紛繁的論爭，同時也是起於英文沃索(Verso)出版社的支持和鼓勵[2]。那是2002年的盛夏。中國在2001年底加入世貿組織後，各個社會階層和利益集團都面臨新的重組和更激烈的競爭，包括高科技和新聞出版等傳播業界在內，到處蒸騰著興奮、不安、焦慮。其實，知識界內部的爭論，那時反倒是走下坡路了，無論是提出的問題還是在社會上的影響，都遠不如1990年代中後期；很多人在惶惶不安的社會氛圍中，臨時性地把自己的興奮點鎖在當時正著手接班的胡錦

1　近聞「世紀中國」網站被有關當局查封，實屬中國思想界一大損失，同時也顯示大陸思想環境的惡化仍是十分現實、十分緊迫的問題。

2　本書英文版原名爲 *One China, Many Paths*。中文繁體版《歧路中國》由聯經出版公司於2004年6月出版。英文版尚包括了何清漣〈當前中國社會結構演變的總體性分析〉(原發《書屋》2000年3月號)一文的英譯，但中文版因作者另有安排，未能收錄。中文版的問世，林載爵先生、莊蕙薰小姐多有辛勞；錢永祥先生自始至終熱情關注，爲之撰寫前言，並在《思想》2006年創刊號上開闢專題討論，筆者在此向三位並向聯經出版公司致以誠摯謝意。本文乃回應《思想》2006年第1期(總第1期)徐賁、何啓良、陳冠中等三位先生對《歧路中國》的批評，也加入他們關於中國當代思想界狀況的討論。在此特別感謝錢、徐、何、陳等四位學者對該書及其編者的坦誠批評。

濤身上，揣測各種可能正在發生的高層內部鬥爭，或是各種可能到來的新政策。那年年初出版並轟動一時的李昌平的書《我向總理說實話》，並非是經由知識界的爭論才進入人們的視野。類似的因個體的獨立思考和社會參與而凸顯、但在「知識界」意義上卻表現曖昧甚或無所作為的，在那時還有蕭雪慧對教育產業化的尖銳批評，和王怡對中國工人的階級身分的剖析解讀。

雖然如此，在構想這本書的英文版時，1990年代還是我們生活中重要的一部分。似乎是，知識界涉及重大社會政策方向的火爆論爭，對國家社會和人民生活的直接影響餘緒尤存。對於編者，當時的誘惑在於能夠與這些火爆場面保持一定距離，比較「客觀」地將「中國」和「中國知識分子」心目中認為自己正面臨的困境和選擇介紹給英語世界。而一旦著手工作，才發現，最大的困難卻也正在於能否成功地保持這必要的距離，以及什麼才是「客觀」的標準。差可慶幸的，我本人作為編者和我所設想的英文讀者，最關心的都不是給爭辯各方評判對錯和是非，而是爭辯背後隱含的各種社會困境和思維假設。

這並不是要把英文讀者當傻子，也不是說「此亦一是非，彼亦一是非」。相反地，恰恰是希望能夠引起西方獨立思想界的重視和思考，又並不希冀他們直接參與在當代中國語境中的劃線站隊，並不希望能夠引誘他們支持一方反對另一方。收入這本書的大部分文章，都經過了一定的編輯，編輯時的斟酌考量，都在儘量消去個人意氣的因素和成分，保留並突出思考背後的時代動機。這樣做不是為了溢美，而是因為和西方思想界的朋友交往時，已經聽到太多的不理解和困惑，不希望他們再次覺得自己僅僅是被中國朋友使用來為本幫本派加分的工具。說得嚴重一點，強迫這樣的西方讀者進入某種道義上的兩難選擇，是否也是構成

了對他們的智性和他們本人所持的倫理立場的一種輕視呢？在這種考量的基礎上，很多對中文作者和讀者來說常常是無須解釋不言自明的東西，忽然成爲必須要重新審視，而且還要能儘量簡明地呈現出來的社會思想問題。

這樣的開端，有很多好處，是當初沒有充分意識到的。其中最重要的，就是給了我某種歷史的視角，看自己的文字，看書中各位作者的文字，都有了一種歷史的想像。似乎未來的中文讀者，脫離了1990年代身在其中的具體約束，也有可能會如今天渴望既了解又思考的英文讀者那樣，來閱讀這些充滿緊迫和焦慮的寫作，猶如我們今天重讀清末康有爲保皇黨和章炳麟革命黨之間打過的那許多筆仗一樣。這樣的閱讀，也許正可揭示出更深刻複雜的成分；很多因爲身在其中而一時不易辨識的雜色，都有可能在保持距離的狀態下引起我們的注意，使得過於齊整的梳理顯出不同程度的勉強和不適。汪暉在本書收錄的訪談中，以鄧力群爲例，生動說明1980年代以來（包括英文媒體在內）慣用的中國「改革派」和「保守派」之對立，是多麼的不可靠。類似這樣的力圖爲自己保持距離的思考，總能讓我感到思想的魅力。

在我理解，一個時代的「精神風貌」或「思想狀況」，就是這樣呈現出來的，呈現在社會中那些心智最好奇也最困惑、既不易滿足又不肯安分、渴求確認新問題並尋找新答案的那些人的思考中。正是在這個意義上，作爲本書編者，我默認出版者的當代中國「頂尖知識分子」的用語。本書所收的各位作者，專業訓練和視野立場各有不同，很多人之間曾發生國人矚目的激烈論爭，有些甚至曾充溢著個人意氣，令旁觀者爲之遺憾。但只要沒有根本影響到他們各自的思考質量，作爲編者，就仍然會注重於他們所關切的問題，注重這些問題與社會變動的大背景的關聯，也注

重於他們的關切方式、思考切入點，以及這些思考指示出的方向。至於理想目標和實際狀態之間的差距，自是難以避免，只能說「雖不能至，心嚮往之」了。

實際上，作爲第一次出版英文版翻譯文集的編者，直到今日我都時時意識到自己學識的不足。面對設想中的英文讀者，固然力求嚴謹；即使在決定取捨並聯繫中文作者時，又何嘗不是誠惶誠恐？身居國外，與大變動中的每日喧囂保持一定距離，固然可以說是一種思考上的優勢；但同時，離開了具體環境，誰又能保證自己沒有在這遠距離的觀察中，把問題簡單化了呢？日常生活中，我個人的政治立場，自己對一些事務的判斷和意見，不時會直接形諸筆墨，並主要是通過網路來參與公眾交流。但在編輯本書時，我也意識到，這些作者直接參與的很多思想界論爭和探索，我都沒有介入過，編輯中的興致，恰如其中感受到的壓力，也因此更在於對他們的呈現，而未敢以自己的道德高標妄評他人。即如書中收錄的王安憶散文，作者以自己的擅長，想像著小城鎮的青少年如何在世界性大市場的陰影下，百無聊賴又毫無前途地成長並揮霍著他們過剩的青春和精力，在社會並未承擔過相應責任的情況下，終於陷入社會不容的罪惡；其中涉及到的問題，與蕭雪慧的討論有異曲同工之妙，卻因了文學家的特質，有著更寬泛的人文憂患。當我讀到王安憶近作《遍地梟雄》中，那個在上海郊區擴張徵地的年代裡成長起來、正在失去農業生活記憶的農家子弟，那性情溫和快樂的青年毛豆，不由得想到收入本書的這篇散文，也慶幸我們的作家仍然保持著對這些非常容易被「社會」、被「知識界」忽略的生存狀況的敏銳關切。

作爲編者，保持一定的臨淵履冰心態，自認是對作者和讀者的尊重；但另一方面，世上並沒有絕對的公允和超脫。編輯行爲

本身，已經迫使自己對所處的時代和社會做出種種無可迴避的評判，何況任何時代的任何選集，都只能是掛一漏萬，無論怎樣自辯，也不可能完美無缺。譬如近來新出的查建英的《八十年代訪談錄》，造成極大反響，我在瀏覽相關評論時，仍然會不無悵惘地想，雖然有人還會記起當時曾洛陽紙貴的「走向未來叢書」，可是這麼多的跟風文章，竟沒有一個人提到這套叢書的主編包遵信。吾視人如此，人視我亦然。更何況，還有特意寫作的一篇〈導論〉放在書前，使編者無法擺脫主觀評價的責任和義務。

事實上，由於所選作者和文章的覆蓋面(雖有一定重合，但又極為發散)，編譯時，〈導論〉的寫作很快就提上日程。今日重讀，自己感覺，這個〈導論〉的基調和編選過程中的想法還是一脈相承的，以對英文讀者思考力的信任為基礎，盡可能簡明扼要地總結當代中國思想學術界的發展變化及其歷史社會背景，而且，其中並沒有出現明顯的裂痕或自我矛盾。例如，如何評價1990年代中國社會所走過的路徑，如何評價中國知識界當時所經歷的種種分化和轉向，其實早就是很多人的心中塊壘。本書作者們多次比較1980年代和1990年代，就是出於對這個問題的追索和相當程度上的自覺。〈導論〉正文只引用了汪暉的比喻，注解中還提到的，有許紀霖[3]、朱學勤、陳平原、秦暉等人(頁x)。在訪談中，朱學勤批評1990年代初的學風轉變時尤其尖銳，強調「1980年代是在非學術的層面上被外來的強力打斷的，而不是在學術層面上被自己的發展邏輯否定的。」(頁62)關於這個問題，〈導論〉所

3　《歧路中國》(聯經版)〈導論〉頁x註3的文字，誤將許紀霖所著〈啟蒙的命運——二十年來的中國思想界〉(《二十一世紀》1998年12月，頁4-13)置於汪暉名下。必須藉此機會，向許紀霖教授致歉。

持，大約介於朱學勤和余英時之間，即：在認可社會外力強加影響的同時，願意相信學術和思想仍有自己一定的內路邏輯，規範並限制著受到外力打擊後的發展可能性。換言之，我相信，無論是打擊前還是打擊後，都存在著並不唯一的發展可能性，也存在著並非唯一的解讀。待歷史時空間隔稍長，後代學者有可能仍然堅持朱學勤那時的認識，但也有可能會如余英時對待明清之際的學術轉折那樣，轉而從學理的內部邏輯去考察。既然我們已經有了明清研究的前例，為什麼不可以試圖在自己的解讀中，同時考慮這兩方面因素呢？不妨說，在〈導論〉中處理這個問題時，我就是在有意做這樣的嘗試，其中包括對於《學人》等刊物的簡要評介。但由於篇幅和敘述文體的限制，〈導論〉寫作中，並沒有充分展開對於編者自己所取方法和路向的充分說明。編者是否因此就應受到不同立場論者的道義質疑，恐怕要留給公眾去評判了。

二

做了這麼多的解釋，很像是在含而不露地為自己，也為自己所選的這些「頂尖知識分子」吹噓。其實，即使《歧路中國》真的是比較準確地呈現了中國知識界在1990年代的思想狀況和精神風貌，這本書的功績大約也僅止於此了。這個精神風貌的基本性質、主要特徵，特別是主要缺陷，都還有待讀者慧眼剖析和方家指摘。中國1990年代的「頂尖知識分子」，和世界其他地區其他歷史時段的頂尖知識分子相比，可能獨領風騷，可能各擅勝場，也可能有著各式各樣的差距。或者，如批評者所說，在這些頂尖知識分子的思考和時代對這種思考的要求之間，可能還存在

著相當的距離。此外，所選各家，多是1990年代才嶄露頭角，還缺少時間檢驗，也缺少在這個全球化的時代與國際同行的遭遇和砥礪，是否能在新世紀裡保持他們哪怕是在中國境內的「頂尖」位置，也還應予存疑。

例如，作爲編者，無論怎樣反省自己與國內生活脫節的十數年，畢竟和選錄的所有作者一樣，是從中國大陸思想體制中成長起來的。看別的國家和人物，也許會偶有他人尚未自覺的獨特發現；但看「自己人」時，就難免有「歷史局限」帶來的有共性的盲點。因此，讀到錢永祥爲台版《歧路中國》所寫前言〈歧路未必是窮途〉，就不能不有一種另開了一扇窗的清新感。在錢永祥那裡，中國知識界1990年代初的思想轉折，與政治統制時代意識型態的變遷，與思想理路的內在邏輯，都有了更爲明確緊密的聯繫。他認爲，首要的變化在於，中國共產黨不僅脫離了自己以往的革命意識型態，而且是和「自己建構的革命史論述分道揚鑣」（頁ii），於是，「1990年代的精神狀況，毋寧說根本就是脫離中國革命史的大論述架構的過程與後果。」（頁iii）很顯然，在全球視野下，這些可以更進一步地歸結到冷戰結束、「歷史終結」。社會主義和資本主義之間的「和平競賽」已經崩潰，除了「中國人民的勤勞智慧」這類遮掩資本主義全球化和國內階級分化的虛妄高調，還有什麼留下來等著「歷史最終將會證明」呢？只不過在中國，這個終結來得更早一些，在六四槍聲和鄧小平「致富光榮」的號召下，轉折得更爲突然卻又並不徹底，所取的形式竟然是犬儒在原有意識型態的殘缺外殼下，聊以「發展是硬道理」來規範社會人生。於是，就有了錢永祥所說的，人們必須重新尋求意義，「不得不設法自行敘述中國近代史和近代思想流向、自行詮釋當代中國各方面的實況，也要自行經營足以支撐認識與實踐

的價值觀。」（頁iii）

如果說，這樣的歷史性價值失衡是1990年代中國知識界發生各種論爭的大背景，那麼，新世紀裡全球新秩序在中國的確立，也許可以看做是為什麼如今的知識界不再承擔重大社會角色的主要原因。前面說過，在編輯本書時，1990年代似乎還是我們生活中重要的一部分，中國的知識思想界和政經文化社會生活各方面的互動之間，似乎還保有一種息息相關的氣氛。而現在的思想者必須正視的是，最近5年，這方面的狀況已經有了根本的變化。那時的整體密切相關，已經風流不再。作為一個多少帶有「跟形勢」色彩的選本，《歧路中國》的各位作者後來也因此而各有變化。儘管他們每個人都努力避免落伍，或興致勃勃或勉為掙紮地探索著新方向和新可能，可是，能夠切實保持危機感緊迫感、並因此有效地進入新狀態的，只是極少數。如果在《歧路中國》出版10年後，再想編一本反映新世紀第一個10年思想狀況的合集，這裡的大多數作者很可能都難以入選了。

中國加入世貿組織之後，包括文化在內，大範圍的社會生活納入「有中國特色」的國際商業化、都市化軌道。目前，中國社會文化的整體，已經呈現出當政者夢寐以求的穩定性，奠定了與國際接軌且基礎極為寬泛的「足以支撐認識與實踐的價值觀」。一種進入商業運作軌道後、有著充分相容靈活度的社會惰性，以其盤根錯節的萬千觸角和曲意逢迎，比以前的意識型態控制更有效地消解著智性層面上的特立獨行。能夠像張廣天那樣，持續在邊緣做深度思考並大膽顛覆現行價值體系的，多半比《歧路中國》的作者們更年輕；又由於政治和利益的統制，這樣的聲音多半來自藝術或文化的邊緣。

在屬於當代顯學的法律和經濟領域，則是另一番圖景。無論

是配合式的還是顛覆式的，「發聲」的行為方式已被理直氣壯地視為「落伍」，更不必說何清漣曾大聲疾呼殷切盼望的「社會運動」或其他方式的社會參與了。即使完全出於人道，僅僅是為了幫助社會中的弱者，知識分子都被迫從考量實際效果的角度去決定自己的行動。專政工具的連坐手段，使思想的翅膀不堪承擔為他人帶來痛苦的良心重壓，又何論思想開放的自由探索與火爆交流？

政治、哲學、政治哲學以及史學等等，卻因其在1949年後尤其是1980年代後中國學術思想與現實之間形成的一種名近實遠的傳統，仍時不時鬧出一些動靜。比較沉潛一些的學者，在這些領域裡，如同其他很多建基於學院體制的領域一樣，會在不經意間，激起新的熱情。但就總體來看，也許可以說，知識分子間有分量的爭論，已經結束於新世紀的初年；那時比較重要的事件，一個是由1999年科索沃戰爭中中國駐南斯拉夫大使館被炸引起的關於民族主義和民粹主義的論爭，一個是由2000年評選「長江《讀書》獎」引起的關於程序正義和結果正義的激辯；《歧路中國》討論了前者，但沒有涉及後者。這是當時所謂「新左派」和自由主義論爭的標誌性事件。可惜的是，雖然民族主義和民粹主義、程序正義和結果正義都是極具開掘潛力而且相當複雜的現代性命題，可是中國知識分子在這兩次事件中都只有深入性不足的表現。後者更迅速滑入了揮霍口沫的意氣之爭和個人攻擊。這類因具體事件而起、卻在帶有根本性意義的學理問題上發生分歧的論爭，此後越來越少見。即使是事關重大的社會經濟政策轉向，也往往只能在政策實踐的層面上維持一點論爭的表象了。所謂的新左派和自由主義，陣營更形鬆散，立場也更為模糊混亂。

本文開始，曾引用「世紀中國」網站一個描述當代中國知識

分子的分類表。受到這個表的啓發，在我感覺新左派和自由主義
的兩分法不夠清楚時，也曾試圖用另外四類來大致區分這些知識
分子對重大事件的不同態度。我這個分類大體如下：

1.新左派一般在國際問題上取攻勢，國內問題上取守勢；
2.自由主義一般在國際問題上取守勢，國內問題上取攻勢；
3.經濟自由主義一般在任何問題上都不取攻勢；
4.通常自稱的「毛主義者」在國際國內問題上都可能取攻勢。

在這四種立場中，只有第二種的自由主義總是擺出從原則出
發的道義姿態，其他三種或多或少都會很實用地解釋自己所取的
立場和策略，比如爲什麼會此時攻彼時守、此事攻彼事守的原因
等等(這些「實用」式解釋一般都基於或「中國」或國際金融商
務的利益所在)。無論是「世紀中國」論壇裡的分類表，還是上
面這個區分，從中可以看出的，都是在知識分子的高調立場下，
存在著不一致、不徹底，或者有意無意的曖昧。這些掩隱在高光
亮點下的灰暗，在劍拔弩張的意氣之爭中，很自然地被忽略；如
今，整體價值秩序已經趨於穩定，中國知識分子內部對此就更缺
少嚴肅的審視和清理的動力了。目前看來，有可能比較清醒地反
思知識界思想界過去十餘年的躁動的，也許反倒會是某些當時並
未直接參與過論爭、更爲沉潛的學者型人物。陳冠中將上面提到
的這些特徵比做「只睜一隻眼」，「顧左右言他」，對於思想界
來說面目可疑的「絳樹兩歌」，有著難得的旁觀者清的冷靜。

三

　　事實上，在以上諸種分類中顯示得最爲吊詭的，同時也是批評《歧路中國》的各種意見中最引起我共鳴的，還是中國與世界的關係，特別是當代中國知識分子處理這個關係時的視角和方式。如同何啓良和陳冠中兩位所指出，《歧路中國》的編者和諸位作者當時對這個問題都沒有足夠的認識。在新的世紀裡，這已經成爲越來越具緊迫性、但在中國國內卻仍然沒有得到重視的一個關鍵癥結。

　　在《歧路中國》〈導論〉的開頭，我曾提到，自1990年代以來，「中國知識界的論爭已帶有日益強烈的全球色彩；這些論爭完全可以視爲不僅關乎到中國自己面臨的問題，而且直接關涉整個世界正在面臨的一系列重大問題。因此，這裡爲他們的思考做一紀錄，亦旨在以此激發並參與跨國界的思想論爭。」讀完全書再回過頭來看這段話，不難想像，寫作時心目中的「整個世界正面臨的一系列重大問題」，主要還是以中國經驗爲中心來定義，而並不是從觀察並關切世界和人類社會的發展趨向入手。作爲直接生存在中國現實中的知識分子，觀察世界性問題時，當然首先要從自己的中國經驗出發，才能切實避免空談，尤其是避免投他人所好的空談。可是，依據自己的直接經驗觀察並發言，和時時刻刻把自己的直接經驗作爲世界經驗的中心，並不是同一回事。混淆兩者的結果，常常是對他人經驗的忽略，甚至習以爲常地「藉他人酒澆自己胸中塊壘」，用別人經驗在中國國內「說事兒」，對他人經驗表現出一貫的不尊重。令人遺憾的是，這正是存在於當代中國知識分子中的一種通病，我本人亦未能倖免。

　　另一方面，從各種分類列表又可以看出，知識界的爭執之所以常常落入熱度超高卻對不上話的狀態，一個重要的原因就在於國際國內關係上的嚴重錯位。某甲抨擊國內問題時，某乙跳出來

以國際霸權分析做回應；某丙在一次國際衝突中支援一方，某丁會迅速將其引申爲針對國內矛盾的特定立場並大加諷刺撻伐。而在這些錯位的反覆中，由於取不同守勢時有各自的考慮，所有各方又都傾向於迴避探討國際和國內問題的具體關聯方式。

譬如，撰寫這篇文字時，正值中東危機再次爆發，以色列因黎巴嫩真主黨對以軍的襲擊綁架，向黎巴嫩發起大規模軍事攻擊，不但重創黎巴嫩的政治、社會、經濟基礎以及平民的生命和生活安全，而且在2003年美國對伊拉克開戰後，再次迫使聯合國在國際危機面前陷入半癱瘓無作爲狀態。中國現實和這次危機的關聯，絕不僅僅是犧牲了一位駐聯合國觀察站的官員。不妨說，這樣一種國際現實明確無誤地指示著，民族主義和民粹主義、程序正義和結果正義等命題，不但沒有過時，而且還在通過國際舞臺和高科技即時影像的傳播，持續地影響著世界各地人們對當代生存現實的認識和自我定位。如果這樣的國際現實也在影響著中國政府，毫無疑問，受到影響的不可能僅僅是它的外交政策。知識分子出於自身的某些現實考慮，對這類內涵複雜的重大命題浮光掠影淺嘗輒止，並不是多麼值得驕傲的事。與此類似的，還有以色列戰略部署中用軍事高壓強加連坐的實踐，以及處理方式中通過「恐怖」命名和「純粹」軍事反應來取消衝突包含的政治意義，在在讓人聯想到中國各級地方政府對待基層民眾，特別是農民和外來打工者時，隨意套用「擾亂社會治安」等命名，用「法制」名義限制民眾的活動範圍，以達到刻意消除各種社會衝突所帶有的政治內涵的目的。這樣的現實，由於同時涉及現代國家內部的民主體制和國際強權政治，爲當代政治哲學提供了十分緊迫但又極爲棘手的研究課題。當代中國知識分子是否會有這樣的興趣，並對其中的問題追問到底呢？

　　毋庸諱言，這個問題的提出方式，仍然是以對中國本身的關切爲訴求。換一個角度，從黎巴嫩的處境出發，也許更能凸顯那些通常不易進入當代中國思考、但又直接挑戰國際思想界的課題：一個發展中國家，經濟上高度依賴貿易和旅遊業，軍事上不能獨立；政治上則經歷多年內戰和異國占領，新的民主制度至今未能鞏固，而曾經大張旗鼓支持他們民主選舉的英美，已經擺出對眞主黨進入國會議席的不悅臉色；沿海都市上層與滯留鄉村的社會底層在經濟、政治、宗教上都存在深刻裂痕——他們面臨的是歧路、窮途、刺叢，還是荊棘呢？

　　也許可以說，歐洲北美以外，世界上好幾十個中小國家都有著和黎巴嫩相似的特點，其中不乏東南亞聯盟的成員國。且不說由於經濟持續高速發展，近年來中國對境外市場和資源的需求、依賴迅速增長，並因此與亞非拉美的中小國家發展出更緊密的經濟合作關係；只要看看華人世界裡的香港、澳門、臺灣、新加坡，以及華人經濟占有舉足輕重地位的那些東南亞國家，他們在當今世界的經濟階梯上還算是位置偏上的。過去二十多年裡，中國和這些地區之間的經濟整合也已經相當深入。那麼，除了爲中國提供有限的市場機會以外，這些地區和國家的當地社會、文化、歷史諸方面，是否也爲我們思考自己所處的「時代」及其特徵提供了緊迫且棘手的課題呢？陳冠中指出，維持經濟增長，需要和平的外部環境，局部戰爭的可能性會因此減少。而何啓良告訴我們，中國思想界對這些新發展的反應可說是嚴重滯後，交流上困難重重。

　　這個問題確實早有所聞。從中國大陸出來的知識分子和人文學者，即使終於落腳港澳新馬，也很少關注當地社會。尤其是在香港，雖然落腳的人數在增加，但我們很少看到他們關於香港本

地文化、社會、歷史的觀察和評論，更不必說有關特區政治的討論了。我接觸過的一些俄羅斯和日本學者，也曾表示過他們的失望，據說是曾經希望和中國知識分子就「世界性」的緊迫話題交流，但卻發生尷尬。一方面是因為中國知識分子常常難以進入不以中國為中心的話題，另一方面是他們「中國式」的問題意識和定義展開方式，在面對非中國的思想者時，又幾乎不具備開放性。俄羅斯和日本的知識者尚遇如此尷尬，其他「小」國的朋友境況如何，應該不難想像。可能有人會說，「世界性」命題不應該只由西方發達國家的思想來界定，中國的(和平或準和平)崛起本身，不也構成世界性問題嗎？可是很顯然，某些中國知識分子熱中於總結的「北京共識」或類似的中國改革的成功故事，對於其他小國弱國貧國幾乎完全沒有現實關聯。在結交歐美傳統以外的大國方面，如印度、巴西、墨西哥等，中國的知識分子，尤其是一些認同左翼傳統的知識分子，確實已經注意到這些國家裡立足底層的各種革命性社會運動。但在認識解讀時，仍常常出現以「中國」的國族立場衡量得失功過的狀況，少有從中探討更深層意義的努力。

　　這些因別人的經驗而反映出的或具國際性，或階級色彩鮮明的社會問題，折射到中國當代狀況時，自然會因政治控制而在表述上發生重大變形，同時也就潛移默化地進一步影響著中國知識分子可能的思考質量。正是在這個意義上，我們可以清楚看到徐賁致力解剖的「後極權」狀況的深刻內涵。但另一方面，在當今的國際大環境下，僅僅將中國的政治制度隔離出來並以此定義我們所處的時代，又給我一種相對封閉的印象，難以就此開放視野、提出新的重要命題，或釋放出更多的思考能量；一定程度上，甚至會與「北京共識」的提法有類似的效果。

在冷戰時期的「和平競賽」結束、「歷史」「終結」的今天，我們是否已面臨窮途？喧囂紛爭的背後，存在著有實質區別的歧路嗎？我們究竟應當如何理解當今這個時代？這些問題，還有更多的問題，都在不斷產生著新的困擾。如果說目前還沒有找到令人信服的答案，至少可以說，我確實看到了不肯停歇、有價值的探索，並不迴避歷史積累、但又努力向著荊叢尋求新路的探索。在這些探索中，特別有啓發的，是後現代主義思想家詹明信《獨特的現代性》[4]一書。和陳冠中一樣，詹明信批評了那些各自打著自己民族或國家旗號的所謂多元的現代性，認爲這是迴避正視今日資本主義世界秩序的現實。那麼，什麼是這個當代的現實呢？詹明信認爲，我們所處的這個「後現代」時代的主要特徵之一，就是對原有農業社會的徹底摧毀。他在這本書裡還有很多其他的討論，但是他指出這個由現代金融資本和高科技工業發起的，在世界範圍內對原有農業社會的全面宣戰，解答了我的很多困惑，尤其是關於非洲和拉丁美洲的很多問題。這樣一個圖景，同時爲解答中國在今日全球經濟秩序中的位置，提出了新的可能。詹明信的討論，基於他對歐洲自啓蒙運動開始的現代性思想傳統的信念；他對資本主義及其文化的批判，和他對早期資產階級革命重要的基本價值的堅持，是聯繫在一起的；他對當代狀況的解讀，也始終以資本主義全球化的經濟現實爲參照系。這樣的視野，我以爲，比較不容易陷入誤區，不至於無意中將自己參照的價值物件化並絕對化，那是一些中國知識分子做中美對照時常常發生的問題。

4　Fredric Jameson, *A Singular Modernity: Essay on the Ontology of the Present*(London: Verso, 2002).

我非常希望中國當代知識分子能夠在這個意義上，共同參與在刺叢中尋求新路的努力。

王超華：為1989年六四學生運動的領袖之一，現為美國加州大學洛杉磯分校中國現代文學博士候選人。主編《歧路中國》（聯經出版公司，2004）。

思想采風

從甘陽看大陸文化研究背後的政治思潮

成慶

　　八○年代大陸的思想風雲人物甘陽，日前來到華東師範大學參加「全球化文化生產條件下的中國文學研究」研討會，並以「超越西方文化左派」為題做了報告，引起了不少反響。同時他所主編的《八○年代文化意識》也初次在大陸出版，加上查建英的《八○年代訪談錄》所引發的關於「八○年代」的熱烈討論，使得甘陽突然成為一時的媒體人物，多家報刊也對他進行採訪，主題則大多是關於1980年代以來大陸的文化政治變遷過程。

　　甘陽此次所作報告的耐人尋味之處在於，在大陸的政治光譜中，他常被歸為「左派」行列，這要歸結到他當年一系列批判「市場主義」的文章。如〈反民主的自由主義還是自由主義〉，就以1990年代大陸瀰漫的全方位的保守主義作為批判對象。但是他今日的報告，卻提出要「超越西方文化左派」，這顯然與近年來在大陸學院內興起的文化研究主流論述有所區分。

　　文化研究在大陸學院內的興起，不過數年光陰。最早是1990年代中期，汪暉與李歐梵在《讀書》上就「文化研究」和「地區研究」所做的相關對話，後來不斷有學者加入文化研究的行列。而觀察文化研究的學者主體，大多是過往中文系出身的學者，如北京的戴錦華、上海的王曉明等人。文化研究之所以在學院內發展壯大，又緣於1990年代以後的知識分子，特別是人文知識分子的邊緣化。從當

年「人文精神」的討論到今天「文化研究」的興起，其心理根源來自於1990年代以後人文知識分子對社會介入的無力感。「人文精神」的討論雖然在知識圈內熱鬧紛紛，卻因無法與社會具體議題接榫，最終不了了之。而「文化研究」作爲從英、美所發展出來的一套相對豐富的批判理論，具有學術自我繁殖和擴張的再生能力，反而作爲學科建制，迅速在大陸學院內生根發芽。

檢視大陸「文化研究」背後的政治文化意涵，我們可以看到，大部分文化研究學者認爲，大陸從1990年代以來，被以「市場主義」爲主軸的政治、經濟以及文化機制所主導，而文化方面由於大眾文化的繁榮，更被諸如「現代化」、「消費主義」等新意識型態話語所主宰。文化研究的功用在於以大眾文化作爲研究分析對象，消解那種種意識型態背後被遮蔽的差異性，從而獲得政治批判的文化能量。

可是甘陽在報告中卻認爲，西方文化左派那些理論，在功能上，和資本主義文化生產體系之間並非是批判與被批判的關係，而是一種變相支撐和完善。中國的文化左派並沒有看到這一點，而是不斷以「底層」、「階級」等概念來重塑社會認知。在他們眼裏，文化研究乃是當代的意識型態批判。但是悖論在於，文化研究的介入，已經從另外一個方面支撐著不斷繁榮的大眾文化。儘管文化研究學者常常會對大眾文化中的某些「議題」背後的意識型態進行消解，但是這一過程，實際上卻帶來與西方文化左派同樣面臨的困境，那就是對大眾文化的批判最終變成與大眾文化的合流。

正是在這個意義上，甘陽表明了他文化保守主義的立場。他認爲，對於中國這樣一個歷史傳統深厚的社會，文化保守主義的缺席是不正常的，而左派與文化保守主義的結盟才是正當的。在這裏，甘陽基本消解掉大陸學院內文化研究的前提，那就是，一個不以某

種普遍文化爲基礎的文化批判，往往會被輕易地吸納進大眾文化生產體系之中。放眼西方思想學術界，新實用主義代表人物羅蒂對西方文化左派也有類似的批評。在他看來，詹明信的《晚期資本主義的文化邏輯》只是學院左派理論的自我繁殖，與社會生活的改變並無太多聯繫。而反觀大陸的文化研究，雖然以文化批判作爲前提，卻放棄了1980年代的普遍主義的文化倫理基礎，而接納了後現代某些理論資源，從而以「消解」、「差異」作爲意識型態批判的出發點。正是在這一點上，甘陽與文化研究分道揚鑣。

甘陽從1980年代以反思西方現代性與傳統文化作爲他思考的出發點，經歷了對「政治民族主義」的褒揚，到今天重新對「文化民族主義」的認同，都說明了他對現代性的矛盾心理。一方面現代性所帶來的一系列政治、經濟及文化機制，被證明爲現代民族國家生存的基本前提；但是在認同與文化上，以西方爲代表的現代性方案，在中國又呈現出極強的消解能力。甘陽之所以在今天重提文化保守主義，超越西方文化左派，正是在於他對現代性的矛盾態度。

同樣考察文化研究這一新興的學院力量，其參與者對社會政治問題的態度，仍然無法逃脫法蘭克福學派對大眾文化批判的前提，他們受到西方近幾十年的文化左派理論資源的影響，以「話語政治」、「差異政治」、「身分政治」作爲對當下中國進行意識型態批判的武器。但是這些話語的背後，卻是典型的後現代文化特徵，即消解傳統與精英文化的正當性。又因爲他們直接投身於大眾文化的研究對象之中，從另一方面又不自覺地參與到大眾文化的建設之中，但是由於精英主義的文化基石已被抽取掉，他們越是想返回到文化的中心，目標卻越發顯得遙不可及。

從甘陽對文化研究所做的批評，可以基本瞭解到，大陸從1980年代以後的市場化，不僅生產出一套大眾文化的意識型態，由於商

業的主導性力量，文化開始低俗化和去魅化。1980年代那一代人文知識分子，曾經試圖以普遍主義人文傳統挽回一局，在1990年代以後的社會大分化中，終於分道揚鑣。當中許多文化左派，雖然繼續葛蘭西的文化鬥爭傳統，以文化作爲意識型態批判的目標。但是由於他們身處學院，難以對社會文化生活產生大的影響，從而被大眾文化的生產機制迅速吸納，成爲大眾文化的修繕者。另外如甘陽、劉小楓等人，則繼續沿著精英文化的路向前行，試圖以重新認識傳統和西方現代性，來激發出中國知識分子的文化潛力，並認爲這樣才可能對當下中國文化進行更爲有效的建設和批判。

這兩種預設的差異，也代表了當下大陸政治思潮的複雜光譜。由於對文化態度的差異，左派立場可能呈現出不同的結合方式。大陸文化研究學者們，由於直接吸收的是如詹明信等西方文化左派的理論資源，以文化鬥爭的方式對當下進行批判。但是由於大陸學院化的迅速發展，和介入公共生活的能力下降，這種方式最終只可能成爲學院內的理論武器。他們也比較少關注到如曼德爾等政治左派理論家關於晚期資本主義的論述。在曼德爾看來，恢復社會主義信譽的關鍵在於，拒絕任何史達林式或者毛澤東式的包辦主義，而繼續以工會、黨、國家作爲無產階級解放的眞正動力。從這個角度來看，大陸知識分子中的左派光譜還相當單一，儘管在民間，已經有不少托派以及激進馬克思主義的聲音出現。不過，由於學院體制專業化的進一步鞏固和完善，大陸的知識分子對於左派理論和實踐的看法，將會越來越理論化和務虛化，最終失掉左派思想的生命力。

成慶，1977年出生，現爲上海華東師範大學歷史系碩士研究生，攻讀民國政治思想史，曾長期擔任大陸思想網站世紀中國論壇版主。

歷史脈絡下的猶太大屠殺

魏楚陽

在德國史學界，關於納粹時期猶太大屠殺的歷史解釋，一直是一個充滿爭論的問題。作為一個歷史問題的研究，德國學者阿里（Götz Aly）認為必須回歸到史料的重新整理與爬梳的工作，才能找到答案。他於2006年6月1日，於德國的《時代週報》（*Die Zeit*），以「恐懼的邏輯」（Logik des Grauens）為題發表文章，試圖在德國史以及歐洲現代史中，為德國納粹時期的猶太大屠殺找到歷史的定位。

阿里首先以希爾貝格（Raul Hilberg）所著的《歐洲猶太人之滅絕》（*The Destruction of the European Jews*）一書出版過程的滄桑史，指出猶太大屠殺的研究所面臨的實際環境。希爾貝格於1955年完成手稿，但直到6年之後，該書才由一家美國的小型出版社出版。在此之前，大型出版社認為這本書與以色列所的認定的猶太人奮戰形象不符，而猶太裔哲學家漢娜・鄂蘭也指出，這本書作為個案研究，其實並不夠重要，而她日後也錯誤地引用了該書。1967年，該書的德文版出版亦遭受阻礙，因為出版社認為該書會對當時風起雲湧的六八學運所需的文學武裝氣氛造成傷害。而這套三大鉅冊的出版之所以歷盡滄桑，原因只在於作者指出了許多當時人所不知、而且也不願意知道的歷史，但希爾貝格其實並未做出判斷，他只是做了重新建構的工作。

更為難得的是，希爾貝格在書出版之後，仍然繼續收集相關的

史料。每一次再版，都有新的歷史認識在其中，因此他的著作可說是與他的生命一同呼吸成長。阿里認為，希爾貝格的心願不僅僅是做史料整理的工作；他其實是想透過著作，建立一個成員遍布在全世界的一個鬆散的、無形的史學家社群，史學家可以透過他整理史料的心靈，開始這段歷史的研究。

對於歐洲歷史，阿里其實亦有其詮釋的方式，但他認為這必須建立在史料的基礎之上。阿里認為，20世紀的歐洲人深信自己是走在一條邁向解放的現代之路。透過戰爭、革命與和約的簽訂，歐洲人用血腥的方式達到了兩個古老的理想，即種族的與社會的同質化。這兩個古老的理想，鼓舞人們以武力從傳統的苦難中解脫。在追求平等以及從平等之中獲得安全的過程中，個人自由以及被敵視的群體的自由，則往往成了犧牲品。因此阿里批評諾特（Ernst Nolte）所提出的觀點。諾特認為，古拉格群島難道不是納粹集中營奧許維茲的始祖？蘇聯的階級屠殺難道不是納粹種族屠殺的先驅？所不同者在於，納粹屠殺的技術更加先進。但是阿里認為，諾特的觀點缺乏史料的支持，更缺乏對參與者的研究，只能說是胡扯。他指出，納粹根據生物學的觀點剝奪人的權利，與蘇聯根據人的政治背景剝奪其權利，就是基本上的不同。他更強調，關於歷史的研究，亦不能透過某種哲學式的猜想或神學式的解釋加以回答，而必須回到史料的研究才能做到。

探究猶太大屠殺的歷史脈絡，阿里發現，法國大革命之後的共和政府，即已發明了以種族為標準的一套「選擇標準」（Selektionskriterien），之後德國亦加以仿效而有了「德意志民族名單」（Deutsche Volksliste），用於被德國兼併的波蘭領土上的居民。1919年，法國將第一次大戰後自德國要回的領土阿爾薩斯的居民分為四等：：純法國人、四分之三法國人、半法國人、以及德國人。依據不

同的等級，則可獲得完全的和受限的公民權，以及被剝奪公民權，至於德國人則要被驅逐出境。1923年，在英國和法國的主導下，希臘—土耳其戰爭亦以種族強制遷徙收場。到了二次大戰之後，類似情況仍不斷出現。1947-48年間，英國在南亞大陸便根據宗教信仰的不同，將居民強制遷徙並加以區隔，即日後的印度與巴基斯坦。在英國的策劃之下，巴爾幹半島的1200萬居民也經歷強制遷徙的命運。

同樣地，猶太人財產被德國政府兼併，即所謂的「亞利安化」（Arisierung），根據阿里的研究，這其實也是世俗意義上的財產革命運動的一環，在許多歐洲國家也都發生過。他認為，若把亞利安化詮釋為一種反閃族運動，也是不無疑義的。阿里指出，在東德時代，逃往西德的人的財產也會成為「人民的財產」而被充公。而在1945年德國戰敗之後，德國人在捷克的財產也遭到充公。在匈牙利，將德國人財產充公的那批政府官員，甚至就是之前將猶太人財產充公的同一批人。

但是阿里強調，上述這些歷史研究的發現，並不能使德國對猶太大屠殺的責任相對化，因為其他國家是驅離某些種族，但德國則是將其殺害。然而在這樣的歷史認識之下，猶太大屠殺得以在20世紀歐洲以暴力獲取進步的歷史中，找到它的位置。雖然這種歷史研究必然會引起誤解與爭議，但是阿里認為，這總比忽略歷史脈絡及許多史實背後的關聯性的歷史政策來得更有建設性。而在各種以種族及社會為由，所發動的不同形式的群眾動員與「淨化」的過程之中，納粹德國對外發動戰爭以及隨之消滅歐洲猶太人的歷史，可說是將此類行為發揮至極限。因此猶太大屠殺這段歷史，就歐洲歷史的脈絡而言，也會一直成為所有分析20世紀前半葉歐洲暴力的爆發與過渡史的匯聚點。

魏楚陽，政治大學政治學碩士，目前在德國慕尼黑大學攻讀博士，主修政治學，副修基督教神學，研究方向為黑格爾的國家理論。

性、肉食、動物權：
凱默勒評《肉食與色情》

黃宗慧

「廣告從不只是關乎其所欲促銷的產品。它們也關乎我們的文化如何地被結構、關乎我們對於何謂自我與他者的信念。」在《食肉與色情》[1]一書中，作者卡蘿·亞當斯延續了她在《食肉的性別政治》[2]中對於肉食文化與父權機制共謀的批判，只是此次的焦點更凝聚在廣告對於女體與動物的剝削上。亞當斯蒐羅列舉了無數的例子來證明，白人中心的文化如何習於「將其他的存在都視爲是可消費的」，她並列出了一個表格來說明以白人男性爲中心的廣告背後是怎樣的一套二元對立：

A	not A
男人／雄性	女人／雌性
文化	自然
人類	非人動物
「白種人」	有色人種
心靈	肉體

---

1 Carol J. Adams, *The Pornography of Meat* (New York: Continuum, 2003).

2 *The Sexual Politics of Meat* (1991)，中譯本甫於2006年6月由柿子文化公司出版，譯者卓加眞，書名改爲《男人愛吃肉·女人想吃素》。

文明	原始
生產	複製
資本	勞動
穿著衣服的	赤身裸體的

對亞當斯而言，無疑的，歸在A類別裡的都是長期以來居於主導地位、或理所當然地被視爲「正面」的質素，是廣告的訴求所在或想取悅的對象；而「非A」的一群自然只能在廣告(以及大多數的其他文化呈現)中扮演著被消費、被宰制的角色。這樣的論述模式，就不少評論者看來，是粗糙過時的，甚至強化了二元對立的機制，但何以凱默勒(Lisa Kemmerer)卻撰文[3]表達她的強烈認同？她不但認爲亞當斯所謂「肉品就像色情：它在成爲某人的樂趣來源之前，曾是其他人的生命」的說法相當具有洞見，甚至說她遠遠走在其他讀者的前端。亞當斯對父權／肉食文化的批判究竟是過時、簡化的，還是激進、中肯的？或許我們可以先回到這些被點名批判的廣告本身來看。

就凱默勒信手捻來的書中實例而言，這些把女人動物化、把動物「擬／女人化」的廣告，雖然很容易被我們視之爲是無傷大雅、「博君一粲」的逗趣聯結，其實卻充滿了父權／人類中心主義的色彩。女人動物化：「肋排、頸肉、腰肉、當然還有臀部」——這是一則投男性所好的廣告，像牛體分區圖一般地呈現女性身體，暗示著女人像動物一般低於男人，可任其支配。動物女人化：母牛像性感女神般亭亭而立、畫上口紅的豬展露著牠的豐臀、雞掀起了迷你

3　Lisa Kemmerer, *"The Pornography of Meat* by Carol Adams,"
　Philosophy Now 56（July/August 2006）.

裙露出牠可口誘人的腿，再配上
「腿讚，胸部棒」、「新鮮嫩雞，
超瘦，體脂肪超低」這類廣告
詞……，閱讀這些廣告後，我們
會了解凱默勒何以站在亞當斯這
一邊：這類的呈現確實是一種「人
類本位的色情」（anthroporno-
graphy），極盡所能地想傳遞如下
的訊息：「動物想要你。別亂說
什麼受苦、屠宰、非人道處理。
沒有的事。是牠們自己想要的」。
凱默勒對亞當斯的認同，正在於

她認爲亞當斯拆穿了「動物就像女人一樣想要你」的廣告迷思。而
這種迷思之所以能歷時不衰，來自於廣告的生產者與閱聽人之間的
共謀：既然主流文化不想承認把女體當成肉食商品般來消費的事
實，更不願意承認對於動物所做的剝削與傷害，那麼只要把牠／她
們刻劃得「心甘情願」，占據A類別核心價值的人們，也就可以繼
續心安理得地消費／剝削下去。

　　回頭來看台灣的廣告，肉食與色情的勾連或許不如亞當斯所見
的西方文化那般「明目張膽」，但也不時可見動物豎著拇指誇自己
的肉好吃、介紹自己的肉質多鮮美這類的廣告。不願誠實面對人類
對動物的利用或剝削，其實是動物權難以落實的重要原因；一旦我
們滿足於用廣告來催眠自己「動物心甘情願奉獻」，我們就不會再
去思考，在人類享受這些肉食之前，動物經歷了怎樣的過程？也不
會認爲素食，或者退而求其次的，友善農業的推廣，有任何意義。
　　而不只肉品廣告，皮草的販售商在鼓勵消費者購買時，常用的說

詞——提供毛皮的動物在養殖場終其天年之後才被安樂死取皮——
同樣地不誠實，甚至曾有皮草廣告文宣誤導地強調，消費皮草有助
於生態平衡，因爲提供毛皮的這些動物都是「過剩」的物種！在對
於動物的各種利用上，如果人類不願意面對自己加諸動物的痛苦，
就必然無法去評估這樣的傷害是否必要、能否減輕甚或免除。這樣
來看，在亞當斯的著作所引起的負面批評中，是否也有些反應是源
於不想看到這類廣告背後所隱藏的性別與物種歧視？不願被迫看見
人類對於動物的剝削與傷害？

　　凱默勒認爲，儘管許多讀者可能會排斥亞當斯針對廣告所揭發
的這些令人不快的眞相，但她也相信，必然有些讀者會從而發展出
新的思維向度，甚至能如亞當斯所期待的，發揮消費者的制衡力，
以拒買這類廠商所行銷的商品來表達自己對於女性主義與動物權的
支持；凱默勒的書評如此地聲援與肯定了亞當斯的著作。但也正因
爲凱默勒呼應性的覆述多過於理論的探討，反而未能凸顯亞當斯將
女性與動物「結盟」這個策略的特殊意義。亞當斯將女性與動物結
盟的意義在於，她讓我們得以去追問：建構論派女性主義者視切斷
女性與自然及動物的聯結爲抗衡父權的方式，認爲如此才能超越女
性特質、才能證明女性是屬於文明文化的，而非自然原始的，但這
是否反而是在內化父權的價值體系？而父權文明內蘊的「征服自然」
心態，不正是造成物種歧視與生態危機的原因之一？亞當斯的論述
開啓了這樣的思辨空間。

　　不過，性、肉食、動物權之間的糾葛本來就相當複雜，也因此
亞當斯所論及的問題還有許多面向必須被持續地開發。就以A與非A
這個飽受爭議的二分圖表來說，我們雖然可以爲亞當斯背書，認爲
她之所以提出這個表格，是要用來描述與批判現今廣告中已然充斥
的二元思維，而不是因爲她個人相信甚或有意強化這些對立；但是

我們也不能忘記，A與非A之間總是存在著流轉的可能：德希達視赤身裸體（亞當斯眼中的非A特質）為人類（亞當斯所謂的A類代表）獨有的特色，就是最好的例子。德希達認為，非人動物原本就不穿衣，也就沒有「裸體」的狀態可言，所以只有人類才是唯一可能裸體的動物！至於作為「唯一需要因為裸體而感到羞愧的動物」，這種特殊性到底是讓人類顯得比其他動物更高尚還是更匱乏？解構這種優劣對立的可能性，不言可喻。另一方面，不論A或非A，同一個範疇之內存在的差異性（諸如動物和女性的關係、動物和有色人種的關係、女性和有色人種的關係等等），也有待我們做更細部的區隔與更深刻的思辨，因為這些不同的他者雖然可能發展為「盟友」，彼此間或許也存在著強凌弱的剝削關係，所以仍可能會有新的問題隨著結盟而來。以上這些問題雖是亞當斯的書與凱默勒的評論未竟全功之處，但相信也是關懷性別議題與動物權者可以接手研究的起點。

　　黃宗慧，台大外文系副教授。主要研究興趣包括精神分析、性別研究、動物研究、文學及文化理論。

拉丁美洲的兩種左派

鍾大智

　　現執教於紐約大學的前墨西哥外交部長卡司達那塔，在今年《外交事務》5/6月號發表對中南美洲左派的看法，並隨即被轉載於《前景》雜誌8月號[1]。10年前，拉丁美洲似乎就要開展她民主提升與經濟增長間的良性循環。然而10年後，拉丁美洲卻向左靠攏，自由市場改革、與美國的各種共識與代議民主的鞏固面臨挑戰。從8年前查維茲贏得委內瑞拉總統大選以來，許多拉丁美洲國家陸續由左派人物執政，例如巴西的魯拉、阿根廷的柯奇納、烏拉圭的伐奎茲與今年取得執政的玻利維亞總統墨拉雷斯。秘魯的極左候選人胡馬拉只以少數差距輸掉選舉；墨西哥的左派候選人歐布拉多為左派贏得有史以來最多的選票；尼加拉瓜的歐特佳今年11月很可能再次重掌執政。

　　三點理由，可以很清楚解釋為何拉丁美洲擁抱左派。首先，冷戰結束與蘇聯解體使得美國再也沒有理由指控拉丁美洲政權是「蘇維埃的灘頭堡」，讓拉丁美洲左派得以洗除自己的政治污名。第二，無論經濟改革成功或失敗，拉丁美洲仍然是世界財富分配最不均的地區，民主與貧富不均的結合，自然使政治向左靠攏，19世紀末到二次大戰前的歐洲史正體現這一點。第三，拉丁美洲的社會、人口、

1　"A Tale of Two Lefts," *Prospect,* August, 2006

民族條件加上民主選舉，向左靠攏只是遲早的事。除了由左派政黨統治的智利，拉丁美洲1980年代中期展開的政治社會與經濟改革並不成功，貧窮、貧富不均、高失業、貪腐、缺乏法治、權力集中於少數政治人物等問題，仍沒有得到解決。

但是許多預言拉丁美洲左派復興的人，卻錯估回到歷史舞台的是哪種左派。大部分拉丁美洲國家的左派，和英國工黨或法國社會黨並不相似。卡司達那塔區辨拉丁美洲存在著兩種左派：一種是由老左派「硬核」所延伸出來，現代的、開放改革的、國際主義者式的左派；一種是由拉丁美洲民粹主義所發展出來，尖銳的、封閉的、國族主義式的左派。1930與1940年代前的智利、烏拉圭、巴西、薩爾瓦多與卡斯楚革命前的古巴共產黨就屬於前者，參與政府，獲得民眾選票支持，在勞動團體間地位顯著，對知識分子發揮深遠影響。雖然1950年代後，對蘇聯的依附、腐化與地方菁英的同流合污，使他們失去年輕人與激進分\子的支持，但接下來的古巴革命，又爲這種左派注入新生命。

第二種拉丁美洲特有的左派，根源於拉丁美洲的民粹主義傳統，代表人物如墨西哥的卡迪那斯、巴西的伐佳斯、阿根廷的佩隆。但是這些民粹主義領袖，通常是反共的威權主義者。雖然領導工人或農民運動爲貧苦群眾發聲，他們也創造出腐化政治系統的金權結構。他們將重要經濟部門，石油、鐵路、礦產等收歸國有，減少對地方商業活動的優惠，藉著壟斷自然資源與特許經營的租稅，可以嘉惠貧苦階層，卻不必向中產階級加稅。卡司達那塔指出，民粹主義者支持窮人的修辭、愚蠢的經濟政策、政治的長期掌權三者怪異組合的結果，就是一種尖銳的國族主義。

兩種左派之間時而合作，時而交戰，或者新民粹左派併吞舊共黨左派，不過近來更有趣的現象是，當民粹左派仍然緬懷過去阿根

廷佩隆主義、墨西哥革命與卡斯楚統治的光輝日時，共產黨、社會主義者與一些卡斯楚主義左派，因爲意識到自己的失敗，已經改變了自己。近年來當自我改造過後的前共黨分子獲得執政機會，他們大多延續他們前任執政者的經濟政策，並相當尊重民主，而且現實主義與多年的流亡，使他們弱化了自己的反美立場。最好的例子如智利、烏拉圭與巴西，都是在典型的市場主義架構下推動社會改革政策，並同時致力於深化民主制度。

因爲與基督民主黨合作，智利總統巴歇雷與其前任拉哥斯兩任左翼總統總計執政了16年。在位期間，巴西達成經濟高成長，貧窮、教育、住屋、基礎建設問題大幅改善。他們還瓦解皮諾契的勢力，建立過去政府違反人道罪行的檔案。烏拉圭的伐奎茲總統雖然與古巴重修舊好，常抨擊布希與新自由主義，卻也與美國簽署投資保障協定，派遣財務部長到美國尋求簽署自由貿易協定，在主張於烏拉圭河建設兩座大型木漿場時，堅拒反全球化主義分子。巴西總統魯拉也延續前任者的經濟政策，表明接受國際貨幣基金設定的目標，儘管他的經濟施政並不成功。另一方面他還推動土地改革、家庭基金等致力於脫貧的新自由主義社會政策。儘管跟其他拉丁美洲國家一樣與布希政府多有摩擦，他在家歡迎布希的造訪這件事，可以說是現在美巴關係的最好寫照。巴西總統魯拉和他的伙伴代表的，正是拉丁美洲原本以游擊隊作戰爲根本的卡斯楚主義分子與共黨左派的轉化。總的來說，由於拉丁美洲貧富不均、貧窮、不穩定的民主與未完成的國家建構，極左的這種轉化對這塊大陸是有益的。

相反地，現代化對那些民粹、國族主義傳統所孕育的左派領袖較無影響。對他們來說，政治辭令比國家民生更重要，權力本身比如何負責任地行使權力更重要，國家的窘困是一項可利用的工具而不是挑戰，並且願意不計一切代價挑釁美國，並控制國家收入來源。

阿根廷的柯奇那總統，就是一個很典型的例子。他成功地抑制通貨膨脹、復甦經濟、巧妙大膽地處理外債問題，獲得了七成支持率。但骨子裡他卻是一個不折不扣的佩隆主義者，與其制訂社會政策、強化南美洲墨克索（Mercosur）關稅同盟或降低進口玻利維亞天然氣的價格，他更有興趣抨擊債權國與國際貨幣基金、對抗美洲自由貿易區，或者擁抱卡斯楚、查維茲與墨拉雷斯。委內瑞拉的查維茲總統領導對抗美洲自由貿易區，與古巴熱絡往來，向阿根廷與伊朗尋求核子技術，成功地將南半球裂解為擁查維茲／擁美兩大陣營，但是卻將委內瑞拉情勢帶往谷底。經濟停止成長、窮困指數惡化、國內生產總值萎縮、通貨膨脹加劇。他對鄰國的付出，遠勝於對窮人的關照：贈送石油給古巴等國、承擔阿根廷外債；資助玻利維亞、秘魯，甚至也許還包括墨西哥在內的左派；他還細膩的掌控了玻利維亞天然氣的國有化過程。其他中南美洲左派領袖，不論執政或因極小差距而為在野，可預期也會有類似的作為。

卡司達那塔最後建議，美國應該維護拉丁美洲政治的延續性，而不是干預它，用更敏感的策略積極地支持「正確的左派」，例如，與智利簽訂貿易協定，嚴肅的將巴西視為貿易伙伴，與拉丁美洲各政府商議區域內關於特定國家的議題。第二，由於「錯誤的左派」也不可能很快退場，國際社會必須思考，該期待他們有何作為。他認為，所有拉丁美洲政府都必須謹守對人權與民主的承諾。拉丁美洲政府也必須遵守國際多邊力量建立國際法律秩序的努力，例如環境保護、原住民權利、國際犯罪偵防、防止核武擴散、WTO規範、打擊貪腐、毒品與恐怖主義。第三，他建議美國應避免重蹈覆轍，不要繼續在某些問題上與拉丁美洲國家爭執，而使這些國家裂解為擁美／反美兩陣營。例如，與智利在海權訴求上、與阿根廷在天然氣價格上、與秘魯在原住民議題上爭執不休，都是不智的。與其一

昧歡迎或哀悼拉丁美洲左派的復興，支持負責任的左派、並掌控不
負責任的左派，才是更明智的作法。最後，卡司達那塔也提醒我們，
應該準備好面對卡斯楚的死亡、布希時代的結束與新的美國政權。
這些事件，將是重構拉丁美洲或鞏固目前結構的最佳時機。

　　鍾大智，清華大學人類學碩士，著有*The Possibility of Anthro-
pological Fideism*（University Press of America, 2004）.

任意與流動：
介紹沈恩新著《身分與暴力》

林曉欽

一、身分認同與當代政治

今天還有多少人會相信福山所說的意識型態之全面勝利？或者我們將與杭廷頓站在一起，認為伊斯蘭文明將會是未來世界衝突的來源？中東世界內部頻仍不斷的戰爭與衝突提醒我們，歐語世界曾以一幅漫畫引起伊斯蘭世界極大不滿與衝突。這些衝突與戰爭，圍繞在這個時代中一重要的課題：認同與身分 (identity)[1]。

沈恩 (Amartya Sen) 本身正是一個歷經認同與身分多次流轉的優秀理論家：出生於孟加拉，在英國劍橋大學受教育，任教於美國哈佛大學，在義大利待過許多時間。他以對貧困、飢荒、全球化、(階級) 能力等問題的犀利觀察與批判聞名，更在1998年獲得諾貝爾經濟

---

1 Identity 來自於拉丁文 *idem*, 原意為同一個東西。在我們的討論中，這個字的意思更接近於作為區辨一行為主體有別於他者之質素或特徵。中文世界慣於將 identity 翻譯成認同或者身分。前者較接近當我們討論一個行為者對他歸屬團體的認同動作；後者則指涉常為靜態的身分。本文將視討論過程與脈絡決定使用何者。

學獎[2]。近年來他開始關心伊斯蘭、印度地區高度緊張的衝突問題，包括本刊前期曾介紹過的《好辯的印度》，將焦點放在印度人內部思考；如今他的新書《身分與暴力》，更進一步將問題的核心指向吾人對認同的思考上。

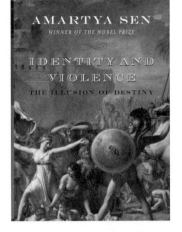

二、僵化的暴力與流動的身分認同

童年時，沈恩見一負傷者闖入家中花園，全身是血，向沈恩一家要水，沈恩疾呼父母幫助此陌生人。不幸的是，陌生人在送醫後仍不治身亡。時值英國於孟加拉政權之末幾年，印度與伊斯蘭發生衝突，被攻擊的、失去生命的伊斯蘭勞工在多年後仍深深地影響沈恩，甚至促成了本書的思考。

在本書的序言中，沈恩認為「文明，或者宗教對世界的劃分，導致了對人類認同的一元論（solitarist）思考途徑，這個途徑想像每個人僅僅屬於一個團體。」這個團體可能是文化的或宗教的。正因此一錯誤的思考方式，人類拘泥單一身分認同中。此一元論思考認為，人的身分認同來自一個團體中的成員身分（membership）。這種錯誤的一元論思考，鑄成了社群主義以及多元文化論思想，甚至是杭廷

2　此處對於沈恩的背景資料可參見：http://observer.guardian.co.uk
　　/review/story/0,,1843345,00.html

頓的文明衝突論[3]。社群主義者如泰勒（Taylor）在其名著《承認的政治》（*The Politics of Recognition*）中，便認為身分是「被發現」的，而不是「被選擇」的。換言之，個人的身分乃是植根於歷史與社群脈絡中：我們先有身分，而後行動，而不是由行動逐漸形成身分[4]。然而，當杭廷頓宣稱伊斯蘭文明將會是世界衝突的根源時，我們也不難發現這個命題背後的理由：穆斯林必定是西方所害怕的，窮兵黷武的，殘暴的中東恐怖分子。然而，真的是如此嗎？

沈恩認為，此種一元論式區辨我群與他者（us and others）的方式，無疑是一種危險的、簡化的、未深思熟慮的思維。這種思維不但被恐怖主義作為綁架穆斯林地區民眾的籌碼，更令沈恩擔憂的是，既使與恐怖主義戰鬥的、自詡為進步與解放的西方勢力，也在不自覺中陷入這種思考。當西方勢力歡愉地將民主帶入伊拉克時，正是給了恐怖分子一個最好的建立反駁論述的機會：「**我們**不需要**西方**的民主」。

穆斯林是否只能夠作為穆斯林，他的政治言論、態度與行動必須透過祭司表達與建立？基於上述的警告，沈恩認為我們必須相信身分認同是可選擇的、流動的；在事實上，亦是如此。吾人可同時身為一籃球員，卻又是個古典小說愛好者、支持同志權同時身為異性戀。換言之，身處一個由複雜的社會團體所交疊構成的世界中，人擁有各種不同的**身分**，不應由某一個特定的、一元的、僵化的團體身分認同，局限了思考的視野。不過，對於確實可能衝突的諸種

3　這是 John Gray 的看法，可見於：http://books.guardian.co.uk/reviews /politicsphilosophyandsociety/0,,1837367,00.html

4　可參考 Kenan Malik 的說法，見於：http://www.prospect-magazine.co. uk/article_details.php?id=7583 。本文的許多論點與沈恩的訪談說明，許多部分皆受惠於上引三位評論家詳實的引述及分析。

身分，沈恩認爲這不是一個難以解決的問題：「我們可以知道去投票，遠遠比去看一場球賽重要。」他相信，一個人可以擁有各種身分，而每一種身分的衝突都能夠用一套思考標準消解，使得個人得以在各種可能的衝突的身分中做出選擇。然而，對於一元論身分認同思維的排斥，是否使沈恩與多元文化所倡議之對各種族群團體身分之肯認，存在著親近性？

沈恩對多元文化論卻是持一特別態度。在他看來，一共有兩種談論多元文化論的途徑。第一種，是把各種文化價值觀視爲一種值得追求的，具有內在價值的目標；第二種，則是基於對自由的追尋，而提倡保護各種多元價值觀。從沈恩批評英國政府的政策此一立場而論，他應當站在後者。並且，他相信如果我們錯誤地理解、援引、詮釋了多元文化論，最終依然只會造成「多元式的一元文化論」（plural monoculturalism）思考邏輯。這種思考演變到社會理論中，將會造成團體利用各種方式將公民社會整體分化爲各個次團體，進而弱化了公民與其社會的歸屬感，連帶造成了各種暴力衝突的可能。這正是沈恩對於社群主義所堅持的「被發現的」身分認同，以及多元文化論的不滿之處。

三、結語

從前文引用的三篇評論，以及由沈恩著作本身做一個綜合的觀看，不難發現，沈恩站在一可選擇的、流動的、動態的身分認同立場上，從而避免恐怖主義分子使用一種過於化約的立場，綁架了「東方」的民眾；也更可以讓西方世界不再對穆斯林（或者印度）充滿了錯誤的想像。

然而，沈恩是否過於忽略了一元論思考在現實世界中幾近不可

消解的魔力？果如其所推測，一元化的認同將會造成連帶的暴力衝突等不良效應，何以此認同方式會持續至今日仍然是衝突的起源？難道人類歷史的過程中，未曾有過反省或者另一套更進步的身分認同概念？並且，在沈恩理論脈絡中，此種危險的、難以駕馭的一元論身分思維，在歷史中曾展現出對人／族群難以忽略的吸引力，如何可能只是透過一套思考論述，就能將其消解？其次，特別在討論印度時，沈恩那接近自由民族主義的立場，卻又忘了告訴我們，究竟一個民族狀態(nationhood)是如何出現的？打造一個民族與族群時所可能產生的暴力問題，又應如何面對？另一個更為根本的基礎問題是：究竟何為身分認同的操作型定義？在生活中，哪種思考足以稱為人對於某個團體的認同，或構成人存在的身分？最重要的是，沈恩認為我們可以選擇自我的身分與認同，也能在各種身分中找出最重要的一個；但是，我們從事選擇與判斷何者為重為輕的標準，如果不只是一個抽象的「理性」概念，那將是什麼？可以流動的選擇，畢竟不是毫無脈絡基礎的任意改變。如果筆者的理解尚勉強可稱正確，那麼這些問題都是沈恩未曾著墨，或者只是筆者尚未在閱讀中過於粗心而產生之疑惑。

另一個值得我們思考的問題則是，以族群政治研究聞名的大衛雷頓教授(David Laitin)最近來台演講時曾表示，民族(族群)分離與政治衝突(暴力)呈現正相關的看法，已由他所收集分析的量化資料減弱其可信度。但是，為什麼我們會認為身分認同乃至於族群運動會造成衝突暴力呢？Laitin 提醒我們，非洲有數千個和平相處的族群，但是在後殖民研究文獻中，我們卻往往只讀到衝突的族群關係。以外，對於量化資料的抽樣、篩選與分析，也影響了這項命題的信度。沈恩的理論如果建立在此項基礎之上，那麼，雷頓教授的研究似乎會讓沈恩必須重新檢視：衝突與暴力是否與身分認同的歧異確

實呈現正相關關係。

　　本書是一本值得我們一讀的好書。原因在於，已經鮮少有知識分子願意用如此謙遜的態度，反思身分認同問題之於政治、社會場域思考。為什麼？原因在於，首先，這項工作牽涉到太多知識上必須克服的困難：各種研究途徑與立場的選擇，與資料的篩選；其次，從事這項工作，將讓研究者不得不用一雙冷漠的眼睛分析，甚至解構自我的、個人的、或者族群的身分認同。以沈恩為例，在《好辯的印度》中，除了大膽地檢討印度人的思考之外，他更做了進一步的建議與論述建構。在此書中，沈恩更明言表示，一個伊斯蘭信仰者不必在政治上也被化約為一個穆斯林。姑且不論其他評論家對沈恩有多嚴苛的批判與評論，光是沈恩的勇氣以及誠懇，作為一個公共知識分子，他所付出的努力，所給我們無比啟發的論點，以及其精彩的論證過程，就已經足以作為一本不可錯過的「身分」思考典籍。

　　林曉欽，現就讀於台灣大學政治研究所碩士班。

文化的誘拐

彭淮棟

德國政府與工商界和民間組織合力，在2005年發起「思想的國度」廣告攻勢，向全球呈現德國這個科學、文化、創造力、投資國度「最好的一面」。運動至主辦2006年世界杯足球賽，這場攻勢達於極盛，表示這個「詩人與哲學家的國度」改頭換面，已大非昔比，充滿「正面態度」。人民不復只知滿腹深思，滿臉嚴肅；他們富於幽默感，好客，可喜是工商樂地。總而言之，今天的德國敢誇多采多姿，充滿未來。深一層看，這場標舉「從柏林到世界」的「思想國度」廣告攻勢，其心照未宣的一大政治主題是，1990年統一的德國已完成其政治新生，要做世界的好朋友。

這波自我促銷，要世人對德國刮目相看的攻勢，看表面者只見其為一般的生意經和廣告攻勢，識內涵者知其十分刻意，煞費苦心。一個正常的現代國家，何以有此表白？實則這是表白，更是辯白，是德國在21世紀以全球嘉年華的形式，做一場規模空前的自我平反，說今天德國的文化已是文明世界友善、光明正大的一員。其他國家向無如此信誓旦旦，苦心自明者。德國如此做法，而且情急辭切，格外顯眼。如此疾呼今天自己已是文明的堂正成員，是世界的好友，莫非德國昔日並非如此心胸開放，不是這麼完全屬於文明社會的一員，不是如此全心做世界之友？

的確不是。非但不是，而且德國曾以無與於文明為傲。二次

世界大戰期間、之前的德國，一次大戰時代的德國，上至19世紀的德國，皆非今日世人所知的德國。這個「詩人與哲學家的國度」曾以其「文化」自高，鄙蔑「文明」，尤其厭惡科學、理性、議會民主所代表的文明。《文化的誘拐》這本書說的，就是這場對立史。如果不嫌深文，世足廣告的背景來龍，讀此書可得的解。

《文化的誘拐》（*The Seduction of Culture*），作者雷本尼斯（Wolf Lepenies）曾任林「德國高等研究所」（Wissenschafts-Kollege）所長，現為該所永久院士，兼任柏林自由大學社會學教授，著作甚豐。《文化的誘拐》為其新書，2006年出版。

此書題目深有講究。既曰「文化」，何言「誘拐」？「誘拐」一詞，是作者春秋之筆，「文化」「誘拐」一個民族，則透露這「文化」之特殊。「文化的誘拐」，指德國人特有的一種態度，以文化為政治的高貴取代品，說有此卓異之文化，何需庸俗之政治。德國文化統一遠早於政治統一，對政治有其異乎正常的觀感。19世紀德國中產精英秉其非政治、反政治的「文化」觀念，對立於境內各地的獨裁王侯，後來則變本加厲，據之抵斥民主的議會政治。威瑪共和國會1919年2月開議，至「帝國議會」1933年3月登台而夭折，一大原因即在「威瑪精神」引進現代民主制度，先天失調，未能克服德國民族的「文化」心障。

　　威瑪共和之前，德國人的「文化」立場曾有一場總揭櫫，此即一次大戰著名的「1914大合唱」。一次世界大戰爆發，93名德國知識分子、科學家、作家與藝術家聯署發表〈告文明世界〉宣言，從國際形勢力辯開戰非德國之過，主旨則指這場戰爭不是攻擊德國的軍國主義，而是歐洲「文明」對德國「文化」之戰，甚至明言軍國主義與德國文化密不可分。那是一篇道德宣戰書，德國史家史登(Fritz Stern)形容其為「自閉症式的倨傲」宣言。

　　什麼是「德國文化」？小說家湯瑪斯·曼沒有簽署宣言，但他在1914年寫出稱頌斐特烈大帝的〈戰爭之思〉，並以此為導論，至1918年結筆為論戰閎文〈一個非政治人的省思〉，成為「德國文化」空前絕後的總詮釋。書中直揭「民主精神」與德意志民族完全格格不入，這民族以精神為南針，不玩政治，主形上學、詩、音樂，無意於選舉權與文明世界的議會制度。一言以蔽之，德國傳統的精髓是有機的浪漫主義的「內在性」，是「文化、靈魂、自由、藝術」，而非外在、機械、理性的「文明、社會、投票權」；「德意志民族永遠不會喜愛政治民主，只因他們不可能喜愛政治本身」；「眾口譏訕的威權國家是、永遠將是最適合德國民族的，他們基本上心儀的國家形式。」對這個民族，康德的《純粹理性批判》比〈人權宣言〉更根本。

　　曼的書是一部弔詭與雄辯極度雜揉的論難文字。更弔詭者，這是湯瑪斯·曼在激情兼感傷之中告別德國文化的命根子「內在性」，而轉向追求德國民主與政治新生之作。威瑪時期，他多次演說，向青年一輩鼓吹共和，力挺議會民主，為理性請命，但已難挽狂瀾。「1914宣言」諸人，自謂為德國這個「文化民族」的文化而戰，卻不自知俾斯麥1870年代建立帝國以降，「文化民族」已漸被軍國主義主持的「文化國家」綁架。統一國家以張皇民族文化的綁架過程，

至納粹僭襲德國「文化」得勢掌權而完成。

極言「內在」的民族產生一個極度外侵的國家，堪稱歷史一奇。歌德以做人為先，做德國人其次，世人每讚他以小城威瑪居民而倡大同與世界文學，力矯愛國主義與民族主義，並主張全民不用「靈魂」（Gemut）一詞30年，蓋深知此字在德國人手中為害之潛力。但他也曾與席勒共撰警句，寄語德國人不要空望建國，「學做人類」更自由。「學做人類」即帶以文化為重之意，對德國人口口聲聲「文化」可能不無助長之力。布亨瓦爾德集中營近在威瑪咫尺，可以視為納粹綁架歌德代表的德國文化，更宜視為明喻納粹自認與歌德莫逆於心。

湯瑪斯・曼流亡美國，將「深度」（Tiefe）列入禁用字表，代以「做人的道理」（decency），用意無異歌德，而且反襯納粹不是人。但他從〈一個非政治人的省思〉，到支持威瑪共和，到流亡異域而以真正的「德國文化」傳人自居，對德國文化的深層、內在境界頻頻回首，眷眷致意，其「文化德國」的實質，與深諳且熟用歌德、康德、貝多芬、華格納，矢志以此「文化」征服世界的納粹德國，實難一刀二分。二次大戰期間，大批德國精英持其「文化」精神，從事「內在流亡」，指斥以延續德國文化香火為旨而「國外流亡」的知識分子。同一文化而國家機器、國內流亡者、國外流亡者觀點如此之歧，用法如是之異，以是其所非而非其所是，如何「照之於天」，公案至今未解。

二次大戰以後，東、西德人以國雖分裂而「文」仍一來自我告慰，但兩國各以歌德代表的德意志文化正宗自居而相詰，西德指東德得歌德之形而遺其髓，東德指西德西化而背叛民族文化，是一變；1990年兩德統一，以德國文化傳人與德國良心自視的小說家葛拉斯力言德國政治統一則必生妖孽，主張維持「兩個德國，一種文化」，

是一變。其他精英返取另一傳統，主張政治不統一，文化無寄託，極稱統一之是，又是一變。

從一個層面視之，德國近代史是政治撇清政治，而政治吞噬並操縱文化的歷程。一個國家或民族為了文化，可以和平處世，可以戰爭決事。以德國為例，普法戰爭以文化鬥爭為名義，可見一斑。杭廷頓「文明衝突」論，舉世以為新說，或以其為知言，或以其為危言，雷本尼斯追索「文明衝突」論，拈出「文化戰爭」一詞出自法國哲學家兼小說家班達（Julien Benda）1927年《知識分子的大逆》（*The Treason of the Intellectuals*）一書。書中指出，當今之世，政治激情不再只為國族利益服務，還以普世理想之名行事，國家假道德原則之名，行外交事務之縱橫捭闔，政治仇恨則以思想為其加上結構組織。德國史家特萊奇克（Heinrich von Treitschke）也說，戰爭一旦變成文化戰爭，即永無了時。證諸今日，其說益切。雷本尼斯於此不厭著墨，舉證歷歷，頗堪細嚼。

德國文化的主題與變奏，極繁複而迷人，《文化的誘拐》一路道來，若指諸掌，是迄今為止把問題說得相當清楚的難得力作。全書實質是觀念史，但不以年代演變為次第，而以各項主題分章縷述，有系統井序而整體瞭然之便。書中遍舉遺聞掌故，無妨正文旨趣，而有穿插點睛之妙，尤益深思。

彭淮棟，專業翻譯家，譯有多種經典名作。他的譯筆在信達之外更稱典雅細緻，可供讀者品賞。

致讀者

　　《思想》出刊兩期以來，探討的主題不一，但往往會直接間接地涉及「政治」。這個現象，部分反映著台灣社會中政治爭議的咄咄逼人；但更為基本的理由，殆為當前文化與政治兩個範疇的相互滲透。在今天探討思想議題，思想的政治蘊涵往往特別引起注意。這個趨勢應該如何理解、又要如何評價或者矯正，都是棘手的問題。不過這個趨勢的存在，似乎很難否認。

　　文化與政治的滲透合一，影響非常廣遠。「文化政治」成為時尚之後，原有的政治形式與文化意識，都被迫有所調整。例如，身份認同議題在今天的支配力量，早已取代了階級鬥爭、資源分配等傳統訴求。認同議題所帶出的後殖民反思，也正在重整傳統的國族、區域與帝國的意識。文化主體的無形多變，甚至於剝奪了政黨與社會運動的代言資格。最重要的是：由於文化在本質上具有特殊性，文化政治所孕育的政治訴求，往往注定成為以「特殊」為訴求的政治，挑戰「霸權」的「普遍」姿態。從北美洲的多元文化主義，到中國大陸新興的大國意識，都反映著這個趨勢。

　　其實，文化政治為患，並非始自今日。利用「思想采風」的簡訊形式，彭淮棟介紹了德國學者雷本尼斯新著《文化的誘拐》。兩百年來，德國人企圖用文化取代政治，結局是政治吞噬並操縱文化，其教訓迄今仍耐咀嚼。這個母題，在高全喜與蕭高彥二位

筆下，乃是文化政治的「背面」，卻未曾為張旭東的《全球化時代的文化認同》一書所警覺。而本書作者在北京大學講課的紀錄產生龐大的影響之際，也正是中國作為大國崛起的關鍵時刻，整個歷史形勢與文化政治的背景，格外需要理解。

中、日、韓有關亞洲或東亞的意識，同樣是文化政治的一課，近年來喧騰一時，台灣卻只有陳光興等少數學者出力耕耘。台灣豈不是東亞的一環嗎？可是「台灣意識」卻始終無法坦然地面對自己的東亞身分，東亞也不清楚如何面對台灣的真實存在。說起來，東亞意識的歷史，同樣充斥著普遍性與特殊性的撕扯：它的用意是在抵禦西方現代性、建立區域霸權，還是「為東方王道之干城」，似乎注定是曖昧的。本期《思想》所收錄的專輯文章，當然無足以呈現問題的全貌，例如孫文所強調的大亞洲主義、尤其近年中國大陸學者的熱烈討論，都告闕如。不過介紹韓、日的觀點、插入台灣的反省，多少可以顯現這個問題的豐富與迫切，或可望引起台灣知識分子的興趣。

話說回來，文化政治的瀰漫氾濫，正足以儆醒我們：它是有其局限的。局限之一，殆為思想的其他面向橫遭忽視或者政治化。本刊上一期刊載了數篇有關歷史意識的反省。歷史意識固然有其涉及記憶、涉及認同、涉及國族建構的政治面向，但尚有其他更豐富的蘊涵。本期《思想》繼續發表李淑珍、葉新雲兩位的大作，分別探討歷史意識與自然意識，以及歷史意識對「理性」的貢獻，適足以校正文化政治視野的偏執，請讀者特別注意。

文化政治的另一個局限，應該就是對於制度問題的荒疏。傳統上，關於政治、經濟制度的反省，乃是政治思考的焦點。可是近年來，新自由主義全球化盛極一時，正好配合文化政治將制度「稀釋」的傾向，迫使傳統政治主體退卻、制度堤防崩潰，造成

民主政治與市場制度的失靈。這方面的反思，牽涉到了整個晚期現代如何實現平等、正義等最根本、最原始的政治議題，尤其不容忽視。本期朱雲漢的文章，堪稱及時之作。

朱教授這方面思考的「及時」性格，從近月來台灣政治的動盪，也可以得到證實。長期以來，台灣關於民主政治的想像，囿於「政黨政治」與「社會運動」兩個模式。可是9月以來無數公民自發地走上街頭表達意見，引起各方震撼，傳統政黨與社運團體竟均居於被動，對於民間感受並沒有因應或者代言的能力，也無法接過議題在體制內處理解決。「民主」在台灣是不是正出現新的面貌，值得各方進一步思考、討論。

本期《思想》出刊之時，適逢魯迅逝世70週年。經過白色恐怖時期的暴力禁絕、繼之以本土化的掩埋策略，魯迅對台灣知識界具有什麼意義，今人已經無言以對。可是對於此前幾個世代的台灣知識分子，魯迅是啓蒙者，也是反抗意識的象徵所在，豐厚的含意值得彰顯。值此魯迅「遠行」週年，《思想》發表錢理群先生的新作，紀念之外，更盼望有助於追憶一個剛強、樸實、悲憫的思想氛圍。

編者
2006年仲秋

第1期：思想的求索（2006年3月出版）

第2期：歷史與現實（2006年6月出版）

聯經出版公司信用卡訂購單

信用卡別： □VISA CARD □MASTER CARD □聯合信用卡
訂購人姓名： _____
訂購日期： _____年_____月_____日
信用卡號： _____ _____ _____ _____
信用卡簽名： _____(與信用卡上簽名同)
信用卡有效期限： _____年_____月止
聯絡電話： 日(O)_____夜(H)_____
聯絡地址： □ □□_____
訂購金額： 新台幣_____元整
（訂購金額 500 元以下，請加付掛號郵資 50 元）

發票： □二聯式 □三聯式
發票抬頭： _____
統一編號： _____
發票地址： _____
如收件人或收件地址不同時，請填：
收件人姓名： □先生
_____ □小姐
聯絡電話： 日(O)_____夜(H)_____
收貨地址： _____

· 茲訂購下列書種，帳款由本人信用卡帳戶支付 ·

書名	數量	單價	合計
		總計	

訂購辦法填妥後
直接傳真 FAX：(02)8692-1268 或(02)2648-7859
洽詢專線：(02)26418662 或(02)26422629 轉 241

網上訂購，請上聯經網站：www.linkingbooks.com.tw

思想3
天下、東亞、台灣

2006年10月初版　　　　　　　　　　　　　　　定價：新臺幣380元
有著作權・翻印必究
Printed in Taiwan.

編　　　者	思想編委會	
發 行 人	林　載　爵	

出 版 者　聯 經 出 版 事 業 股 份 有 限 公 司　　　叢書主編　沙　淑　芬
台 北 市 忠 孝 東 路 四 段 5 5 5 號　　　　　　校　　對　李　國　維
編 輯 部 地 址：台北市忠孝東路四段561號4樓　　封面設計　陳　玉　嵐
叢 書 主 編 電 話：(0 2) 2 7 6 3 4 3 0 0 轉 5 2 2 6
台 北 發 行 所 地 址：台北縣汐止市大同路一段367號
　　　　　　電 話：(0 2) 2 6 4 1 8 6 6 1
台北忠孝門市地址：台北市忠孝東路四段561號1-2樓
　　　　　　電 話：(0 2) 2 7 6 8 3 7 0 8
台北新生門市地址：台 北 市 新 生 南 路 三 段 9 4 號
　　　　　　電 話：(0 2) 2 3 6 2 0 3 0 8
台 中 門 市 地 址：台 中 市 健 行 路 3 2 1 號
台 中 分 公 司 電 話：(0 4) 2 2 3 1 2 0 2 3
高 雄 門 市 地 址：高 雄 市 成 功 一 路 3 6 3 號
　　　　　　電 話：(0 7) 2 4 1 2 8 0 2
郵 政 劃 撥 帳 戶 第 0 1 0 0 5 5 9 - 3 號
郵　撥　電　話：2 6 4 1 8 6 6 2
印 刷 者　世 和 印 製 企 業 有 限 公 司

行政院新聞局出版事業登記證局版臺業字第0130號

國家圖書館出版品預行編目資料

天下、東亞、台灣/思想編委會編著.
初版.臺北市：聯經；2006年，（民95）
352 面；14.8×21 公分.（思想：3）

ISBN 978-957-08-3073-6（平裝）

1.哲學-期刊

105   95019302